몸짓 기호와 손짓 언어

[몸짓 기호와 손짓 언어]

교사-학생 간 비언어 의사소통 연구

김영순 · 김연화 지음

한국문화사

몸짓 기호와 손짓 언어

초판인쇄 2007년 2월 20일
초판발행 2007년 2월 25일

지 은 이 김영순 · 김연화
펴 낸 이 김 진 수
펴 낸 곳 **한국문화사**
등 록 1991년 11월 9일 제2-1276호
주 소 서울특별시 성동구 성수1가2동 656-1683번지 두앤캔B/D 502
전 화 (02)464-7708 / 3409-4488
전 송 (02)499-0846
이 메 일 hkm77@korea.com
홈페이지 www.hankookmunhwasa.co.kr

값 15,000원

ISBN 978-89-5726-441-6 93370

|서|문|

학교로 간 제스처

개그 콘서트의 마빡이 코너가 대단한 인기를 얻고 있다. 때리는 손동작을 반복하는 데 보는 우리들은 왜 흥미로움을 느낄까?. 아무 의미도 없어 보이는 그 가학적인 몸짓에 몰입되고 이를 모방하고 즐거워하는 이유는 대체 무얼까? 뮤직 비디오를 보면서도 노래 가사의 내용이나 음악보다 현란한 몸짓의 춤으로 빠져드는 것은 왜일까?

그렇다. 우리 인간은 인식적인 언어에 앞서 감성적인 몸짓을 체화시켰기 때문이 아닐까. 언어 기호를 굳이 사용하지 않더라도 몸짓, 손짓, 시선, 표정, 자세 등에서 감정을 느끼는 소통행위를 할 수 있다. 어쩌면 논리정연한 언어보다 몸짓을 통해 감성적이고 즉각적으로 상대를 이해시킬 수 있을지도 모른다. 물론 의사소통에 있어서 정확하고 중요한 수단은 언어이다. 언어를 통해서 우리는 자신의 생각이나 감정을 정확하게 전달하고 상대를 설득할 수 있다. 그러나 이 책에서는 언어적인 의사소통 못지않게 몸짓 언어와 같은 비언어적 기호도 의사소통에 있어 중요한 역할을 한다는 점을 강조하고자 한다.

교수-학습 활동의 교육 현장에서도 비언어 의사소통 수단을 통해 학습이 효율적으로 수행된다는 연구들이 적지 않게 나오고 있다. 이 책은 바로 교육 현장에서 교사-학생 간 비언어 의사소통을 기호화용론적 측면에서 기술하고 분석한 것이다.

본 저서는 크게 두 부분으로 구성된다. 제1부에서는 비언어 의사소통의 이론과 전제들을 기술하고 있다. 제2부에서는 제1부에서 도입된 이론적 기제들을 통해 실제 수업에서 나타나는 교사들의 손짓 언어를 기술하고 분석한다.

제1부는 교사들의 수업시 손동작 분석을 위해 요구되는 비언어 의사소통의 이론적 기제에 대해 기호화용론 및 생태학적 관점을 빌려 기술한다. 제1장 '몸짓 기호와 소통으로서 교육'에서는 인간의 몸과 몸짓을 기호로서 정의하고 교육을 의사소통과정으로 이해하고 있다. 아울러 손짓 언어에 대한 기호화용론적 방법론을 기술한다. 제2장 '인간 행동과 비언어 의사소통'에서는 의사소통의 양식과 기능을 비롯하여 대인적 의사소통과 비언어 의사소통을 다룬다. 또한 몸짓을 기호언어로 취급하는 관점에 대해 설명한다. 제3장 '비언어 의사소통의 생태론'에서는 언어의 기원을 신체로부터 온 것으로 보고 있으며, 행위의 변형과 몸짓 의사소통의 체계에 대해 다룬다. 제4장 '몸짓과 손짓 언어의 문화'는 몸짓과 손짓 언어가 문화와 어떤 유기적 관계를 형성하느냐 하는 문제를 다룬다. 제2부는 실제 수업에서 교사-학생 간 손짓 언어에 의한 상호작용을 기술하고 분석한다. 2부는 4개의 장으로 구성되며 5, 6, 7장은 모두 수업시 손동작을 발화 유형별로 분류하고 이를 기호화용론적으로 분석하였다. 5장은 설명의 손짓 언어를, 6장은 질문의 손짓 언어와 청취의 손짓 언어를, 7장은 강조의 손짓 언어와 정리의 손짓 언어를 다루었다. 8장은 교사의 손짓 언어 분석을 통해 얻은 결과들을 정리하였다.

이 책의 집필 역사는 2000년초로 거슬러 올라간다. 독일 베를린공대

문화기호학연구소의 '베를린 제스처 사전 연구팀'에서 재직했던 김영순 교수가 조선대에 연구교수직을 맡으면서 '비언어 의사소통 연구팀'을 조직하였다. 그 후 한국학술진흥재단 선도연구자 과제 '신체 언어의 의미와 화용', 독일학술재단과 한국학술진흥재단의 한독 국제공동연구과제 '몸짓과 발화: 한국인과 독일인의 일상 몸짓 비교 분석', 조선대 학술연구과제 '디자인교육을 위한 신체언어 콘텐츠 개발' 등의 연구를 수행하였다. 이와 같은 프로젝트를 통하여 관련 학회에 비언어 의사소통에 관한 연구논문들을 발표하였으며, 저서로는 <신체언어 커뮤니케이션의 기호학>과 공저로는 <몸과 몸짓문화의 리얼리티>를 출간하였다. 또한 비언어 의사소통 연구의 방법론을 모색하기 위해 <화용론 이해>를 비롯하여 <몸짓과 언어 본성>을 공동으로 번역하였다. 본 연구팀에서 확보된 방법론을 기반으로 이 책의 공저자인 김연화 교사는 현장 교사의 비언어적 수업 활동들과 연결한 학위 논문을 작성하였다.

이 책은 '비언어 의사소통 연구팀'에서 그간 수집한 방대한 자료들을 정리하는 차원에서 '이론과 전제' 부분과 '분석과 기술' 부분으로 나누어 집필된 것이다.

이 책이 나오기까지는 여러 기관으로부터 재정적 지원과 지인들로부터 정서적 후원이 있었다. 특히 인문학적 연구에 척박한 한국의 학문 현실에서 비언어 의사소통 연구에 연구비를 지원한 한국학술진흥재단에 우선 감사함을 표한다. 아울러 이 책을 엮고 깁는 데 출판비를 지원한 인하대에 감사한다. 무엇보다 고마움을 전할 분들은 이 책의 2부에 등장하는 초등학교 교사분들이다. 학교 현장 데이터를 채집할 때 그 누구보다 적극 참여해 주시고 직접 모델로 수고해주신 몇 분의 선생님들을 소개하고자 한다. 설명과 정리시 손짓 언어는 이 책의 공저자인 김연화 교사가 수고해주셨으며, 질문시 손짓 언어는 조종래 선생님(충북 음성군 부윤초등학교), 청취시 손짓 언어는 이의규 선생님(충북 진천국 초평초등학교), 강조시 손짓 언어는 조성란 선생님(청주시 가경초등학교)이 도와주셨다. 이들 선생님들께 무어라 감사할지 모르겠다. 이 선생님들께서는 평소 아동지도에 적극적이었으며 본 연구팀의 연구 주제에 호감을 많이 갖고 있어 손짓 언어 채집을 위한 촬영은 물론 설문지 배포 및 회수시에도 많은 도움을 주었다. 더욱 고마운 것은 이 책을 위해서 초상권을 사용할 수 있도록 허락해주신 점이다. 이 분들은 모두 본 연구 결과가 확산되어 일선 교사들의 수업 경영과 교수법 향상에 기여할 것이라는 점에 동의해 주셨고 기꺼이 자신의 몸짓들을 책에 싣도록 허락해 주셨다. 또한 이 책의 집필과 교정 과정에서 김영순 교수의 문화교육연구실 대학원 선생님들의 수고가 있었음을 밝힌다. 박사과정의 최상희, 김정은, 김덕원, 조현수, 이미정, 정미강, 강현미 선생님과 석사 과정의 정연희, 변철희, 임지혜, 원지윤 선생님은 자료 수집, 원고 교정 및 색인 작업 등 집필 전반에 걸쳐 많은 도움을 주었다.

이 책은 비언어 의사소통을 연구하는 대학원생들은 물론 게임, 애니메이션, 무용, 체육 등 움직임을 연구하는 학문의 영역에서 연구하고 강의하는 전공자들에게 도움을 줄 것으로 기대한다. 무엇보다도 이 저서가 일선 교육 현장의 교사들에게 비언어 의사소통의 중요성을 각인시켜 교수-학습을 즐겁게 수행할 수 있는 데 기여할 수 있다면 본 저자들은 행복할 것이다.

비언어 의사소통의 후속 연구를 기다리며…

2007년 2월

김영순 · 김연화 삼가 씀

|차|례| 몸짓 기호와 손짓 언어

■ 서문: 학교로 간 제스처 — 5

0. 들어가기 11

0.1. 교육에서의 비언어 의사소통 11
0.2. 비언어 의사소통의 이해 14
0.3. 비언어 의사소통의 연구 경향 21
0.4. 내용 구성과 기술·분석 체계 28

1부 이론과 전제

1장 몸짓 기호와 소통으로서 교육 35

1. 기호로서 인간의 몸과 몸짓 36
2. 의사소통 과정으로서 교육 45
3. 손짓 언어와 기호화용론 56

2장 인간 행동과 비언어 의사소통 64

1. 의사소통의 양식과 기능 64
2. 대인적 의사소통과 비언어적 소통 71
3. 기호 언어로서의 몸짓 79

3장 비언어 의사소통의 생태론 92

1. 신체로부터 온 언어 94
2. 행위의 변형과 의사소통 107
3. 몸짓 의사소통의 체계 119

4장 몸짓과 손짓 언어의 문화 127
1. 몸짓, 손짓 그리고 눈짓 128
2. 몸짓의 언어-카타칼리와 가부키 144
3. 몸짓과 손짓의 상징 기호 152

2부 기술과 분석

5장 설명의 손짓 언어 읽기 169
1. 설명 손짓의 분석 개요 169
2. 설명 손짓의 기술·분석 170
3. 분석 결과 및 시사점 198

6장 질문과 청취의 손짓 언어 읽기 200
1. 질문과 청취 손짓의 분석 개요 200
2. 질문 손짓의 기술·분석 201
3. 청취 손짓의 기술·분석 214
4. 분석 결과 및 시사점 220

7장 강조와 정리의 손짓 언어 읽기 222
1. 강조와 정리 손짓의 분석 개요 222
2. 강조 손짓의 기술·분석 223
3. 정리 손짓의 기술·분석 235
4. 분석 결과 및 시사점 246

8장 손짓 언어 의사소통의 교훈 247
1. 학생의 관찰 내용에 대한 교사 반응 247
2. 비언어 의사소통에 대한 동료교사 반응 257
3. 비언어 의사소통에 관한 교사의 인식 260
4. 비언어 의사소통의 교훈 271

■ 참고문헌 — 277
■ 찾아보기 — 286
■ 저자소개 — 290

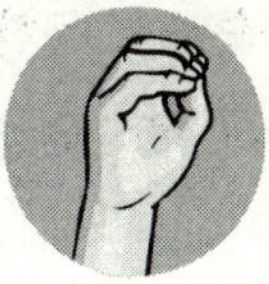

들어가기

0.1. 교육에서의 비언어 의사소통

우리가 사용하는 의사소통의 수단에는 언어적인 것과 비언어적인 것이 있다. 일반적으로 언어적 의사소통은 매우 중요하게 생각하지만 비언어적 의사소통에 대해서는 중요하게 생각하지 않는다. 특히 교육 현장에서 교사의 비언어적인 발화에 대해서는 괄목할 만한 연구 성과가 없을 뿐만 아니라 교수법에서도 큰 비중을 두고 있지 않다. 그렇기 때문에 교육을 의사소통의 한 과정으로 생각한다면 연구자와 교사들은 언어적 의사소통과 더불어 비언어적 의사소통에 대해서도 관심을 가져야 할 것이다. 그런데 이제까지의 연구는 대부분 교사-학생의 상호작용 중에서도 언어적 측면에 초점을 맞춰 이루어져 왔다. 언어 이외의 요소에 의한 의사소통 수단인 즉 몸동작, 손짓, 얼굴표정, 신체접촉 등은 물론 웃음소리, 하품, 심지어는 의복, 화장, 기타 환경적 요인까지 포함하는 비언어적 의사소통 행위에 관해서는 간과되어 왔다. 우리는 현재 하나의 네트워크로 이루어진 세계화·정보화 시대를 경험하고 있다. 이러한 세계화·정보화 시대에 언어·문화권을 달리하는 국가나 민족들 사이에서 언어적 의사소통과 더불어 비언어적 기호라 할 수 있는 제스처, 즉 손짓이나 몸짓을 비롯한 모든 신체적 행위가 의사소통의 수단이 되고 있음은 부인하지 못할 사실이다. 만약 해당 언어에 익숙하지 못한 나라를 여행한 경험이 있는 사람이라면 의사소통에 있어서 영어보다 더 중요한 것이 바디 랭귀지라는 사실에 동의할 것이다.

바디 랭귀지, 즉 신체 언어는 원시 인류 이래로 감정을 표현하고 의사를 전달하는 데 가장 원초적인 소통의 수단이었다. 해당 문화를 반영하는 상징적인 제스처를 제외하고 신체언어들은 거의 국제 공용어와 같은 역할을 담당한다. 뿐만 아니라 게임, 뮤직비디오, 영상광고 등의 시각 텍스트에서도 몸짓은 언어적 발화보다는 소통에 있어서 더 중요한 역할을 한다. 이제 미디어 문화의 발달로 인하여 몸짓을 포함한 영상 기호의 발달은 인간의 사고 패턴까지 변화시키고 있다. 교육 현장에 있어서 7차 교과서를 보더라도 내용 체계에 따라 교사의 교수방법이 많이 변화해야 함을 시사한다. 직접 교수법, 문제해결, 전문가 협력, 창의성 계발, 역할놀이, 가치 탐구, 반응중심, 학습법 등 다양한 교수방법들에 의한 수업활동을 진행하게끔 기술되어 있다. 이에 따라 수업의 기법과 방법도 정보화 시대, 멀티미디어 시대에 맞게 변해야 할 것이다. 칠판, 교과서, 분필만 있으면 수업을 진행하던 때가 아니다. 교실 안에서 조용히 책상 앞에 앉아 교사의 수업 내용만을 받아 적는 그런 시대가 아니라는 것이다.

한 단위의 학급에서 사용될 수 있는 미디어로서 컴퓨터, 대형 TV와 화상기, 녹음기, 비디오 녹화자료, 디지털카메라 등을 포함하여 다양한 멀티미디어 자료들이 정보실에 가득하다. 분필 대신 마우스가 이리 저리 돌아다니며 학습내용을 찾아 전달하고 있다. 교사의 말 한마디 없이 영상만으로 수업을 할 수 있을 정도이다. 학교에서 갖춘 기자재들보다 질이 좋고 다양한 자료들을 보유하고 있는 가정도 상당히 많다. 그래서 학습문제를 스스로 찾아 해결하는 자기주도적 학습을 하는 학습자들이 상당수에 이르렀다. 인터넷으로 세계를 한눈에 접할 수 있는 요즈음 학생들을 지도하려면 교사의 기존 수업방식을 바꾸어야 한다. 수업에 학생들이 적극적으로 참여하는 쌍방향적, 의사소통 중심적 교수법 개발이 요구되는 시대가 도래한 것이다.

지식이 날마다 변하고 있어도 교사의 굳어있는 자세는 변화가 쉽지 않다. 더욱이 유교문화 영향으로부터 자유롭지 않은 교사들은 감정 표현을 억제하며 무표정하고 근엄한 자세로 일관할 수밖에 없다. 하루아침에 수업 기법에 변화를 줄 수는 없겠지만, 학생들의 환경을 고려한다면 교육적으로 의미 있는 몸짓 언어들을 터득하여 변화 추세에 적합한 교수-학습 상황을 창출해야 한다고 본다. 따라서 이 연구는 비언어적 의사소통의 교육적 기능에 대한 연구에 집중할 것이다.

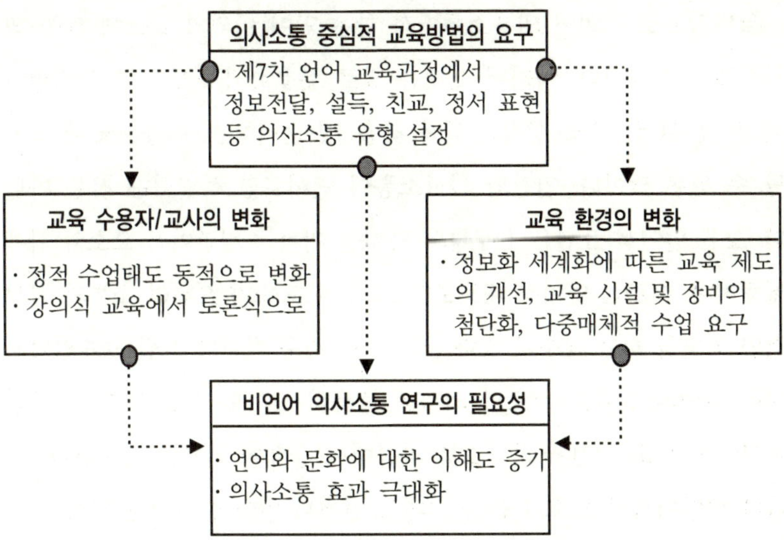

〈그림 0-1〉 비언어 의사소통의 필요성

이 연구의 목적은 교사-학생 상호 간의 의사소통에 있어서 비언어적 의사소통의 행동양식의 중요성을 강조하고 이를 고찰함으로써, 교사-학생 상호 간의 의사소통 과정상에 발생하는 오해, 장애, 실패 등을 극소화시키고, 보다 성공적인 의사소통을 위한 것이다. 따라서 이 책의 1부에서는 비언어 의사소통 연구를 위한 이론과 전제에 대해 논의할 것이며, 제2부에서는 실제 수업 상황에 처한 교사들의 손짓 언어들을 유형별로 분류하고 이를 기호화용론적으로 기술할 것이다.

0.2. 비언어 의사소통의 이해

1) 비언어 의사소통의 개념과 특성

일반적으로 비언어 의사소통이라 함은 언어 이외의 요소에 의한 의사소통을 가리킨다. 따라서 그것은 말로 부호화되지 않은 의사소통이며, 몸짓, 표정, 자세, 상징적 의복 착용, 및 준언어(paralanguage)에 적용될 수 있는 말이다. 인간의 의사소통이 언어로만 성립되는 것은 아니다. 모든 언어적 표현은 유무형의 영향을 미치는 비언어적 요소와 함께 행해지며, 때로는 언어적 내용보다 그 밖의 요소가 오히려 소통의 결정적인 역할을 하는 경우가 많다. 극단적인 경우 한마디의 말도 개입되지 않는 무언의 교류로 서로의 의사를 충분히 교환할 수도 있다. 이처럼 비언어적 요소는 전체 의사소통 과정에서 중요한 위치를 차지한다. 그러나 비언어적인 요소가 문자 그대로 언제나 언어적 의미를 전혀 갖지 않는 것은 아니다. 언어적 의미는 구두적일 수도 있고, 혹은 기타의 방법으로 전달될 수도 있으며, 반대로 구두로 표현되는 모든 소리가 반드시 언어 상징의미를 갖는 것만도 아니다. 이런 맥락에서 볼 때 비언어 의사소통의 상당 부분이 일종의 침묵의 언어(silent language)나 신체 언어(body language)로 언어적 의미 체계하에서 파악될 수 있다.

대부분의 학자들은 구체적인 말의 사용 없이 일어나는 모든 의사소통을 일단 비언어 의사소통이라고 규정한다. 왜냐하면 비언어 의사소통 중에 언어 의미 체계와 밀접한 관계를 갖는 부분이 있다 하더라도 그것은 비언어적 의사소통 중 특정한 기능을 수행하는 한 가지 범주로서도 파악될 수 있기 때문이다. 이 점을 구체적으로 이해하기 위해 대화를 통해서 교환되는 정보가 적어도 세 가지 차원이 있다는 것을 인식할 필요가 있다.

첫째, 교환된 언어적 기호의 주제적 내용 또는 순수한 사실적 내용을 말하는 인지적 정보를 들 수 있다. 이것은 대화에서 사용된 언어의 의미론적 구조에서 얻어지는 정보로서 가장 중심적인 정보라 할 수 있다.

둘째, 지표적 정보로써 이는 말하는 사람 즉 화자 자신에 대한 정보이다. 화자의 생리적, 심리적 또는 사회적 특성을 나타내는 모든 행동상의 정보를 가리킨다.

셋째, 대화의 시간적 진전을 촉진하기 위해 대화자 상호 간에 협동적으로 교환하는 상호작용 처리 정보 또는 촉진적 정보가 있다. 상호 간의 의미를 알 수 있는 방법을 통해서 상대방에게 대화를 계속 하라든지 또는 그만 두라든지 하는 뜻을 전달하여 서로 대화에 시간을 나누어 가질 수 있게 한다. 또한 대화가 한 단계에서 다른 단계로 넘어간다는 것을 알려주기도 한다.

이처럼 대화란 세 가지 다른 종류의 정보 즉 인지적, 지표적, 촉진적 정보의 끊임없는 교환을 통해서 이루어진다. 그런데 이 중에서 인지적 정보는 언어적 기호로 전달되는 것이고, 지표적 정보와 촉진적 정보는 주로 비언어적 기호로 전달되는 것이라 할 수 있다. 대인 의사소통에 있어 비언어적 요소가 차지하는 비중은 양적인 면에서도 나타난다. 크납(Knapp 1978: 12)은 보통의 사람이 하루 동안 말하는 총 시간수가 놀랍게도 11분을 넘지 못한다고 한다. 나아가 두 사람 간의 대인 의사소통에서 보통 언어적 요소에 의한 의미전달이 35%이하인데 반해 비언어적 의사소통은 65%이상을 차지한다고 주장하였다. 이러한 계산이 실제 일상생활에서 정확한 것인지 확인할 수 없지만 우리가 교환하는 정보의 많은 부분이 언어 이외의 다른 여러 가지 요소를 통해 이루어진다는 것은 분명하다. 이러한 비언어적 의사소통이 언제나 대인적 관계에서만 나타나는 것은 아니다. 그것은 집단과 집단 간의 새로운 상징체계로 발현되기도 하고 사회 전체적 수준에서 사회 통합의 통제 수단으로 사용되기도 한다. 따라서 언어 중심의 분석만으로는 의사소통 현상의 입체적 파악이 불가능함을 알 수 있다.

비언어적 의사소통을 언어적 의사소통과 비교하여 살펴보자면 대체로 다음과 같은 특징들이 있다. 첫째, 비언어 의사소통의 필연성이다. 인간은 언어적 의사소통은 피할 수 있으나 비언어적 의사소통은 피할 수 없다. 왜냐하면 행위를 하지 않거나 침묵을 지키는 자체도 메시지로서의 가치를 지니기 때문이다. 따라서 대화가 없다는 단순한 사실로 의사소통이 없다는 것을 의미하지는 못한다. 의도적인 침묵이나 언어적 의사소통의 회피는 그 자체로서 의사소통이 된다.

둘째, 의사소통의 태도, 감정, 관계에 있어서 비언어적 채널의 효과성이 크다는 것이다. 인간은 지식을 전달하고 인지된 정보를 나누어 갖기 위하여 언어적으로 의사소통 한다. 그러나 정서, 감정, 태도를 나누어 갖기 위해서는 주로 비언어적 의사소통에 의존하고 있다. 사실상 비인지적 정보는 거의 전적으로 접촉 의사소통 등과 같은 비언어적인 것을 사용하여 이루어진다. 구애나 사랑, 혹은 격투에 있어 비언어적 의사소통 형태는 극히 효과적이다. 물론 언어적으로 사랑과 진실을 고백할 수 있으나 의미 있는 전달 수단은 비언어적인 것이다. 이런 점에서 언어적 채널은 의미론적 정보 전달에 효과적인 반면 비언어적 채널은 감정적 측면의 정보 전달에 더욱 효과적이다. 따라서 메시지의 정서적인 측면은 비언어적 요소로 흔히 전달된다. 비언어적인 코드를 통하여 우리는 권력, 신뢰성, 직위, 적대심, 수락 등 태도와 감정, 느낌을 표현한다.

셋째, 표현적인 비언어 메시지가 언어적 메시지보다 신뢰성이 있다는 것이다. 인간의 상호 접촉시 말만으로는 거의 믿지 않는다. 이러한 믿음은 언어적 메시지의 확실성을 결정해 주는 비언어적인 암시에 의하여 얻어진다. 따라서 언어적인 단서와 비언어적인 단서가 나타내는 내용이 다를 때에는 비언어적인 단서를 믿게 된다. 단어는 주의해서 잘 선택하여 사용될 수 있으나 나타내는 감정의 표현은 선택될 수 없다

넷째, 비언어적인 의사소통 수단들은 개인적 또는 문화적 차이와 상관없이 모든 사람들의 행위 또는 움직임과 관련이 있다. 기쁨, 슬픔, 화남 등의 감정들과 얼굴 근육의 독특한 움직임 사이에는 밀접한 관계가 있다. 따라서 얼굴 모습을 지각하고 인지함으로써 대상의 감정 상태를 파악하게 된다. 몸짓이나 움직임 자체가 제공하는 정확한 의미가 문화마다 보편적은 아닐지라도 인간의 몸짓이나 움직임을 사용한다는 점은 인간에게 매우 보편적이다.

마지막으로 언어적 의사소통 수단과 언어 및 준언어, 비언어적 의사소통 수단, 외모 · 몸짓 · 행동 · 얼굴표정 등은 그 어느 것 끼리라도 함께 사용될 수 있다. 누군가가 '앉으세요.' 하며 의자를 꺼내주는 행동을 하기도 하고(언어와 행동 사용), 자신의 얘기가 흥미롭다고 말하면서도 시선을 다른 사람에게 두는 경우도 있다(언어와 시선 사용).

2) 비언어 의사소통의 기능

인간은 자신의 의사를 전달하기 위해서 언어적 신호뿐만 아니라 비언어적 신호를 사용한다. 비언어적 신호는 목소리(언어적 음성이 아닌)와 동작에 의해 전달된다. 주로 신체 동작이 전달 수단이 되는데 신체 동작 가운데 무의도적인 동작은 제외하고 의도적인 동작만 언어라고 볼 수 있다. 따라서 신체언어란 인간의 의도적인 목소리나 몸짓으로 언어적 의사 전달을 보조하거나 대체하는 비언어적 의사 전달 수단이다. 비언어적 의사 전달 행위는 반복성, 대치성, 모순, 보충성, 규칙성, 강조의 6가지 기능을 가지고 있다.

첫째, 비언어적 의사 전달 행위에 있어서 언어적 메시지를 그대로 반영하는 경우 반복성과 잉여성을 나타낸다. 이 때 비언어적 표현과 언어적 메시지 중에 하나는 잉여적이다. 길을 물어 올 때, 북쪽을 가리키며 '북쪽으로 가세요', '북쪽으로' 라고 하면 이 전체 메시지는 분명히 잉여적인 부분을 가지고 있다. 말로 한 것을 가리키는 행동으로 되풀이하기 때문이다. 야구에서 심판이 주자에게 '아웃!' 하고 외치면서 동시에 엄지손가락을 위로 한 몸짓으로 신호를 하는 행위도 분명히 반복적이다. 잉여적 표현이 여러 군데 나타나기도 한다. 거절을 할 때 '절대로 안 됩니다' 하면서 머리를 좌우로 흔들고 동시에 손을 펴서 손바닥을 상대편에게 향하게 하여 좌우로 흔들기도 하는데 이는 세 가지가 같은 의미의 표현으로 되어 있다. 이 중에 두 개의 표현은 잉여적이다.

둘째, 대치성은 비언어적 의사 전달에 있어서 언어적 메시지를 반복하는 것일 뿐만 아니라 언어적 표현을 대신할 수 있는 특성이다. 문상을 할 때, 유가족들에게 우리의 감정을 표현하기가 쉽지 않다. 그래서 우리는 말하는 대신, 유족들의 손을 꼭 잡거나, 유족이 어리다면 등을 가볍게 두드리는 행동으로 우리가 애통해 하고 슬픔을 같이 나누며 유족들의 슬픈 마음을 위로하고 싶다는 말을 비언어적으로 표현한다. 실내 체육관에서 프로 농구 시합을 할 때, 수천 명이 소리를 지르는 속에서 선수들의 범칙 행위를 심판들이 호루라기를 불면서 언어적으로 표현하는 것보다 비언어적인 신호로 표현하는 것이 훨씬 효과적이다. 화가 났을 때 소리를 지르기보다는 조용하게 있는 것이 화가 났다는 것을 더욱 효과적으로 나타낼 수 있다. 혀를 내민다거나 오른손 주먹을 왼손으로 감싸면서 오른손을 밀어내는 동작은 그것에 해당하는 욕설을 퍼붓는 언어적 표현보다 훨씬 효과적일 수 있다. 이런 면에서, 같은 의미를 전달하는 데에 언어적 표현이 비언어적 표현보다 항상 효과적이라고는 말할 수는 없다.

셋째, 의사 전달에서 비언어적 표현과 언어적 표현이 모순적인 메시지를 전달할 때 모순성이 나타난다. 심리학자와 정신병 의사들은 모순적인 메시지를 전달하는 비언어적 상황과 언어적 상황에 계속적으로 노출되면 지적 불균형이 나타날 수 있다는 가능성을 오래 전에 알아냈다. 어떤 학자들은 특별한 상황에서 이 모순 속에 반복적으로 노출되면 정신분열증에 걸릴 수도 있다고 한다. 예를 들어 한 어머니가 어린이에게 지속적으로 '나는 너를 사랑한다'고 확신시키지만 동시에 두려움으로 떨게 하거나 신체적으로 어린이를 움츠려 들게 할 때 그 어린이의 상황을 상상해 보라. 그 어린이는 그 상황의 이중성을 견뎌내거나 그 불합리성에 대해 이야기하거나 하는 선택을 해야 하기 때문에 심리적으로 압박을 받고 매우 혼란한 상태에 놓이게 된다. 언어적 표현과 비언어적 표현이 모순된 메시지를 전달하는 이런 상황을 이중 결합상황이라고 한다.

넷째, 비언어적 의사소통은 언어적 의사소통을 보충하는 성격을 띈다. 예를 들어 부모는 자식들이 다투면 야단을 치고 다툼을 끝내기 위해서 잘잘못을 확인하고는 '네가 동생에게 미안하다고 해라'라는 명령을 할 경우가 있다. 이 때 형은 '미안해'하고 말했으나 동생은 '형이 그렇게 말하지 않았어요'라고 말할 때가 있다. 이는 형의 음성과 태도를 말과 모순되게 표현하여, 형의 비언어적 행동이 언어적 표현을 적합하게 보충하지 않았기 때문이다. 이런 상황에서 보듯이 사람들은 보충이 언어적 메시지와 비언어적 메시지 사이에 존재할 것이라고 예상한다. 친구를 만나면 '야, 반갑다'라고 하면서 웃는다. '잘 모르겠는데...'라고 말할 때는 머리를 흔들고 당황하거나 난처한 표정을 짓는다.

다섯째, 비언어적 의사소통에도 규칙이 있다. 우리는 눈 맞추기를 통하여 대화를 시작하거나 그만 둔다. 우리는 말을 그치거나 시작하는 것을 그리고 말을 그쳐야 하고 시작해야 할 때를 신호하는 방법을 배운다. 사람들은 다른 사람들과 의사전달적 상호작용을 규정하는 비언어적 신호를 사용한다. 어린이들은 가끔 부모들을 실망시키고 당혹케 하는데 이는 어린이들이 아직 비언어적인 규칙의 신호를 배우지 못했기 때문이다. 우리는 길에서 어른의 소매를 잡아끌어 당기며 무엇을 조르거나, 소리 지르며 떼를 쓰는 어린이를 자주 보는데 그 어린이들은 규칙의 신호를 제어하는 법칙을 더 배워야 한다.

여섯째, 비언어적 표현은 언어적인 표현을 강조하기도 한다. 예를 들어 검지를 펴서 지적하는 형태로 손을 아래위로 흔들면 그것은 손가락 끝이 가리키는 사람이 이미 저지른 어떤 행위에 대해 비난하거나 타이르는 것이다. 이렇게 전체 의사 전달 상황에서 비언어적 부분은 수반되는 어떤 언어적 메시지에 강조를 첨가하는 것이다.

0.3. 비언어 의사소통의 연구 경향

비언어적 의사소통에 관한 연구의 역사는 언어적 의사소통 분야에 비해 그 역사가 짧은 편이다. 행동주의 심리학이 주창된 이래로 비언어적 의사소통에 관한 연구의 시대가 본격적으로 막을 열었다고 할 수 있다. 체육, 무용 및 연극 등의 분야에서 몸짓에 관한 연구가 적극적으로 이루어졌다. 특히 본 연구와 관련해서는 언어교육 분야의 비언어적 의사소통에 관한 연구를 주목할 필요가 있다. 언어교육 분야의 비언어 의사소통 관련 연구는 외국어 수업을 위한 교수도구, 한국어 수업을 위한 교수도구, 일반 수업을 위한 교수도구로서 진행되어 왔다. 여기서는 2000년 이후 국내 학술지에 발표된 언어교육 분야의 주요 연구들을 차례로 훑어봄으로써 교육과 관련한 비언어 의사소통에 관한 주요 연구 동향과 적용 유형 등을 검토해 보기로 한다.

1) 외국어 교수 도구로서 비언어적 소통 연구

외국어 교수에 있어서 비언어 소통에 관한 연구는 간과되어 왔다. 이런 경향을 보완하기 위한 연구들로서 외국어를 가르치는 데 있어서 텍스트와 문법 위주의 교수법을 탈피하여, 타문화권을 이해하고 학생의 흥미를 유도할 수 있는 다양한 교수방법을 제안하고 있다.

우선 효율적인 독일어 교수법 위해 감탄사를 수반하는 신체언어에 주목한 김영순(2000)의 연구를 살펴보자. 이 연구는 독일인의 신체언어를 용이하게 습득하기 위해 기호학에 입각한 신체언어 분석방안을 제시, 이를 기초로 감탄사를 수반한 신체언어 목록을 작성한 연구이다. 한국 내에서의 DaF-수업이 신체언어 능력 중심 교수 방안을 간과하고 있음을 지적하고, 문화 이해능력의 차원에서 인간의 신체언어의 중요성을 강조하였다. 그리고 독일어를 처음 배우는 학습자들에게 독일인의 신체언어와 그 의미 그리고 함께 수반되는 적절한 감탄사를 제시한다면, 독일인의 문화를 습득할 수 있을 뿐 아니라 언어적 표현까지 용이하게 습득할 수 있는 언어·문화 학습적 기대효과를 가져올 수 있음을 강조하였다. 이를 위해 연구자는 감탄사를 수반한 독일인 신체언어 목록을 알파벳순으로 정리하고, 각각 동작의 의미, 동작의 표현, 실제 동작이 행해지는 과정을 제시함으로써 60가지의 다양하고 체계적인 목록을 제시하였다. 이것을 통해 학생들은 텍스트 및 문법 위주의 수업에서 벗어나 독일의 일상문화를 간접 경험할 수 있으며, 역할극, 비디오 자료 및 삽화 자료로 활용도 가능하여 DaF-수업을 효율적으로 이끌기 위한 좋은 교수 자료로써 역할을 행할 수 있다.

권종분(2003)은 불어를 전공하는 두 명의 한국 여대생을 대상으로 외국어 의사소통에 있어서의 신체언어의 특성을 분석하였다. (문화적 차이가 있는 표상기호는 제외되었다.) 이 연구는 불어를 사용하는 모국어 화자와 대화할 때 신체언어가 초급수준의 학생들의 부족한 불어 지식을 보완해주는 기능을 할 것이라는 가설에서 출발한 것이다. 가설에 대한 검증은 1년 동안 4번의 비디오 녹화를 거쳐 이루어졌는데, 연구자는 이 실험을 통해 초급 수준의 학생들이 불어 모국어 화자와 불어로 대화할 때 의사소통의 문제점을 해결하고자 어떠한 언어·비언어적 의사소통 전략을 사용하는지를 관찰·분석하였다. 의사소통 전략의 사용은 언어수준, 학습경로, 성격, 문화에 따라 개인마다 다른데 초급 수준의 여학생들은 말을 반복하고, 문장을 재구성하며, 틀린 문장을 수정하는 등의 언어적 수단으로 부족한 불어실력을 메워주었다. 그리고 이들이 사용한 비언어적 의사소통 전략은 내용에 리듬을 맞추는 손 움직임이었다. 손을 안에서 바깥쪽으로 뒤집는 행위, 집게손가락으로 타원을 그리는 행위 등 특정한 의미를 지니지 않는 이 손동작들은 불어가 익숙해지면서 점차 줄어들게 되었는데, 이는 문장을 구성할 때 도움을 주는 일종의 구두점과 같은 신체언어의 일종인 'gestes de ponctuation'로서 간주하였다. 권종분은 이 신체언어를 외국어를 습득하는 단계의 초보자들이 구사하는 비언어적 행위 전략이라고 분석하고 있다.

추계자(2005)는 비언어 행위 중 특히 인사행위에만 초점을 맞춘 연구를 발표했는데, 이 인사행위라는 사회적 행동에 사용되는 수단으로서 언어적 표현 외에 악수, 미소, 고개 끄덕임 등의 비언어적 기호에 주목하였다. 이 연구는 인사행위가 모든 문화권에 널리 퍼져 있는 관습적 틀로서 표준화된 양식을 갖고 있음을 전제하고, 인사의 사회적 기능과 비언어적 인사형태, 언어외적인 요소에 따른 인사형태의 활용법에 관해 고찰하였다. 먼저 문화권 별로 다양한 인사형태를 제시하고, 인사형태 결정에 작용하는 언어외적 요소를 제시하였는데, 이를 두 가지 형태 -사회적 변수에 따른 인사형태와 거리 및 시간에 따른 인사형태-로 구분하여 제시하고 있다. 여기서 사회적 변수는 연령, 신분, 성별 등을 말한다. 연구자는 이러한 변수에 따라 인사의 비언어적 형태가 달라지고 있음을 보여준 후 다양한 인사의 형태를 기술하고, 이를 다른 나라의 문화를 이해하며 외국어 학습에 흥미를 가질 수 있게 유도하는 교수자료로 사용하기를 권장하고 있다.

2) 한국어 교수 도구로서 비언어 소통 연구

한국어 교육을 위한 효율적 교수 도구로서의 비언어 소통에 대한 연구는 한국어의 관용표현, 한국어 말하기, 듣기 분야, 외국인을 위한 한국어 교수법 등의 분야에서 다루어져 왔다. 이들 연구를 살펴보기 전에 우선 한국어와 신체언어와의 상관관계를 증명한 연구부터 살펴보도록 하자.

임지룡·김영순(2000)의 연구는 한국인의 손동작과 이에 수반되는 일상언어 표현에 관한 연구이다. 이는 인지적 접근법, 즉 행동 체계와 언어의 분리를 지양한 방법론으로 접근하여, 신체언어를 행위 유형에 따라 분류하고 신체언어와 함께 수반되는 가능한 일상언어 표현들을 분석하였다. 그리고 설문조사를 통하여 신체언어와 일상언어 표현의 상관성에 대한 논의하였다. 이 연구에서는 한국인의 손동작을 정보제공 동작, 요구 및 청유 동작, 감정 표현 동작, 평가 동작, 지시 동작의 다섯 가지 유형에 따라 구분한 후 이에 상응하는 한국인의 일상언어 표현들을 제시했는데, 기호통사적 서술로서의 기호표현, 기호의미적 기술로서의 기호 내용, 수반되는 일상언어 표현을 제시함으로써 신체언어에 대한 기호학적 해석을 토대로 한 체계적인 해석의 구축을 보여준다. 또한 대학생 30명을 대상으로 의사전달도 측정을 위한 설문조사를 통해 모든 의사소통 행위 유형에서 동작과 병행한 일상언어 표현의 경우가 가장 의사소통의 명확성이 두드러지며, 감정 표현동작, 평가, 요구, 청유 동작의 경우 신체언어만을 사용한 경우가 의사전달도가 높은 경우도 있음을 증명함으로써 한국인의 신체언어와 언어와의 상관관계에 대한 명확한 척도를 제시하였다.

외국인을 위한 한국어 교수법에 대한 연구로는 김영순·임지룡(2002)의 연구가 있다. 이 연구는 한국어를 습득하는 초급 과정의 학습자들은 언어적 부족분을 메우기 위해서 자연스럽게 비언어적 소통에 의지하는 바가 클 것임을 전제로 하여 한국어 교수법으로 몸짓 의사소통 모형을 제시하였다. 한국어 수업시 언어 발화를 비롯하여 교수자의 비언어적 양태들, 예를 들어 표정, 시선, 손짓, 몸의 움직임 등은 한국어 수업의 목표를 달성하기 위한 중요한 교수법적 요소들임을 강조하고 있다. 또한 비언어 의사소통의 교육적 기대효과로서 언어적 의사소통과 견고한 상관적 기능, 몸짓을 통한 교수자와 학습자 간의 상호 신뢰감 형성, 언어·비언어 수단의 적절한 조화로서 얻을 수 있는 효율적인 의사소통 등을 제시하였다. 그리고 한국어 수업시 특히 초급과정의 교수자들이 취해야할 시선과 손짓에 대한 교수 방안으로서 한국어 수업현장에서 효율적으로 사용할 수 있는 몸짓 언어들의 6가지 유형별 모형을 제시하여 실제 한국어 수업현장에서 교수자들이 몸짓 언어 중심적 교수법을 활용할 수 있도록 하였다.

한국어 교수 분야에 있어 비언어 소통에 관한 또 다른 연구로서 조현용(2003)의 연구를 들 수 있다. 이 연구는 외국어 교육에서 중요한 역할을 담당하는 비언어적 행위를 해당 한국어 관용표현을 연관시켜 교육한다면 언어교육과 비언어적 행위교육이 동시에 이루어지는 성과를 가져올 것을 주장한다. 한국어 교육에서 비언어적 행위 교육의 현황을 살펴보고 교육에 필요한 한국어 관용표현의 목록을 선정, 비언어 행위에 해당하는 관용표현을 교육하는 방안을 모색하였는데, 네 가지 기준 - 비언어적 행위에 해당하는 한국어 표현이 있는가, 의도성이 있는가, 실제로 그러한 행위를 하는가, 타문화와 차이가 있는가를 선정기준으로 하여 71가지의 비언어 행위를 내포하는 관용 어구를 제시하였다. 그리고 이러한 자료는 비디오 자료, 교사의 직접적 설명, 텍스트 삽입 가능한 지문, 역할극, 학습자 모국어와의 비교 등으로 활용 가능할 것이라고 제안하고 있다.

이 외에 이주섭(2005)의 연구는 외국인이 아닌 국내 학생들을 대상으로 한 국어 교육에 비언어 행위를 접목한 연구이다. 국어과 교육이 영역 중에서 듣기 · 말하기 영역의 연구가 다른 영역에 비해 상대적으로 소홀히 다루어져 왔음을 지적하면서, 이 연구에서는 듣기 · 말하기 교육에서의 비언어적 표현에 관한 지도가 필요하다는 전제를 두고 교육과정 측면과 지도 측면에서 교육적 적용 방안을 모색하고자 하였다. 연구자는 국민공통 기본 교육 기간 동안 듣기, 말하기 영역의 총 102개 교육내용 중 비언어적 표현 지도와 직간접적으로 관련된 내용이 9개 밖에 되지 않음을 지적하면서, 지나치게 적은 비중으로 충분한 연구와 함께 양적인 증가도 필요하다고 말하고 있다. 그리고 비언어적 표현 능력의 수준을 초 · 중 · 고급으로 구분하고, 신체의 부분을 가리키고 확인하기, 언어적 단서에 대해 몸짓을 통해 반응 보이기, 교사가 사용한 감정표현 단어 듣고 표정으로 반응 보이기, 학교 밖에서 다른 사람들의 반응 관찰하기, 동물의 몸짓과 소리 흉내 내보기, 사물 흉내 내기, 드라마, 영화의 소리를 끈 채 이해해 보기 등 총 15가지의 교육적 활용방안을 제시하고 있다.

3) 일반 교수 도구로서 비언어 소통 연구

전반적인 수업에 있어서 효율적 학습효과를 위한 비언어 행위의 연구로는 황명자·이경희(2004)의 연구가 있다. 이 연구는 교사의 비언어적 행동이 교수, 학습에 중대한 영향을 미침을 초등학교 대상으로 검증하였는데, 눈, 얼굴, 신체접촉, 자세 및 몸짓, 거리, 어조, 의상, 등 7개 영역으로 나누어 조사 분석하였다. 7개의 비언어적 영역에 해당되는 교사의 행동을 28개 문항으로 구성하여 초등학생을 대상으로 실시한 설문조사 결과, 긍정적인 교사의 비언어 행동은 정다운 눈빛, 웃는 밝은 표정, 머리를 쓰다듬음, 손을 잡아줌, 아름다운 장식, 깔끔하고 단정한 옷 등이었으며, 부정적인 교사의 비언어 행동은 머리를 쥐어박음, 화가 난 목소리, 무서운 얼굴 등이있다. 즉, 수업시간 동안 교사의 다양한 비언어 요소들은 학생에게 많은 영향을 미치고 있으므로, 교사는 긍정적이고 다정한 비언어 행동을 의도적으로 표현하려는 의지와 노력을 가져야 한다고 강조하고 있다.

0.4. 내용 구성과 기술·분석 체계

본 연구는 크게 2개의 영역으로 구성된다. 제1부에는 비언어 의사소통의 이론과 전제들을 기술하고 있다. 제2부에는 제1부에서 도입된 이론적 기제들을 통해 실제 수업에서의 교사 손짓 언어를 기술하고 분석한다. 제1부 및 제2부 모두 각각 4개의 장으로 구성된다.

제1부는 교사들의 수업시 손동작 분석을 위해 요구되는 비언어 의사소통의 이론적 기제에 대해 기호화용론 및 생태학적 관점을 빌려 기술한다. 제1장 '몸짓 기호와 소통으로서 교육'에서는 인간의 몸과 몸짓을 기호로서 정의하고 교육을 의사소통과정으로 이해하고 있다. 아울러 손짓 언어에 대한 기호화용론적 방법론을 기술한다. 제2장 '인간 행동과 비언어 의사소통'에서는 의사소통의 양식과 기능을 비롯하여 대인적 의사소통과 비언어 의사소통을 다룬다. 또한 몸짓을 기호언어로 취급하는 관점에 대해 설명한다. 제3장 '비언어 의사소통의 생태론'에서는 언어의 기원을 신체로부터 온 것으로 보고 있으며, 행위의 변형과 몸짓 의사소통의 체계에 대해 다룬다. 제4장 '몸짓과 손짓 언어의 문화'은 몸짓과 손짓 언어가 문화와 어떻게 유기적 관계를 형성하느냐 하는 문제를 다룬다.

제2부는 실제 수업에서의 교사-학생 간 손짓 언어에 의한 상호작용을 기술하고 분석한다. 2부는 4개의 장으로 구성되는데 5, 6, 7장은 수업시 손동작을 발화 유형별로 분류하고 이를 기호화용론적으로 분석하였다. 8장은 교사의 손짓 언어 분석을 통해 얻은 결과들을 정리하였다. 사실상 비언어적 의사소통 행위의 중요성은 교사보다 학생들에게서 민감한 반응을 얻었다. 학생들은 교사의 얼굴 표정, 손짓, 응시, 제스처,

시간, 공간 등에 대해 꼭 필요하다고 응답하였다. 그 중에서도 손동작에 대한 의견이 다양하였다. 물론 교사의 환하게 웃는 얼굴, 가까운 거리에서 눈높이 맞춰가며 부드러운 목소리로, 나만의 공간에서 신체접촉을 통하여 말하고, 질문하며, 그 질문에 대해 발표한 내용을 잘 들어주고, 정리해 주면 학습내용 인지도가 높다 라고 대답하였다. 중요한 사실은 학생 모두가 학습내용에 어울리는 손동작을 교사가 언어적 발화와 함께 해주기를 바라고 있었다. 제2부에서는 <표 0-2>의 조사 대상을 중심으로 분석 자료를 수집하였다.

〈표0-2〉 조사 대상

연구 장소	교사 수	학년 수	학급 수	학생 수	자　　료
경기, 충청남북도, 대전시	70명 (교생 50명)	1~6학년	50학급	1,000 명	수업비디오 30개 학생이 담임관찰 1000명 교생이 실습반 관찰 50명

학생과 교사를 대상으로 설문조사 및 심층인터뷰를 실시했으며 실제 수업시 손동작에 대해 언어적 발화 분류를 중심으로 구분하여 기술하고 분석하였다. 또한 설명, 질문, 청취, 강조, 정리의 상황에서 발화되는 손짓을 기호화용론적으로 분석하였다. 기술·분석의 체계는 다음의 <표 0-3>과 같다.

[설명-01] 양손바닥 펴서 맞대고 기도하듯이 양손을 가슴에 모음 (그림5-1)

가. 1) 대단원이나 소단원 도입 단계시 학습 목표나 학습내용을 학생에게 주지시킬 때 꼭 알아야 하는 내용들이 무엇인지 설명할 때
2) 학습문제에 의문점이 있거나 혼자 힘으로 해결하지 못할 때 어려움을 겪고 있는 아동을 격려하며 자신감을 가지고 해결하도록 할 때
3) 학습내용이 주로 우리나라와 다른 나라와 비교하는 문제일 때 우리 것의 우월성 강조시, 또는 옛날과 오늘날을 비교할 때 옛것을 중요시하라고 설명시
4) 교사의 설명을 아동들이 경청해 주길 바랄 때

나. 1) '오늘 배울 내용이 무엇인지 꼭 기억하라.'
2) '잘 알아듣고 마음에 새겨두어라.'
3) '학습 내용을 설명 후 이것만은 꼭 알아야 한다.'

다. 1) 오늘 배울 내용이 무엇인지 꼭 기억하길 바래서(45%)
2) '잘 알아듣고 마음에 새겨두어라.'(36%)
3) 학습 내용을 설명 후 이것만은 꼭 알아야 한다고 해서(17%)
4) '여기 좀 보아라'고 친절하게 말해서(2%)

라. 교사의 손짓 언어 발화와 학생의 반응이 일치하는 편이다.

〈그림 5-1〉

〈표 0-3〉 손짓 언어의 기술·분석 체계

<표 0-3>에서와 같이, [ ]의 안에는 손짓 기호 유형과 일련번호를

부여하고, 기호통사론적 기술, 즉 손짓 언어의 표현 형태를 제시한다. 아울러 ( )에는 참조 그림의 번호를 제시한다. <표 0-3>의 경우는 이 책 5장의 1번째 그림을 참조하라는 지시이다. 기술·분석을 위해서 '가'항에는 손짓 언어의 발화 상황을 기술하고, '나'항에는 그에 따른 가능한 언어적 발화를 제시한다. '다'항에는 학습자들인 학생들의 반응을 기술하며, '라'항에는 교사의 발화와 학생들 간의 반응 일치도를 기술한다.

제1부 이론과 전제

1장 몸짓 기호와 소통으로서 교육

2장 인간 행동과 비언어 의사소통

3장 비언어 의사소통의 생태론

4장 몸짓과 손짓 언어의 문화

제1부는 교사들의 수업시 손동작 분석을 위해 요구되는 비언어 의사소통의 이론적 기제에 대해 기호화용론 및 생태학적 관점을 빌려 기술한다. 제1장 '몸짓 기호와 소통으로서 교육' 에서는 인간의 몸과 몸짓을 기호로서 정의하고 교육을 의사소통 과정으로 이해하고 있다. 아울러 손짓 언어에 대한 기호화용론적 방법론을 기술한다. 제2장 '인간 행동과 비언어 의사소통' 에서는 의사소통의 양식과 기능을 비롯하여 대인적 의사소통과 비언어 의사소통을 다룬다. 또한 몸짓을 기호언어로 취급하는 관점에 대해 설명한다. 제3장 '비언어 의사소통의 생태론' 에서는 언어의 기원을 신체로부터 온 것으로 보고 있으며, 행위의 변형과 몸짓 의사소통의 체계에 대해 다룬다. 제4장 '몸짓과 손짓 언어의 문화' 은 몸짓과 손짓 언어가 문화와 어떻게 유기적 관계를 형성하느냐 하는 문제를 다룬다.

몸짓 기호와 소통으로서 교육

인간의 몸짓을 의사소통의 대상으로 간주하기 위해서는 의사소통의 기본 단위로서 몸짓 기호를 가정해야 한다. 몸짓은 인간 행동의 결과로 야기되는 물리적 현상이지만 인간들 간에 소통과 해석의 문제로 소급될 수 있는 기호 가치를 지닌다. 넓은 의미에서 보자면 교육은 바로 교육 행위로서 구성되는 의사소통의 장이다. 다시 말해 교육의 장은 가르치는 교사의 몸짓과 배우는 학생의 몸짓으로 구성된다. 즉 교육은 몸짓 기호로 구성되는 의사소통의 과정이며 하나의 장인 것이다.

이번 장에서는 인간의 몸짓을 기호로 간주하고, 교육을 의사소통 과정으로서 설명하고자 한다. 이를 위해 1절에서는 기호를 만들고 사용하는 인간의 몸과 몸짓을 기호학적인 입장에서 관찰한다. 2절에서는 교육을 의사소통 과정으로서 다루며, 특히 교육의 장에서 비언어 의사소통의 가치를 점검해 본다. 3절에서는 몸짓의 구체적 발화의 한부분인 손짓을 기호로 산정하는 기호학적 연구들을 살펴보고, 기호화용론적 입장을 중심으로 손짓 언어 연구를 제안한다.

1. 기호로서 인간의 몸과 몸짓

기호는 의미작용과 의사소통의 기본 단위이다. 이는 기호로 하여금 의미작용과 의사소통이 가능하다는 이야기다. 그렇다면 '몸짓 기호'란 몸과 관련한 행위나 몸 상태에 관련한 기호인 것이다. 따라서 몸짓 기호는 인간의 몸이 의미작용과 의사소통의 주체로 작용하는 것뿐만 아니라 기호로서도 작용하는 근거가 된다. 포스너(1993)는 기호로서의 인간에 대해 1) 의사소통 모델 속에서의 인간, 2) 신의 형상으로서의 인간, 3) 표현으로서의 인간, 4) 의미로서의 인간, 5) 배우로서의 인간에 대해 설명하고 있다. 그는 인간의 몸과 몸짓을 기호학적 차원으로 도입하여 '몸짓의 체계'를 기술하는 데 기여하였다.[1] 먼저 기호로서의 인간을 바라보는 두 가지 고전적인 기호학적 정의는 퍼스와 바르트의 기호 개념에서 찾아볼 수 있다. 퍼스는 기호가 인간에게 의미작용을 일으키는 것으로 보았다. 이는 포스너의 관점에서 '의미로서의 인간'에 해당된다. 바르트는 인간의 육체가 의사소통 과정 내에서 모형화된다고 하였다. 이 경우에 포스너식으로 이해하자면 '의사소통 모형 속의 인간'

---

1) 베를린공대 기호학연구소를 이끌고 있는, 전(前) 세계기호학회 회장 롤란드 포스너(Roland Posner) 교수는 1995년 이래로 독일과학재단과 베를린주 문화성의 후원으로 '세계 몸짓 지도'를 설계하고 이를 구성 중에 있다. 방법론적으로는 몸짓의 어원론적 기술에서 출발하여, 기호통사론적, 의미론적, 화용론적 기술을 시도하였다. 지역적으로는 유럽과 아프리카, 아시아에 걸쳐 방대한 데이터를 확보하고 있으며, 아울러 문화 간 의사소통의 영역에서 보편적 몸짓과 특수적 몸짓을 분류하여 몸짓 의사소통의 장애 요인이 무엇인지를 규명하는 작업을 추진 중에 있다. 한국과는 1999년부터 2001년까지 2년간 고려대 성광수 교수 연구팀과 한·독 국제공동연구(몸짓과 발화: 한국인과 독일인 몸짓 발화의 기호화용론적 원리)를 추진한 적이 있다. 당시 필자는 공동연구원으로 참가하여 한국 정치인의 손짓 기호를 연구하였다.

혹은 '표현으로서의 인간'을 의미한다.

의사소통 참여자로서, 즉 의사소통 모형 속의 인간을 설명하기 위해 우리는 기호로서의 인간을 가정해야 한다. 이 가정에 대한 출발점은 인간을 의사소통 모델 속에서 '기호사용자'로 간주하는 데 있다. 즉 의사소통 과정에서 인간은 기호를 사용하고 조작하는 기호발신자와 수신자로 간주된다. 이는 신의 형상으로서, 신의 기호로서의 인간에 대한 성서의 주장과 정면으로 대치된다. (창세기 1:27~28, 하나님이 자기 형상 곧 하나님의 형상대로 사람을 창조하시되 남자와 여자를 창조하시고, 하나님이 그들에게 복을 주시며 그들에게 이르시되 생육하고 번성하여 땅에 충만하라……). 먼저 기호로서의 인간 개념이 포함된 쉐논과 위버(1949)의 의사소통 모형을 살펴보자.

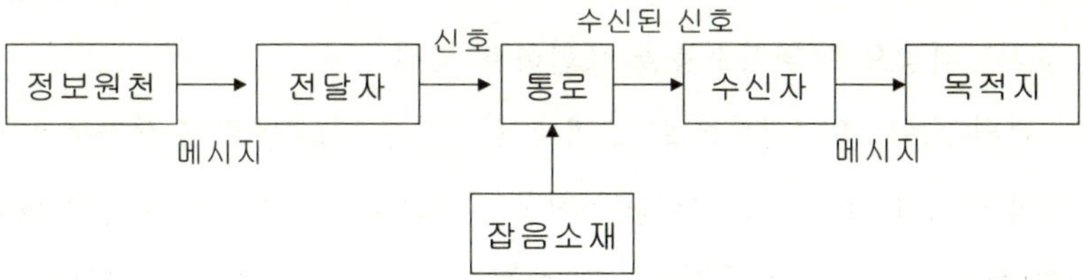

〈그림 1-1〉 샤논과 위버의 의사소통 모형

정보 전달사는 어떤 메시지를 커뮤니케이션 통로에 의해 수신자에게 보내며, 이 때 신호들을 변화시킨다. 전화의 경우 그 통로는 선이고, 신호는 그 선으로 흐르는 다양한 전자적 요인들이 된다. 전달자는 일련의 장치들을 통해 목소리의 청각적 자극을 전자적 흐름으로 변화시킨다. 구어적 연설의 경우 정보의 원천은 뇌이고 전달자는 다양한 청각적 자극을 생산해내는 음성기재이며, 정보는 경로인 공기를 통해서 전달된다. 이 모형 속에서 인간은 정보의 원천과 목적지 사이에 놓이게 된다. 이러한 모형은 커뮤니케이션 개념을 음악, 발레, 연극과 같은 행위들이 포함된 장르로 확장시킨다. 또한 위버(1966)에서는 커뮤니케이션의 문제를 다음의 세 가지 층위로 구분하고 있다.

1) 기술적 문제(A층위): 어떻게 커뮤니케이션의 상징들은 정확히 전달될 수 있을까
2) 의미적 문제(B층위): 어떻게 전송된 상징들은 요구된 의미(발신자가 의도한 의미)를 정확히 운반할 수 있을까
3) 효율성 문제(C층위): 어떻게 수신된 의미는 발신자가 의도한대로 수신자의 행위에 효과적으로 영향을 미칠 것인가

위에서 제시한 위버의 층위들은 모두 기호로서의 인간과 관련되어 있다. 즉 기호사용자(발신자와 수신자) 상호 간 기호의 '전달'-'운반'-'효과' 과정으로 의사소통을 표현하고 있다.

한편 소쉬르의 '대화회로' 모형에서 인간은 발화자 및 수신자로서 정신적 연상작용의 주체로서 등장한다. 대화회로에서 화자는 자신의 관념(기의)을 코드화시켜 음성적으로 실현한다(음성화 과정). 그 실현된 음들의 연쇄체는 청자에게 감각되고, 감각된 청각영상(기표)은 청자의 두뇌 속에서 특정의 의미(기의)로 해독된다(개념화 과정). 그리고 청자와 화자의 위치가 변환되고, 같은 방식의 음성화 과정과 개념화 과정이 재발생된다. 대화회로 모형은 다음과 같이 구성되어 있다(Saussure 1974).

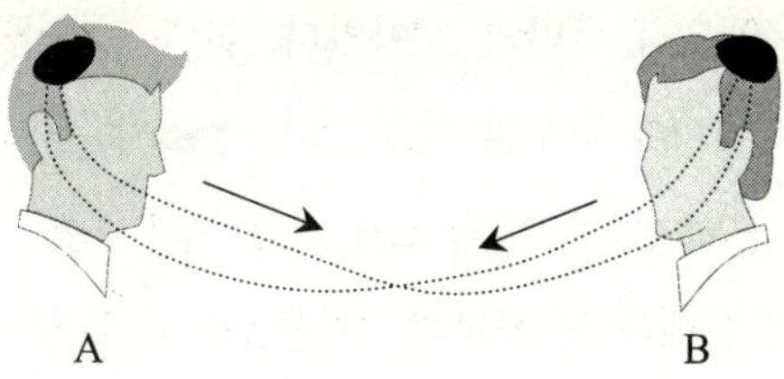

〈그림 1-2〉 소쉬르의 대화회로 모형

이 모형은 '각 개인들에게 공통적으로 들어있는 정신(언어)적 사전'인 랑그와 '서로 다른 음성적 실현'인 빠롤이 전체와 부분의 대립이 아니라는 설명을 가능케 한다. 소쉬르는 담화회로 모형을 제시함으로써, 전체와 부분이라는 이분법에서 전제로 기능하고 있는 유기체적 모형을 극복하고 있다. 유기체로서의 전체는 부분들 사이의 이질성을 설명하지 못한다. 유기체적 모델 속에서, 부분은 단지 유기적 전체를 위해 기능적으로만 존재하기 때문이다. 그런데 소쉬르의 모델은 다층적이고, 이질적인 빠롤들의 상호작용을 인정하며, 그 상호작용의 총합 이상이 랑그라는 점을 설명한다. 그러므로 랑그와 빠롤은 상호보완적 관계에 있는 것으로, 논리적 선후관계를 생각할 수 없는 것이다. 결국 랑그 없는 빠롤은 없고, 빠롤 없는 랑그는 없다는 식의 논리가 성립된다. 이러한 생각은 소쉬르가 제시하고 있는 이분법적 대립항들 모두에 적용된다. 그러므로 대화회로 모형에서 기호로서의 인간의 개념은 이 글에서 중요한 위상을 갖게 된다.

신의 형상으로서 인간은 당연히 기독교의 교리와 관련이 있다. 중세 유럽에서는 인간이 기호를 생산해내는 기호발신자적 입장이 아니라 기호를 맹목적으로 수용하는 수용자적 입장만이 크게 부각되었다. 기호를 만드는 것은 오직 신만의 일이었다. 신이 인간을 신의 형상대로 빚었다고 창세기(1: 26)에서 밝히고 있다. 창조자 즉 신의 형상으로서 모든 인간은 하나의 기호이며 창조자 신은 의사소통 모형의 의미에서 기호발신자이다. 유대와 기독교의 하나님은 아담을 찰흙으로 만들었고 이브를 아담의 갈비뼈로 창조했다고 한다. 그것을 종교적으로 말하자면, 기독교적 인간의 기원이 된다. 그런데 인간이 신의 기호로서 간주될 경우 의사소통 모형에서 기호발신자가 물질적으로는 존재하지 않는 신이라는 것을 인정하기가 매우 어렵다. 그래서 인간과 신 사이에 매체로서 인간의 영혼(그것을 '이성'이라고도 함)을 두었다. 이것이 데카르트에 이르기까지 서구의 형이상학의 깊은 뿌리이다. 그런데 구조주의의 등장으로 '데카르트적 주체'가 무너지기 시작했다. 다른 말로 하자면, 구조주의는 형이상학적 전통을 수정한 탈근대 철학이라고 말할 수 있다. (물론 구조주의적 논의들도 적어도 기호학에서는 바르트, 라캉, 푸코, 데리다, 크리스테바 이후에 '이후 기호학(포스트 세미오틱스)'로써 보완되고 있음). 즉 데카르트가 발견했던 '선험적, 이성적인 주체'는 허구에 지나지 않는다는 것이다. 중세 시대에 '진리'는 오직 신만이 도달할 수 있는 영역이었다. 그러나 르네상스 이후 자연과학의 발달과 더불어 인간도 신과 동일하게 진리를 추구하고 도달할 수 있다는 자신감을 갖게 되었다. 이러한 분위기는 의사소통 이론에도 영향을 끼쳤다. 다시 말해 신이 관계하지 않는, 인간과 기계의 만남이 이루어지기 시작했다. 성경을 새롭게 해석하는 사조도 등장하기 시작했다. 신이 인간을 자신의 형상대로 창조한 것이 아니라 인간이 신을 자신과 유사하게 위치시키고 창조 신화를 만들어 낸다고 했다. 극단적으로 포이에르바흐 같은 유물론 철학자들은 신을 인간의 생산 혹은 인간의 투사로서 간주한다.

여기서 왜 우리가 언어기호로써 의사소통 과정을 기술하지 않고 오히려 몸짓 기호를 가지고 기술해야 하는지 동기를 찾고자 한다. 우리는 데카르트가 행한, 인간이 진리를 추구하기 위해서는 대상을 올바로 파악할 수 있어야 한다는 주장을 기억할 수 있다. 데카르트는 진리를 세울 토대, 즉 결코 거부할 수 없는 절대적 명제를 찾게 되었는데, 그것이 '나는 생각한다, 고로 존재 한다'는 진술이다. 당시 이 명제는 거부할 수 없는 것으로 보였다. 그런데 다음과 같은 가정을 해보면 이 명제가 얼마나 모순성을 내포하는가를 알 수 있다. 데카르트식으로 먼저 이렇게 생각해 보자. 내가 지금 어떤 생각을 한다. 그 판단은 옳은 것일 수도 그른 것일 수도 있으나, 그 판단을 하는 나는 존재할 수밖에 없다. 그러나 우리는 대상과는 무관한 상징체계의 전형인 언어로 사고하기 때문에 이 명제는 곧 그 허구성을 드러내게 된다. 언어는 '나 자신' 즉 '주체'와는 무관하게 학습된 '남의 말'에 지나지 않는다. 즉 우리가 말하고 생각하는 것이 아니라, 언어가 우리에게 말하고 생각하도록 지시하는 것이라는 논리를 갖게 한다. 결국 주체, 곧 '나'란 언어는 우리의 인식에 투영한 환상에 지나지 않는다. 내 생각이 보장해 주는 것은 '나'의 '존재'가 아니라 '남'의 '언어'일 뿐이다. 내가 언어를 말하는 것이 아니라, 언어가 나를 말하는 것이다. 그러나 몸짓 기호는 언어 기호보다는 주체나 대상에 더 가깝다. 마치 퍼스식의 기호 분류에서 보자면 지극히 도상적이다.[2)] 주체의 감정과 생각이 시각으로 곧바로 인지되는

---

2) 물론 여기에는 이견이 있을 수 있다. 몸짓 기호도 도상, 지표, 상징적으로 분류될 수 있기 때문이다. 그러나 언어 기호 대 몸짓 기호라는 대립으로 보자면 후자는 전자보다 도상적으로 이해할 수 있다.

것은 몸짓 기호에 의해서이다. 따라서 몸짓 기호로 통해 읽는 텍스트는 언어기호를 통해 읽는 방식에 비해 경제적이며 순환적이지 않다. 언어는 상징체계를 지닌 기호인 만큼 위장의 가능성(이데올로기의 개입)이 많다. 그렇기 때문에 기호의 본질 파악을 위해서 다각도로 더욱 깊이 읽어야 한다. 이 때 언어는 몸짓 기호를 통해 읽는 방식에 비해 소비되는 시간과 노력이 더욱 많이 소요된다.

엄격히 말해 의사소통 모형에서 인간이 기호 발신자라면, 그는 진정한 기호가 될 수 없다. 왜냐하면 그가 기호로서 창조되기 전에 기호발신자로서 존재하기 때문이다. 즉 기호는 발신자에 의해서 생산된다. 만약 발신자 자체가 기호라면 수신자를 규정해야 하며, 어떤 다른 발신자에 의해 나타날 수 없다. 이와 같은 역설은 기호를 표현으로서, 즉 표현으로서의 인간을 모형화한다. 롤랑 바르트는 기호발신자, 기호수신자, 기호 속에서 인간의 신체가 어떤 표현의 역할을 행하는 의사소통 모형을 차별화 시켰다. 예를 들어 그의 저술 <모드의 체계>가 그러한 경우를 명백히 밝히고 있다. 우리가 말하고 소통하며 만나는 데 가장 중요한 것은 바로 장소라는 것이다. 이 '장소'라는 공간은 신체 없이는 형성되지 않는다. 바르트(1978: 154)는 공간 속에서 인간이 역할 분담과 여러 역할들을 동시에 떠맡는 것에 대해 아주 흥미로운 견해를 피력한다. 이를테면 '부엌'이라는 식공간에는 음식을 만드는 사람, 그것을 먹는 사람이 존재한다. 음식을 만드는 사람이 발신자라면 음식을 먹는, 즉 대접을 받는 사람은 수신자인 셈이다. 그런데 음식을 만든 사람도 음식을 먹게 된다. 뿐만 아니라 이 책의 공간적 배경인 교실에 이 논리가 적용될 수 있다. 수업이라는 텍스트를 만들어 내는 교사와 이를 수용하는 학습자인 학생들이 교실 속에 존재한다. 교사도 잘 가르치기 위해서는 배워야 한다. 이는 곧 기호작용에 있어서 발신자인 동시에 수신자 역할이 동시에 진행되는 것으로 이해할 수 있다. 정리하자면 만족하는 신체(수신자)뿐만 아니라 만족되어야 하는 신체(기호), 다른 사람의 만족을 행동을 통해 조장시키는 신체(발신자)를 가정한다.

또한 우리는 기호로서 인간을 가정할 때, 표현으로서 인간을 고려할 수 있다. 이는 인간의 행동은 표현으로 이해될 수 있다는 이야기다. 언어적 발화와 신체 동작 간의 유추는 표현의 양태에도 추적된다. 언어적 의사소통의 경우는 신체의 일상적인 상호작용에서 기호 생산과 수용의 상황 간의 신체 차이로 볼 수 있다. 언어적 의사소통은 입술과 성대 그리고 그들을 구성하는 근육들의 움직임들이기 때문에 결국 몸짓보다 좀 더 추상적인 기호라는 것이다. 사실상 의류나 화장 등을 통한 표현은 전달에 있어서 우리가 입으로 발화하는 것보다 그렇게 바르지는 않다. 언어적 표현의 경우 해석자적 수용자는 신체행동의 경우와 비교하여 의도된 세부사항과 의도되지 않은 전달 간의 경계가 올바르게 이루어지지 않았다는 사실을 확인하기 어렵다. 중요한 구별 기준은 태도 자질의 변화성이다. 기호가 변화되는 것이 쉬우면 쉬울수록 조작의 혐의가 있게 된다. 인간의 몸이 기호로 인지될 때 표정, 제스처, 해당 인물의 자세가 추가된다. 이와 이울러 오랜 기간 동안 나타나는 특징은 목소리, 눈동자 색채, 손의 크기, 얼굴 형태, 피부색이 있으며, 해를 걸쳐서 커지거나 변화하는 체형, 크기, 등이 있다. 또한 하루마다 달라질 수 있는 헤어스타일, 수염의 형태, 손톱 길이 등이 있다. 또한 옷 입는 것, 장식하기가 있으며, 아주 재빨리 변화하는 자세와 표정 제스처들이 있다. 뿐만 아니라 눈빛의 강도 등도 여기에 속한다.

모든 기호로서의 인간적인 표현은 신뢰도의 위계성을 지니고 있으며, 이는 거의 자동적으로 검증되는 부분이다. 물론 인간 신체에 대한 영속적인 특징들을 인정하는 데 있어서 외과적 개입(성형외과적 수술)이 있을 수는 있다. 오랜 기간 동안 나타나는 신체 현상들이 강하게 나타날수록 짧은 순간의 신체 표현의 신뢰도는 더욱 약해진다. 다시 말해 눈동자 색채, 얼굴 형태와 체형 등은 제스처, 표정, 눈빛에 비해 신뢰할 만한 몸짓 기호이다. 그러나 우리는 일상생활에서 짧은 순간의 신체 표현에 더욱 많은 주목을 하게 된다. 그래서 이들 몸짓 기호들을 읽을 수 있는 능력을 지녀야 한다.

의미로서 인간의 몸에 대해 이해할 수 있는 사례는 기호학연대(2002) <기호학으로 세상 읽기>의 서문에서 찾아 볼 수 있다. "떨어지는 꽃, 밤하늘에 떠 있는 별 하나에 가지도 우리는 의미를 만들어 내며 그 의미들을 향하여 삶을 질주한다. 경찰에 쫓기고 아스팔트에 나동그라지면서도 한 아주머니를 매일 부처님 얼굴로 만든 것은 '생선 행상'이라는 현실이 아니라 곧 판·검사의 어머니가 될 것이라는 의미이다. 고시 공부를 하던 아들이 교통사고로 죽자 그 아주머니 또한 시름시름 병을 앓다 죽어가듯, 인간은 의미가 있는 한 생을 유지하며 의미가 사라지는 한 생을 마감한다". 그래서 인간은 의미의 존재인 것이다. 의미는 인간의 내적 작용이며 표현은 인간의 외적 작용인 것이다. 표현과 의미로서의 인간이 바로 기호로서 인정될 이유가 바로 여기에 있는 것이다.

기호학적으로 보면 교육이라는 과정은 인간이 기호로서의 역할을 할 때 가능한 것이다. 눈썰미 있는 독자들은 기호학이 기호를 연구하는 학문임을 이미 알고 있다. 그런데 '기호란 무엇일까' 하는 의문을 바로 제기할 것이다. 기호는 의사소통의 기본 단위이다. 어떠한 의사소통이던간에 기호를 통해 이루어지고 종결되기 때문이다. 적어도 교육을 학교 영역으로 제한 할 경우에 교육도 학교라는 장소에서 이루어지는 의사소통 과정으로 이해할 수 있다.

2. 의사소통 과정으로서 교육

'의사소통'이라는 말은 '나누다'를 의미하는 라틴어인 'communicare'에서 유래한다. 힐즈(Hills 1976)는 교수 행위와 학습 행위를 하나의 '나눔'의 행위로 본다. 다시 말해 교육을 의사소통의 한 과정으로 보며, 한 사회의 표준·가치·기술을 전달하는 개인들 간의 상호작용으로 본다. 이런 상호작용은 20세기에 들어와서 첨단 미디어에 의해 방대해지고 다양해지기 시작했다. 문화와 전통에 관한 지식을 소통하고, 타인에게 영향을 주고 또한 이런 의사소통의 결과를 가공하고 재생산하기 위하여 다양한 기법과 미디어들을 이용한다.

우리는 표준적인 사회상과 인간의 저장된 지식이 교육의 전체 과정 내에서 어떻게 의사소통에 가담하는지를 살펴보아야 한다. 그런데 사회상이 시대마다 변함에 따라 의사소통의 문제도 교육의 맥락에서 되풀이해서 등장한다. 고대 희랍에서는 육체적 건강의 획득과 종교적, 도덕적 표준을 보존하는 것에 교육의 중점을 둠으로써 사회의 안전을 도모하였다. 그렇기 때문에 무사국가에 머무르지 않고 산업과 상업이 번창하는 요충지가 되었다. 이것이 희랍의 교육관에 큰 영향을 주었다. 희랍의 교육은 시민들에게 사회적 표준을 전달하는 방법으로서 상호작용적 방법에 의존했다. 이에 따라 아테네에서는 종교, 지성 그리고 심미주의의 영역을 포함하는 교육체제가 대두되었다. 희랍의 교육은 시민들에게 그 표준을 전달하는 방법으로서 상호작용적 방법인 문답법 소통에 의존하였다. 기원전 3세기 소크라테스에 의해 알려진 이 방법은 일련의 문답식으로 진행되는 특성을 지닌다. 이 방법으로써 교사는 학생을 '지식 전달'과 '결론 도출'로 이끈다. 이런 맥락에서 요즘 각광받고 있는 토론식 수업은 이미 소크라테스식 문답법에 뿌리를 두고 있다고 볼 수 있다. 특히 <하버드의 공부벌레들>의 하버드 법대 킹스필드 교수의 문답식 교수법이 그 전형적인 예라고 할 수 있다. 문답식 교육의 목적은 다양한 사고과정을 거쳐 학생들이 그들 스스로 발견한 진리를 깨닫도록 인도하는 것이다.

17세기 들어 코메니우스(Comenius)는 지적인 바탕을 마련하기 위하여 자아의 발달이 이루어질 올바른 교수법이 필요하다고 주장했다. 그는 소크라테스와 마찬가지로 교사에 대해 교수방법을 행하는 '핵심'으로 생각했다. 코메니우스는 교육이란 생활을 위한 가장 완벽한 준비로 간주하였으며, 학생을 고려의 대상으로 삼았을 때에 한하여 효과를 얻을 수 있다고 보았다. 따라서 교사가 학생의 여건과 환경에 적응해야 한다고 주장했다. 다시 말해 교사들은 학생들이 이해할 수 있고, 학생들에게 반응될 수 있는 언어와 행동의 수행자가 되어야 한다는 것이다.

또한 헤르발트(Herbart)는 흥미가 학습과정에서 가장 중요한 요인으로 보았으며, 학생들은 그가 배우고 있는 것에 몰두해야만 한다. 교사가 지루하게 생각하고 학생이 싫증을 내면 교사와 학생 간의 전체적인 의사소통은 지장을 받는다. 흥미란 '자기 활동'을 의미한다. 헤르발트는 교수의 4단계를 선포했는데 명료화-연합-체제-방법이 바로 그것이다. 그의 제자들은 이 4단계를 더욱 발전시켜 준비-제시-연합-요약-응용 단계로 확장하여 구분하였다. 이 모두는 바로 교육적 의사소통 과정에 그대로 적용될 수 있다.

19세기에 이르러 의사소통이 교육의 과정에서 필수적인 것으로 믿는 일련의 교육학자들이 등장하였다. 프뢰벨과 몬테소리가 그 대표적 교육학자로서 개인의 의사소통이 교수와 학습의 과정에서 중요한 요소라고 주장하였다. 서문에서 밝혔듯이 이 책은 교실이란 환경 속에서 교사와 학생이 어떻게 행동하며, 상호작용을 하는가 하는 문제에 초점을 맞추고 있다. 이 문제는 결국 교육을 의사소통 과정으로 놓고, 여기에 참여하는 교사와 학생의 상호작용을 관찰하고 해석하는 것은 매우 중요한 일이라는 점을 시사한다.

쉐논과 위버(1949)가 전자 체제 개발에 적용했던 의사소통 모형(그림 1-1참조)에 대해 벌로(Berlo 1960)은 인간의 의사소통에 응용시켰으며, 이를 다시 힐스(Hills 1986)는 투입과 산출을 기준으로 기호화-해독-피드백의 교육적 의사소통 도식으로 재구성하였다.

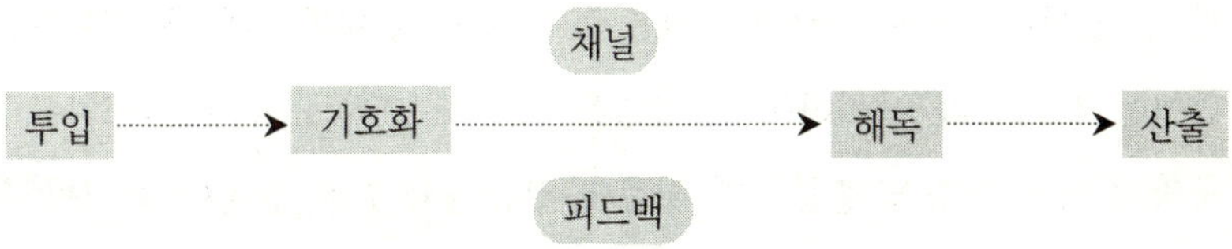

〈그림 1-3〉 교육적 의사소통 도식

이 모형을 교육적 의사소통에 대입할 수 있는 데, '투입'이란 사회가 다음 세대에 전달하는 자체의 지식, 기술, 가치 및 표준으로 볼 수 있다. 교사가 그 투입을 제공하고 관리한다. 학교의 경우 교과목의 투입은 대부분 시간표에 의해 미리 규정된다. 이것은 투입에 관한 매우 제한된 견해로 보아야 한다. 왜냐하면 교사는 교과목뿐만 아니라 교과목에 대한 그 자신의 태도, 인생과 사회 전반에 대한 태도 등을 가지고 가르치기 마련이며, 이들 모두가 역시 학생들에게 전달될 가능성이 많기 때문이다(Hills 1986: 16).

기호화는 교사가 사실, 진술, 관념, 태도 등을 학생들에게 동화시키고 거기서 배울 수 있는 형태로 될 때 일어난다. 이것을 좀 더 넓게 생각한다면, 메시지가 인쇄된 단어, 시각적 영상, 혹은 소리로 기호화 된다고 볼 수 있다. 다양한 형태의 비언어적 메시지가 이들을 수정하고 변화시키고 강화한다. 따라서 기호화는 원하는 투입을 학생에게 가시화하는 과정이다. 이 때문에 교사는 그 기호화가 학생이 그 자료를 수신하고 이해하고 해독할 수 있도록 이루어졌는지를 점검할 책임을 진다(Hills 1986: 17).

교사는 그들의 관념을 글이나 혹은 그림과 같은 일련의 상징으로 기호화함으로써 가시화한다. 여기서 본질적인 조건은 교과목과 관련한 특수한 상징과 더불어 그와 똑같은 일련의 상징을 학생이 말하고 이해할 수 있어야 한다는 것이다. 예를 들어 학생은 교과목에 사용된 모든 단어들의 의미를 이해하는가, 학생은 교사가 교과목을 기호화하는 수준의 지적인 배경을 충분하게 갖추고 있는가와 같은 질문이 제기될 수 있다. 상징은 단지 사건을 나타내는 것에 불과하며 그 사건 자체는 아니기 때문에 기호화와 해독의 과정이 부합하지 않으면 의사소통이 일어날 수 없다.

채널은 메시지를 학생에게 정확하게 전달해야 하는 임무를 띤다. 만약 교사가 직접 채널에 관계한다면, 그는 다양한 시각적 방법을 사용하는 것이다. 즉 칠판과 교사의 몸짓이 이 시각적 방법에서 가장 단순한 것이다. 이와 더불어 그의 음성을 의사소통의 채널로 이용할 수도 있을 것이다. 현대에 들어 다양한 시청각 기제와 멀티미디어 도구를 수업에 도입한다. 이런 미디어들은 많은 다른 형태의 시각적 전시방법과 연결시켜 사용될 수 있다. 이런 멀티미디어 기제들을 인쇄물과 함께 사용한다면 최대의 효과를 얻게 된다. 의사소통의 채널을 음성과 분리시켜 생각할 때, 우리는 인쇄된 지면과 교사의 역량을 간과할 수 없다. 이것은 글로 된 자료와 도해자료를 제시하는 가능성을 풍부하게 지닌다. 그렇기 때문에 교사는 보조 자료로서 그리고 각 개인은 문제지나 프로그램 학습 자료로서 사용될 수 있으며, 혹은 비디오 자료와 함께 사용될 수도 있다.

의사소통의 채널을 선택할 때 주로 고려해야 할 사항은 메시지를 학생에게 분명하고 정확하게 전달해야 하는 것이다. 앞서 상징은 사건의 표상에 불과하며 사건 자체가 아니라는 점을 강조해야 하겠다. 따라서 선택된 의사소통의 채널에 의하여 전달된 메시지는 실체의 사건이 전달하는 메시지와 동일하게는 결코 전달할 수 없다. 전달된 메시지는 교사가 어떤 상징을 선택하며 학생이 그들을 어떤 방식으로 수신하느냐 하는 문제와 복합적으로 뒤섞여 모종의 고유한 특성을 갖고 선택된 의사소통 채널의 한 가지 필요한 부분으로 현존한다(Hills 1986: 17ff.).

메시지의 명료성과 정확성에 대한 필요성은 이미 강조했지만 교수와 학습에는 어떤 의사소통의 채널을 이용하든 간에 그 메시지를 막거나 불분명하게 하는 많은 종류의 소음원이 있기 마련이다. 그 중 한 가지 고려할 소음원은 가르치는 환경 자체가 될 수 있다. 가르치는 환경을 구성하는 데 따르는 요인들은 매우 다양하지만 아직까지 거의 주목받지 못하고 있는 편이다. 흔히 구비 조건으로 충분한 수의 의자 수, 교실 안에 있는 칠판 혹은 오버헤드 환등기를 설치하는 정도를 생각하는 것이 고작이다. 의자의 안락함도, 벽과 마루 표면의 색깔이 주는 시각적 효과, 소리와 질, 그리고 벽의 공간적 차원이 무시되기 마련이다. 이 모든 것과 기타 여러 가지들이 그 체제 안의 소음을 만들어 내기 때문에 집단의 크기는 역시 물리적인 소음에 직접적인 영향을 준다. 그런 집단의 후미에 앉아 있는 사람은 메시지를 수신하는 데 상당히 방해를 받게 된다.

교사와 학생이 대면하는 교수 상황에서 있을 수 있는 가장 큰 소음원은 교사다. 의사소통이 학생에게 이루어지는 문제에 관심을 가진 교사라면, 교사는 자신의 교수학습 목표를 분명하게 밝히고 가능한 자료가 명료하고 명확한지를 확인해야 한다. 다양한 기법을 동원하면서 학생들이 제시된 자료를 수신하고 배울 수 있도록 적절한 의사소통의 채널을 선택하여야 한다(Hills 1986: 19ff.).

학생들에 의하여 수신된 '산출'은 항상 '투입'을 설계한 사람에 의하여 의도된 것은 아니다. 수신된 것은 교과목에 대한 학생의 사전 지식을 포함하여 수많은 요인에 의해 의존된다. 교사는 고등교육기관에 입학한 학생들이 제시한 자료를 해독할 수 있을 정도로 교과목에 대한 충분한 배경을 갖고 있기를 기대한다. 다시 말해 학생들이 학습 내용을 노트로 정리하는 기술, 책을 이용하는 능력과 독서를 통해 정보를 추출하는 능력, 논쟁과 토론을 벌이는 능력을 갖고 있을 것으로 기대된다. 그러나 그렇지 못한 사례도 매우 흔하다. 먼저, 초등학교의 수준의 학습자들이 어떤 교과목에 대한 충분한 배경을 가지고 있지 않다. 학생이 강좌를 신청해 왔을 때 교사의 과제는 그 학생이 충분한 배경적 지식을 가지고 있는지를 알아보는 것이다. 노트를 정리하고 글을 써내는 등의 기술 역시 미리부터 가정할 수는 없다. 따라서 교사는 이런 점들을 학생과 상의하고 만약 필요한 경우 도움을 주는 것이 좋다(Hills 1986: 20).

학교라는 형식적인 교육 환경에서 교사, 책, 시청각 매체, 그리고 넓은 범위의 자료와 정보원을 포함하는 의사소통의 과정의 요소들이다. 이것들 보다 의사소통 과정의 중심부를 차지하는 것은 학생들이다. 의사소통의 채널은 대부분 청각적인 것과 시각적인 것이며, 채널의 투입은 학생들에게 가급적 정확하게 전달되어야 한다. 피드백은 이것을 규제하는 데 불가결한 기능을 한다. 학생들이 메시지가 어떻게 수신되었는지를 알리는 정보를 교사는 피드백해야 한다. 그래야만 교사는 학생의 반응에 따라서 투입을 조정하고 해독의 오류나 그 자체 안의 '소음'에 의하여 기인한 제반 요소들을 줄이거나 제거할 수 있게 된다.

교사가 말하고 학생이 듣는 유형의 의사소통을 넘어서 수업 중에 이루어지는 교사-학생 간 상호작용은 매우 중요하다. 대화가 이루어지려면 차례로 대화에 참가해야 한다. 대화가 수월하게 풀리면 거기에는 각자에 대한 대화의 길이, 대답 및 반응의 속도, 대화 끼어들기 경향 등에 분명한 리듬이 생기게 된다.

교사와 한 학생 혹은 학생들 사이에 대화가 제대로 진행되지 않을 때 교사는 그들 간의 접촉이 어색한 침묵으로 인해 난설되지 않도록 하기 위해 말과 제스처를 계속하는 경향이 있다. 여기에는 그것이 학생으로 하여금 이야기를 하게 하는 효과가 있으며, 일단 대화의 리듬이 살아나면 그 리듬이 계속된다. 교사는 발문을 하여 학생들의 반응을 끌어 낼 수 있다. 이러한 점은 이 책 저술의 가장 기본적인 동기를 제공한다. 어떤 사람에게 말문을 열게 하는 가장 좋은 방법은 그에게 열린 질문을 던지는 것이다. 단지 '네' 혹은 '아니오' 라는 식의 답을 요구하는 질문,

혹은 여러 가지 대답 가운데 선택을 하게 하는 질문은 대화를 중단시키는 결과를 가져온다. 이미 학생들은 자신이 '무지'한 사람으로 드러내는 것을 피하기 위해 가끔 집단 속에서 말하기를 꺼려한다. 이 때 교사의 비언어적 의사소통이 사태를 해결하는 데 도움을 줄 수 있다. 비언어적인 의사소통은 어떤 유형의 행동이 일어나는 것을 미연에 방지하거나 통제하는 데 이용될 수 있다.

교사는 말을 할 때 선택한 단어 정도만을 의식하고 대화의 다른 측면은 의식하지 않는다. 이와 마찬가지로 가끔 교사의 의사소통 가운데 비언어적 측면에 전혀 의식하지 않는다. 비언어적인 행동이 의사소통에 가담하는 세 가지 형태는 다음과 같다.

1) 언어적인 의사소통을 지원하거나 거부하는 것
2) 언어적인 의사소통을 대신하는 것
3) 감정과 태도를 보이는 것

예를 들어 머리의 움직임이 이 세 가지 형태를 설명하는 데 도움이 된다. 두 번째 유형은 머리를 끄덕여서 말을 보강시켜 주는 사례를 들어 설명할 수 있다. 어떤 사람이 말을 할 때 머리를 끄덕이는 것은 말을 계속하게 하는 효과를 갖는다. 그러나 만약 청자가 그 끄덕임을 수차례 걸쳐 짧게 하기 시작한다면 이 동작은 그가 화자의 대화를 중단시키고 자신이 말을 하고 싶은 것으로 이해된다. 만약 본인의 의사와 상관없이 머리를 경련하듯 짧게 움직인다면 이는 그 사람 자신이 통제할 수 없는 긴장 상태에 있음을 나타낸다. 격분 상태에 있는 사람에게 그런 일이 일어날 수 있다.

눈 접촉은 교사와 학생들 간의 거리를 좁혀줄 수 있기 때문에 교사가 특별히 고려해야 할 비언어적 수단이다. 한 사람이 다른 사람의 눈을 쳐다 볼 때 이들 사이에 의사소통의 채널이 열린다. 그리고 이들 간의 나누는 눈길은 우의, 사랑, 호기심 혹은 미움을 나타낸다. 눈의 접촉은 긴 시간 혹은 짧은 시간 동안 유지될 수 있으며, 똑바로 보는 식으로 이루어질 수도 있는가 하면 슬쩍 엿보거나 곁눈질 식으로 이루어질 수도 있다. 여기에 눈 접촉의 다양성과 변화가 있기 마련이다. 오랫동안 눈을 크게 뜨고 정면에서 바라본다면 이는 우호적인 느낌을 갖게 하며 상대편을 안심시킨다. 또한 어느 순간 똑바로 쳐다본다면 노려 보는 셈이 되며, 이는 공격이나 미움을 표시하기 때문에 상호 간에 불안감을 조성할 수 있다. 한편, 짧게 흘겨보는 것은 미움이나 기만을 표시할 수 있다. 위협을 피하려고 안절부절못하는 사람이나 혹은 기만이 폭로되는 것을 두려워하는 사람은 눈의 접촉을 오랫동안 하는 것을 피한다. 말을 하는 동안 상대편을 바라보지 않는 사람은 가끔 말을 마칠 때 눈의 접촉을 하는 것이 상례이다. 이는 상대편이 그의 메시지를 어떻게 받아들였는지 확인하려는 뜻으로 해석할 수 있다. 눈 접촉에만 변화가 있는 것이 아니다. 메시지를 수신하는 사람이 눈을 가늘게 뜨면 이는 메시지의 수신자가 당황하거나 두려워하고 있음을 나타낸다. 눈동자의 크기 자체도 변하는 데 예를 들어 어떤 재미있는 것을 볼 때 눈동자가 더 커진다.

비언어적인 행동이 보일 수 있는 다양성과 변화는 허다하다. 목소리의 차이, 머리의 움직임, 눈의 다양성 이외에 머리와 발의 움직임, 코와 입술의 움직임, 자세, 걸음걸이, 머뭇거림과 침묵, 접촉, 호흡, 의상 등이 여기에 포함된다. 또한 의상도 비언어적인 의사소통을 하는 하나의 수단이다. 여기에는 사자의 옷차림 상태가 추가된다. 미리 손질을 하지 않았고 의상에 신경을 쓰지 않았다는 것은 그 사람이 혼란 상태에 있음을 나타낸다. 옷을 깔끔하고 단정하게 입은 사람은 어떤 일에 준비가 잘 되었거나 잘 정돈된 것으로 판단될 가능성이 있다. 또한 거꾸로 야단스럽게 치장한 옷차림은 지나치게 통제되고 긴장된 상태에 있음을 의미하기도 한다. 이를 '위장된 비언어적 행동'으로 이해할 수 있다. 일반적으로 의상과 옷차림은 한 사람이 자신을 어떻게 보며, 타인이 그를 어떻게 보아주기를 원하는가를 짐작하는 데 도움을 준다.[3)]

교사들은 주로 언어적인 수단을 통하여 의사소통을 하고 있다고 생각할지도 모르겠지만 사실상 그들은 많은 비언어적인 메시지를 학생들에게 전하고 있다. 교사가 그들의 교수 행동 가운데 비언어적인 요인들을 깨닫게 되면 이들을 통제할 수도 있을 것이다. 비언어적인 행동의 뚜렷한 목록이 아직 없는 형편이지만 자신의 비언어적인 행동을 더욱 탐구하고자 하는 사람에게 줄 수 있는 최선의 충고는 이 분야의 책을 읽고 스스로의 행동을 관찰하라는 것이다. 텔레비전 카메라가 장착된 비디오 기기를 통해 자신의 제스처를 녹화하는 것도 중요한 연습이 된다. 미국의 경우 초임 교사들을 위해 '마이크로 티칭' 기법이 활용되기도 한다. 이는 자신의 수업 장면을 셀프 카메라 식으로 녹화하여 스스로가 자신의 결점을 보완하는 수업 교정 기법이다.

교사-학생 간 의사소통에서 중요한 것은 비언어적인 요소가 언어적인 요소를 보조하고 강화시켜주어야 한다는 점이다. 이와 아울러 교사

---

3) 여기서 이런 해석에는 가끔 문화적인 특수성이 있다. 상이한 문화에서 다양한 해석이 있다는 사실은 크납(Knapp 1980)의 <비언어적인 의사소통의 정수(Essentials of Non-Verbal Communication)> 참조

는 상황이 요청한다면 비언어적인 요인을 학생을 지지하고 돕는데 활용할 수 있어야 한다. 빅토리아(Victoria 1971)는 교수 학습 상황에서 지원을 하는 것에서 그렇지 않은 것에 이르기까지 비언어적인 제스처를 다음과 같은 순서로 열거한다.

1) 열성적임/공개적으로 지지함: 학생이나 사태에 대한 열성, 정성, 혹은 정서적인 지지를 보임
2) 수용적임/지원적임: 관심, 인내, 경청하려는 용의성을 보임. 표현된 느낌, 필요, 혹은 문제들을 수락함을 뜻하는 방식으로 학생이나 사태에 즉각적인 반응을 보임
3) 명료화함/지도성을 보임: 문제를 명료화시키고 가다듬으며 방향제시와 지도
4) 중립적임: 수업에 지원이 되거나 아니거나 관계없음
5) 회피/불안정: 학생이나 사태에 회피, 불안정, 비민감성, 조급성, 무지, 혹은 방해를 해 줌
6) 무관심, 선입견, 흥미 없음을 나타냄: 학생이나 사태에 관하여 개입할 뜻을 보이지 않음
7) 불인정: 학생이나 사태에 관하여 불인정, 불만, 비방, 혹은 부정적인 태도를 보임

교사가 대집단의 학생을 상대할 때 어떤 특정 학생이 주목하고 있는지 아닌지를 확인하기가 어렵다. 집단학습 기법에 관해 교사가 개별적인 학생과 접촉을 유지하려고 노력해야 한다. 교사는 각개 학생이 그 작업 속에서 자신이 개인적으로 포함되어 있다는 느낌을 갖도록 해야

한다. 이렇게 함으로써 교사가 각 학생에게 말을 하고 접촉하는 것을 보장해 주는 것이다. 그러나 대집단에서는 항상 그렇게 하기가 불가능하다. 그렇기 때문에 비언어적 의사소통을 이용하면 더욱 많은 효과를 얻을 수 있다. 설사 대집단이라고 할지라도 교사는 개별적으로 학생과 눈 접촉 및 시선 접촉을 유지할 수 있다. 이런 개별적인 접촉은 교사가 필요하다고 생각할 때마다 반복해서 사용할 수 있다. 학생들은 책상 위의 종이를 분류하거나 노트 정리를 하는 일에 분주한 척하면서 그런 눈의 접촉을 피해 달아나려고 한다. 눈 접촉을 회피하는 이유는 학생들이 질문에 대한 정확한 답을 모르거나 대답을 꺼린다고 판단할 수 있다.

무엇보다 수업 상황에서 교사와 학생 간 의사소통은 언어적 발화와 더불어 비언어적 발화의 경우 중요한 역할을 한다. 그러나 눈 접촉, 즉 눈짓 혹은 시선을 연구하는 것은 상당한 노력과 재정이 투입되고 눈짓을 측정할 수 있는 기기를 필요로 한다. 그러므로 이 책에서 다루는 것은 눈짓이나 시선이 아니라 바로 손짓에 의한 의사소통이다. 손짓에 의한 의사소통은 손짓을 언어로 간주하여 의사소통 연구의 대상으로 삼는 것인데, 이에 대해서는 다음 절에서 손짓 언어의 기호화용론적 접근을 통해 보여줄 것이다.

3. 손짓 언어와 기호화용론

구두 발화시 수반되는 손짓 동작에 대한 기호학적 접근은 기호 발신자와 수신자 간의 의사소통적 상호작용을 측정하는 용이하다. 이러한 작용은 손짓 언어가 구두 언어의 보충 기능으로서 얼마만큼의 교육학적 가치를 지니느냐 하는 물음과 긴밀히 연결되어 있다. 이 책의 2부에서는 초등학교 교사들의 손짓 언어적 발화를 관찰하며, 이에 대한 초등학생들의 수업 반응도를 측정한다. 이 작업에 앞서 선행해야할 것은 손짓 언어의 기호화용론적 측면의 연구 동향을 살펴보는 것이다.

손짓과 관련한 연구는 언어학, 기호학, 커뮤니케이션학, 심리학, 동작학, 윤리학, 생태학 등 다양한 학문이 연합하여 학제적 성격을 띠고 진행해 왔다. 요즘 들어 미국 프래그머티즘에 바탕을 둔 행동주의 심리학의 영향으로 몸짓 언어(손짓, 표정, 자세, 시선, 접촉 등)에 걸친 연구가 활발히 진행되고 있다. 손짓은 비언어적 커뮤니케이션 영역의 몸짓 연구에서 부수적으로 혹은 다른 몸짓들과 연결되어 복합적으로 연구되어 왔다. 몸짓에 관한 비언어적 커뮤니케이션 분과에서 일궈 온 연구물들은 크게 두 가지 방향을 갖는다. 하나는 언어학적 화용론 혹은 담화 연구 차원에서부터 사회, 문화적 차원으로 접근한 사례이다. 또 다른 방향은 무용이나 연극에서와 같이 비언어적 차원을 의사소통 및 의미작용의 차원으로 소급한 연구물들이 있다. 이것들은 연구의 출발점은 달라도 연구의 공통점은 기호화용론(semiopragmatics)을 기반으로 하고 있다. 즉, 몸짓을 구두 언어의 보충, 혹은 대치 기능으로 설정하고 이를 인지하는 기호 수신자 측면의 의미작용을 연구했다는 점이다. 그럼으로써 몸짓 기호 발신자와 수신자 간의 의사소통적 상호작용을 도출하려는 시도를 해 왔다. 이런 맥락 하에 이 연구는 기호화용론적 차원에서 교육 현장의 실제 손짓 발화 데이터를 채집하여 손짓 언어에 대한 수신자 간의 소통 행위를 제시하고 있다.

기호화용론은 미국 실용주의 철학의 기초를 제공한 찰스 샌더스(C.S. Peirce)의 기호학에 그 뿌리를 둔다. 이 실용주의 철학은 분석철학을 배경으로 하고 있다. 분석철학은 한마디로 이성보다는 경험과 실천을 사유보다는 관찰과 검증을 중심적인 토대로 삼는다. 이 철학사조는 20세기 초 영국에서 시작되어 오늘날 미국 및 오스트레일리아 등의 영어권, 그리고 북유럽의 스칸디나비아 여러 나라에서 지배적인 철학의 흐름이 되었다. 분석철학이라는 이름 속에는 다양한 학문적 경향이 포괄되어 있다. 이 들 중 대표적인 것을 거론하면 러셀에서 시작하여 비트겐슈타인, 카납과 그 후의 일부 언어학자들에 의하여 수행된 형식언어의 구축을 통한 의미분석적 경향이 있다. 또한 일상 언어의 의미 분석을 시도하는 라일, 오스틴 등 일상언어학파의 활동, 검증 원리를 토대로 하여 철학의 과학화를 시도하는 슐리히, 바이스만, 파이글 등의 논리실증주의자들, 그리고 콰인, 스트로슨 등 논리학과 언어학과의 밀접한 연관 속에서 진리에 관한 새로운 의미론적 접근 경향을 들 수 있다.

이와 같은 분석철학의 영향 하에서 퍼스는 '제2의 논리학'으로서 기호에 관한 일반적인 이론을 구축하였다. 그에 의하면 기호학은 기호의 정확한 사용을 통해 외부 세계에 대한 객관적 지식, 진리를 추구하기 위한 수단을 의미하는 것이다. 퍼스는 사고를 나타내고 의사소통상 중요한 역할을 하는 기호들을 여러 각도에서 분류하여 제시하고 있다. 그는 기호 분류를 일차성(firstness), 이차성(secondness) 그리고 삼차성(thirdness)이란 범주에 관여하는 관점에 따라서 기호를 세 가지로 분류한다. 먼저 일차성은 첫인상 같은 '느낌'으로 이해할 수 있다. 따라서 일차성은 어떤 관계도 지니지 않는다. 이것은 바로 기호 그 자체이다. 예를 들어 음조, 맛, 색감 등이 일차성의 범주에 든다. 이차성은 관계를 통해 발생한다. 세계에 존재하는 사실들이 이차성의 영역에 속한다. 따라서 이차성은 기호와 대상 간의 관계를 구성한다. 삼차성은 '해석체'

의 개념과 동일하게 퍼스의 기호 분류 중 가장 핵심을 이룬다. 이 삼차성의 범주가 일반 법칙들의 영역이다. 이차성이 있는 그대로의 사실들의 범주인데 반해 삼차성은 우리의 관념과 관계된 범주이다. 퍼스는 삼차성을 통해서 일차성이 이차성과의 관계 속으로 들어온다고 보았다. 삼차성은 우리가 누군가에게 어떤 무엇을 주는 행위와 유사하다. 이는 퍼스의 기호 개념을 보자면 기호・표상체는 일차성, 대상체는 이차성, 해석체는 삼차성이다. 이러한 기본 도식을 통해 기호삼각형에 이르게 된다.

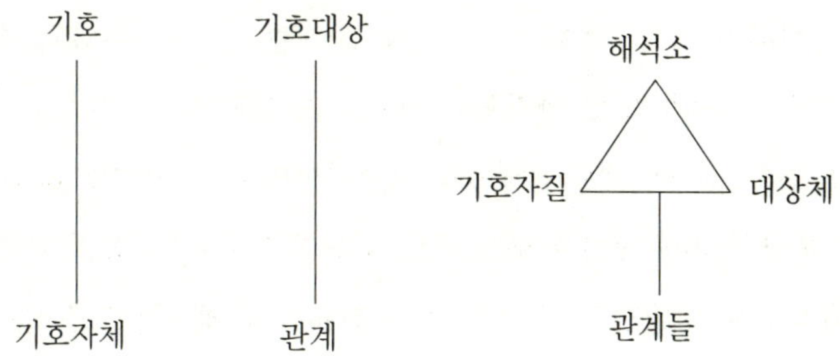

〈그림 1-4〉 퍼스의 기호 개념

위 도식에서 세 종류의 기호 삼분법은 먼저 관계를 고려하지 않는 기호 사제의 측면에 따른 것이고, 다음은 기호대상과 이원적인 관계에 있는 기호측면이다. 마지막은 어떤 해석체를 위한 대상체의 표상의 삼원적 관계로서의 기호측면을 말한다. 퍼스의 의미에서 기호는 형식적 측면과 존재적 측면을 띄고 있는데 여기서 발생하는 상호작용은 다음과 같은 도표에서 관찰할 수 있다(Cobley 1994:35).

〈표 1-1〉 기호 유형 간 상호작용

구 분		→	→	→
		품질 *일차성*	사실 *이차성*	법칙 *삼차성*
↓	표상체 *일차성*	품질 기호	개별 기호	법칙 기호
↓	대상체 *이차성*	도상 기호	지표 기호	상징 기호
↓	해석체 *삼차성*	해석 기호	발화 기호	논항 기호

윗 표의 세로줄에서는 기호 삼각형의 각 요소가 범주들(일차성, 이차성, 삼차성)과 관계를 맺고 있다. 가로 줄에는 각각의 존재 범주(품질, 사실, 법칙 기호)가 기호 삼각형의 요소들과 관련된다. 이와 같은 기호들의 조합이 현실의 예로서 다음과 같이 설명될 수 있다(Cobley 1994: 39-40). 축구 경기에 있어서 레드카드 사용의 경우이다. 경기 중에 심판은 고의적으로 비신사적 행위를 범한 선수에게 레드카드를 내보인다. 레드카드는 규칙(고의적인 파울은 규칙에 어긋나고 가해자에게 제재조치가 취해진다)을 통해 존재하므로, 이 카드는 논항 기호이다. 또한 이 레드카드는 상징 기호(관습적으로 고의적인 파울을 의미한다.)이며, 따라서 법칙 기호(일반 법칙)도 된다.

한편 레드카드는 이전부터 심판들이 사용해 온 것이고 선수들은 이 카드가 의미하는 것이 무엇인지 잘 알고 있다. 따라서 심판이 파울을 범한 선수에게 레드카드를 꺼내 보이는 개별적이고 구체적인 사실은 있는 그대로의 사실로서 작용한다. 이 경우는 발화 지시적인 개별 기호이다. 즉 심판이 취한 행동은 축구 규칙에 포함되어 있는 사실에 대한 진술 행위이다. 이와 같이 퍼스의 기호학은 특히 행위와 관련이 있다. 따라서 퍼스 계열의 기호학은 행동주의 심리학과 긴밀한 관계를 이루어 발전되어 왔으며, 몸짓과 같은 비언어 커뮤니케이션 연구에 기여하였다. 위의 축구 심판의 예에서와 같이 이 연구는 교사들 행위의 해석체(삼차성)에 관련되어 있다. 레드카드의 경우에서와 같이 교사들이 사용하는 일종의 '관습'으로서의 '손짓'들이 있다. 이 손짓은 특정한 방화상황에서 기인되며 언어적 발화에 수반된다. 이에 대한 학생들의 반응을 살피는 것은 퍼스 기호학의 '해석체' 개념의 의사소통 구조를 읽는 시도라고 볼 수 있다.

퍼스의 기호 개념에서 가장 중요한 것은 바로 해석체다. 해석체는 주어진 기호로부터 촉발되는 의미효과이다. 퍼스의 논총은 이러한 해석체에 대해 다음과 같은 개념으로 설명한다. "기호는 기호 자신이 생산하거나 변경하는 어떤 것을 보증하는데 기호가 보증하는 것이 '대상'이며, 기호가 전달하는 것이 '의미'이며, 기호가 제시하여 환기되는 것이 '해석체'이다."(Peirce CP 1, 339). 퍼스는 이 해석체의 개념을 인간적인 의사소통 구조의 시각으로 보고 있다. 다시 말하면 각각의 기호는 이것들을 반복하고 해석하는 다른 기호와 연속적이고 상관적인 관계에 있다.

기호는 대상이나 객체를 보증하고 해석체를 위해서 등장한다. 기호화용론은 바로 해석체와 기호체의 관계를 연구하는 학문으로서 퍼스의 영향을 받은 모리스(Morris 1938)에 의해 태동되었다. 기호화용론은 화용론이 기호학적 기제를 중심으로 발전한 학문 분과를 의미한다. 이는 철학적 혹은 언어학적 성향의 화용론과 구별하기 위한 명칭으로 볼 수 있다. 화용론의 범위 규정은 오랜 역사를 가지고 있다. 그럼에도 불구하고 아직까지 하나의 개념으로서 화용론을 이야기 하기는 매우 어렵다. 모리스에 와서는 여러 학문에 걸쳐 있는 기호에 관한 접근들이 포괄되었다. 즉 기호에 관한 모든 관심을 포괄하는 통합된 '기호 이론' 혹은 '기호학'의 윤곽을 그려내려는 시도를 했다. 모리스의 이러한 시도는 기호학을 다음과 같은 차원으로 상정하고 있다.

기호작용(semiosis)의 삼각관계에 있는 세 개의 상관체(기호체, 대상체, 해석체)의 범위 내에서 여러 다양한 관계들이 구성된다. 어떤 관계는 기호가 적용되는 대상체에 대한 기호의 관계를 연구하게 될 것이다. 이런 관계는 기호 작용의 의미적 차원이라고 부른다. 이 차원에 대한 연구가 바로 의미론이다. 혹은 연구의 주제가 해석체에 대한 기호의 관계가 될 수도 있다. 이러한 차원은 화용론이 될 것이다(Morris 1938:6).

이러한 정의에서 기호화용론의 개념이 싹트게 되었다. 기호화용론은 기호통사론과 기호의미론의 차원을 전제로 한다. 기호통사론은 기호 자체에 대한 연구, 기호의미론은 기호와 대상체의 관계에 대한 연구, 기호화용론은 해석체에 대한 기호의 관계를 연구하는 차원내지는 시각으로 이해할 수 있다. 기호화용론에서의 주된 관심 중의 하나는 기호를 행위 모형으로 규정한다는 것이다. 즉 행위가 시간적으로 진행하는 사건의 모형으로서 나타난다. 말을 할 때 그 상대는 동일한 상황에서 이해 행위를 수행한다. 반면에 편지를 쓴다면 수신자는 보통 발신자가 쓰는 것을 직접 볼 필요는 없다. 이런 사실은 소통의 시간적 차이를 가져온다. 예를 들어 길을 물을 경우 구두 언어 혹은 손짓과 같은 제스처로 알려주는 사람은 시간적으로 묻는 사람과 동일한 지시 상황에 있다. 그러나 교과서의 글 혹은 도로 표지는 기호 입력의 시기와는 동일한 시간대에 이해 행위가 일어나지 않는다.

이 책은 바로 동일한 상황에서 이해 행위를 수반하는 '교실'이라는 소통의 공간을 다룬다. 소통 행위에는 교사와 학생들이 참여자로 등장하고, 직접적인 담화매체로는 구두 언어와 몸짓 언어가 될 것이다. 물론 부분적으로 문자 언어가 이에 해당된다. 학생의 측면에서 말하기, 듣기, 쓰기, 읽기를 비롯하여 교사와 보다 직접적인 소통의 차원인 질문하기, 대답하기 등의 행위가 수반된다. 또한 교사의 측면에서는 설명, 강조, 질문, 요구, 정리 등의 발화 행위가 수반된다.

이런 맥락 하에서 본 연구는 '수업'이라는 의사소통의 협동 행위에 있어서 교사의 몸짓 기호와 손짓 언어가 학습자에게 어떤 의사소통적 상관성을 부여하고 상호작용에 어떤 영향을 미치는가를 관찰하게 된다. 특히 손짓 언어를 많이 사용하는 초등학교 교사를 대상으로 수업시 손짓 행위를 채집하여 구두 언어 발화와 비교를 한다.

인간 행동과 비언어 의사소통

이 책에서 다루고 있는 핵심 테마는 몸짓과 몸짓의 하위 부류인 손짓이다. 이들은 모두 인간 행동의 결과이며, 의사소통의 범주에서 관찰되며, 특히 비언어 의사소통의 영역에 해당된다. 인간의 행동과 관련하여 의사소통은 어떤 목적성을 띤다. 이는 바로 종의 생존과 적응이며, 여기에는 세 가지 대표적인 의사소통 행위인 짝짓기, 재생산, 부모의 교육과 사회화가 포함된다. 이번 2장에서는 인간의 행동과 비언의 의사소통의 연관관계를 살펴볼 것이다. 1절에서는 동물 및 인간이 행하는 의사소통의 기능과 양식을 비롯하여 다양한 의사소통 행위를 제시한다. 2절에서는 대인 간 의사소통의 조건과 상호작용을 언어적 소통과 비언어적 소통으로 구분하여 정리한다. 3절에서는 몸짓을 기호로서 간주하고 이에 대한 연구 경향과 주제들을 살펴본다.

1. 의사소통의 양식과 기능

정보는 행위에 의해 지각된다. 정보는 환경으로부터 필요한 데이터들을 산출한다. 생명체가 존재하는 세계는 이러한 데이터들로 가득 차 있다. 이와 같은 데이터 중에서는 친구 사이에 교환되는 단어나 새가 짝을 부르는 소리와 같이 의도적으로 창조되는 것들도 있다. 폭풍우 소리, 물체에 반사된 빛, 불에서 나오는 열기, 부패하는 냄새와 같은 것들은 그렇지 않다. 이 두 유형의 데이터 모두 행위에 필수적이며 의사소통을 위한 잠재적인 정보원으로서 매우 중요하다. 여기에는 시각·촉각·후각·미각·청각에 의한 것이 있다(Ruben 1992: 25-30).

인간에게 시각 데이터는 특히 중요하다. 홍조 띤 미소, 갑작스러운 포옹, 눈물, 새 옷이나 새 차 그리고 신문의 헤드라인 모두가 큰 의미를 줄 수 있는 강력한 정보원이다. 몇몇 다른 동물 역시 시각데이터를 중요하게 사용한다. 수컷 나비의 채색된 날개, 개똥벌레의 빛, 그리고 영장류의 머리, 귀, 꼬리의 움직임 등은 모두 가치 있는 정보의 원천이다. 인간이나 몇몇 동물에게는 빛이 중요하지만 대부분의 종들에게는 빛이 커뮤니케이션 양식으로 절대적인 것은 아니다. 많은 동물은 빛을 처리하기 위해 필요한 시각적 능력을 결여하고 있다. 그 대신 그들은 환경이나 상호 소통을 위하여 접촉, 소리, 냄새, 그리고 맛보기에 의존한다.

〈표 2-1〉 데이터 형식과 커뮤니케이션 양식

시각적	촉각적	후각적	미각적	청각적
빛	접촉	냄새	맛	소리
-얼굴표정	-진동	-몸 냄새		-우연한 소리
-신체일부움직임	-치기	-화학적 냄새	-신맛	-동요
-거리와 공간	-부비기	-음식 냄새	-쓴맛	-휘파람 소리
-위치	-누르기	-향기	-단맛	-두드리는 소리
-차림	-고통		-짠맛	-부비는 소리
-상징, 장식, 표상	-체온		-매운맛	-떨리는 소리

시각 데이터 못지않게 촉각 데이터는 많은 동물들에게 접촉 · 충돌 ·

진동과 같이 중요한 정보원이다. 물리적 접촉은 다른 종의 유년기에서뿐만 아니라 인간에게도 탄생 이전부터 생후 몇 달 혹은 몇 년동안 유아의 생물학적, 사회적 발달에 결정적인 역할을 한다. 이 촉각 데이터는 부모와 자식 간의 관계, 형제자매 간의 우애, 그리고 친밀한 관계, 사회적 교류, 놀이, 공격, 전투 등과 같이 삶을 통하여 중요한 친밀관계의 척도로 남아 있다. 촉각적 데이터 역시 자기 방어나 자기 보존에 중요한 역할을 한다. 피부나 몸의 다른 부위의 수신기는 열기 · 냉기 · 고통 등을 감지하여 체계의 안전이 위협받는 신호로서 이를 기억, 저장한다. 인간에게 접촉으로 얻은 데이터는 피로, 멀미, 현기증, 근육 긴장 등과 같은 징후의 주요 원천으로 어느 곳이 아픈지 판단하거나 문제점을 파악하는 데 사용된다.

많은 동물은 또한 자신을 환경과 연결시키거나 상호 연락을 위하여 후각과 미각 정보를 사용한다. 또한 화학적 반응에 기초한 몇 가지 데이터나 유인 물질을 생산하기도 한다. 그러나 꽃의 향기나 바다 냄새 같은 것들은 그 원천이 무생물적인 것이다. 유인 물질은 물이나 공기에 의해 운반되는데, 수용자 유기체 내 · 외부 경계에 있는 수용기관에 의해 감지된다. 척추동물은 코를 통하여 이것들을 획득하며 물고기는 코나 신체의 냄새 감지세포를 통하여, 곤충은 더듬이 안에 있는 일종의 감지기를 이용해서 정보를 획득한다.

다른 소통 양식에서와 마찬가지로 뇌는 체계와 조화를 이루거나 반응하도록 되어있는 단서들에만 반응하며 불필요한 데이터는 걸러낸다. 비록 인간이 화학적 데이터의 생산과 수용에 필요하다고 생각되는 일련의 기관군을 가지고는 있지만, 인간 행동에 있어 후각 데이터 여타 동물들의 삶에 비해 훨씬 부수적인 역할만을 담당하고 있다. 많은 동물과 인간에게 청각 데이터는 환경과 서로를 연계시키는 중요한 연결고리를 제공한다. 천둥, 지층의 흔들림, 또는 바위에 부딪치는 파도 소리 등의 원천은 무생물이다. 그러나 말, 휘파람, 두드리는 소리, 물체, 땅 또는 신체의 일부분이 다른 부분을 치는 소리처럼 생물로부터 파생된다. 또한 소총이 발사 되면서 나는 총소리라든가 엔진이 작동되어 나는 소리처럼 인간 행위가 확장되면서 만들어진다. 이러한 종류의 행위는 공기나 물을 통해서 진동을 생산해 낸다.

청각 데이터가 생명체계에 유용한 것이 되기 위해서는, 진동은 특정 기관에 의해 감지되고 수용되며 처리된다. 하등 동물은 일반적으로 소리에 대한 반응을 그것에서 멀어지거나 가까워지는 것으로 한다. 대부분의 고등동물 체계는 이전에 습득한 정보의 산물을 바탕으로 다양한 방법으로 청각 신호에 근거한 행위를 할 수 있다. 새끼돌보기, 학습, 구애, 짝짓기, 언어의 습득과 사용 등에서 청각 데이터는 중요하다. 이 데이터는 조류, 곤충, 영장류, 인간 등 광범위한 종들의 삶에 중요한 역할을 한다. 의사소통의 의미와 동물과 인간 체계의 다양한 정보처리 양식은 그들이 가지고 있는 몇몇 기본적인 생물학적 기능을 수행하는 것으로 이해할 수 있다. 특히 종의 생존과 적응의 측면으로 의사소통을 이해할 수 있다.

한 세대에서 다른 세대로 이어지는 특정 생명체의 의사소통은 다음 세 가지 활동을 포함한다. 1) 짝짓기, 2) 재생산, 3) 부모의 교육과 사회화가 바로 그것이다. 비록 다양한 종 사이에 차이가 있기는 하지만 이 세 가지 소통 활동은 많은 부분에서 공통적으로 나타난다. 어떤 동물은 그 종의 다른 개체를 규정할 수 있어야만 자신과 관련한 성을 결정할 수 있다. 그러나 대부분의 종에서 개체는 짝을 짓기 위해 상호 유혹하거나 설득하여야 한다. 그리고 동물은 특정한 시기에만 번식이 가능하기 때문에 에 시기를 맞추어 교미라는 짝짓기 행위가 일어나야 한다. 이러한 짝짓기 노동의 중심에 의사소통이 포함된다(Ruben 1992: 31-33).

몇몇 곤충에 있어 인식 · 유속 · 일치 · 결합은 화학적 작용에 의해서 제공되는 데이터의 결과이다. 예로 들어 나방의 경우 암컷은 화학작용이 일어난 곳을 향해 움직여서 구애와 교접을 증가시킨다. 이러한 현상은 짝짓기 과정에서 정보원천이 너무 활발하여 암컷 몸이 존재하지 않아도 될 정도이다. 만약 극히 소량의 화학물질이 비생물체에 묻어 있다하더라도 그 근처의 수나방은 암나방이 진짜 현존하는 것으로 착각하여 그 물체를 향하여 짝짓기 광경을 벌이며 교접행위를 한다. 다른 종들처럼 인간의 구애 역시 짝짓기의 과정과 유혹을 포함한다. 우선적으로 시각과 청각, 그리고 촉각의 양식을 통해서 일어나며 다른 동물과 비교하면 인간의 구애와 짝짓기는 대단한 정도로 설득과 협상을 포함하고 있다. 인간은 그들의 은밀한 관계에서 용어, 시간, 관계 등을 조정하며 그러한 상호작용에서 의사소통은 필수불가결한 역할을 행사한다.

자손의 재생산은 수컷의 정자와 암컷의 난자가 만나는 순간에 시작된다. 난자는 난세포를 지니며 그 공간 내에 자식이 모계로부터 물려받을 수 있는 모든 유전 정보가 들어 있다. 정자는 난자의 1/80000 밖에 안 되는데 부친 쪽에서 기여한 발전적인 청사진에 대한 필요한 정보를 운반한다. 한 쌍으로 이루어진 이 두 세포를 통하여 종의 유지에 필요한 모든 정보가 생명의 가장 기본적인 의사소통 과정 내에 전달된다.

하등동물의 경우 한 종의 생존과 이에 필요한 의사소통 능력은 유전을 통해서 이루어진다. 그러므로 양서류와 파충류, 그리고 어류는 부모와 그 자손 간에 어떠한 접촉도 거의 필요하지 않다. 그러나 몇몇 곤충들, 새, 그리고 포유동물들은 탄생한 후 초기에 부모와 자식 간의 관계가 생존에 필수적이다.

많은 사회적 동물은 어미와 새끼 사이에 접촉이 필요하다. 이러한 접촉이 일어나지 않는 경우를 연구함으로써 거꾸로 종의 생존에 있어 의사소통이 얼마나 중요한지를 이해할 수 있다. 로렌즈(K. Lorens)는 조류와 다른 동물들이 성장 초기에 사회적 작용을 통해서 그들의 정체성을 배우는 과정에 대해 연구하였다. 그 중 흥미로운 연구결과는 종의 다른 무리들과 상호 작용을 하지 않고 자란 몇몇 조류들은 자신의 정체성에 대해 완전히 혼동하게 된다는 것이다.

인간의 생존은 성숙한 개체 사이에 직접적으로 관계하는 그러한 동물사이에 있으며, 사실 유아는 다른 생물체에 비해서 더 오랫동안 자신의 종에 의존적이다. 의사소통은 한 세대에서 다음 세대로의 종의 종속을 위해 중요한 역할을 수행할 뿐 아니라 동물과 인간 체계가 일상생활에 적응하는데도 중요한 기능을 수행한다. 이와 같은 적응에서 하나의 역할을 수행하는 정보처리 과정의 가장 기본적인 측면으로 이동과 음식물의 확보, 자기방어, 영토의 확립과 유지를 들 수 있다.

이동은 공간을 통하여 한 지역으로부터 다른 지역으로 삶의 체계를 움직여 나가는 목적적인 행위를 뜻한다. 이러한 종류의 목적 지향적인 움직임은 짝짓기, 식량 이동, 자기 방어 등을 포함한 모든 삶의 행위들을 위해 필요한 것이다. 어린 시절에 개미나 곤충이 가는 길에 막대기나 돌 따위를 놓아 본 경험이 있는 사람이라면 누구라도 곤충들이 그 길에 적응하여 장애물의 존재를 얼마나 잘 알아내는지, 곤충들이 발휘한 기술을 기억하고 있을 것이다. 이러한 간단한 예만 보더라도 커뮤니케이션의 역할은 분명해진다. 하나의 지점에서 다른 지점까지 체계적으로 이동하기 위해서는 상대적으로 많은 데이터를 획득해야만 한다. 생존하기 위해 생명체는 소리, 빛, 냄새, 기온, 그리고 다른 단서들로 이루어진 데이터들을 사용할 것이다(Ruben 1992: 36-37).

의사소통은 생물체가 그들의 안전과 평화에 위협이 될지도 모를 대상의 출현을 구별하고 이에 대응하는 과정에서도 중요한 역할을 수행한다. 만약 한 동물이 생명을 위협하는 위험에 직면하게 되면 본능적으로 방어하거나 그런 상황으로부터 벗어나려는 준비를 하게 된다. 이를 '스트레스 반응'의 일종으로 볼 수 있다. 따라서 동물이 근육을 조절하는 것은 자신이 처한 위험에서 벗어나기 위한 준비를 하는 것으로 판단할 수 있다. 따라서 생명체에 있어서 의사소통은 환경적 요소들을 구분해 내고 그것에 반응하게 하며, 특정한 행동과 조치를 취할 수 있도록 알리는데 필요하다.

집 또는 영역의 성립과 유지는 커뮤니케이션이 매우 중요한 역할을 수행하는 또 다른 기본적 행위이다. 거의 모든 동물이 특정 지역에 집착하여 산다. 종종 그들은 그곳에서 태어나고 유년시절을 보내며 짝을 짓고 많은 표지를 만들고 그들의 영역을 방어한다. 영역화는 다른 동물들만큼이나 인간에게도 중요한 의사소통 양식이다. 단지 동물들보다 덜 명확하게 나타날 뿐이다. 많은 상황에서 인간도 다른 동물과 매우 흡사하게 인간도 잠정적인 영역을 구축하며 개인의 영역을 유지한다. 대인적 의사소통(face-to-face communication)의 경우 보통 일정한 공간이 개인 사이에 유지된다. 그 공간이 침범당하게 되면 어쩐지 불편하게 느껴지는 일이 종종 일어난다. 도서관 빈 자리에 놓인 책이나 가방, 해변가의 수건이나 우산은 '이것은 내 자리인데'라는 잠정적인 영역화 표시로서 역할을 한다. 이는 새의 노래가 잣나무가 자기영역이라고 주장하는 것과 매우 흡사하다.

해를 거듭하면서 많은 인간의 노력은 한 종류 또는 다른 종류의 고정 영역 – 예를 들어 나라, 시, 주, 자치구, 개인 토지 – 을 요구하고 나누며 유지하려는 방향으로 움직여 왔다. 그리고 사람들은 집, 사무실, 아파트의 선택과 인테리어에 상당한 정도의 시간을 쓰고 있다. 뿐만 아니라 다른 동물들처럼 우리의 영역은 우리 자신의 확장으로서의 의사소통을 통해 이를 방어하고 유지한다.

2. 대인적 의사소통과 비언어적 소통

대인적 의사소통은 2인 관계 또는 규모 큰 집단에서 발생하는 개인 간의 상호작용과 관련되는 의사소통의 층위이다. 카펠라(Cappella 1987: 228)는 대인 커뮤니케이션이 대개의 행동보다 훨씬 더 다른 사람의 행동에 영향을 미친다."고 주장하였다. 이 진술이 시사하는 것은 사람들이 서로 영향을 준다는 것이다. 이와 관련하여 커뮤니케이션학자 휴스와 프래널프(Hewes & Planalp 1987)는 의사소통 파트너의 지식에 의해 이루어지는 대인적 의사소통이 과정에서 상호주관성의 역할을 강조한다. 이는 모든 인간 의사소통이 조직의 범주나 공공의 범주 또는 문화 간 범주에서 일어난다 하더라도 개인 간 의사소통의 차원으로 소급될 수 있음을 뜻한다. 대인적 의사소통은 세 가지 차원 즉 정보와 상호작용 그리고 상황을 포함한다(Strohner H. 2001: 84).

1) 개인 간 상황

개인 간 의사소통은 2인 이상의 사람들이 상호 의사소통을 할 경우를 말하며 항상 상황이 존재한다. 개인 간 의사소통은 대부분 사적 관계에서 일어나지만, 부분적으로는 조직 커뮤니케이션과 공공 커뮤니케이션에서도 이루어진다. 또한 개인 간 의사소통은 가정의 영역이 기본이 된다. 가정은 일반적으로 사람들이 먼저 기초적인 의사소통 태도와 기술을 습득하고 이를 사용하는 가장 작은 단위의 사회 공동체이다. 가정에서는 전형적인 개인 간 의사소통을 볼 수 있다. 바로 부모와 자녀 관계와 부모 사이의 관계 그리고 형제자매 사이의 관계이다.

파케와 라드(Parke & Ladd 1992)의 연구에서 부모는 자녀들의 개인 간 의사소통 행동의 중요한 모형임을 밝히고 있다. 왜냐하면 우선적으로 자녀의 의사소통 기회와 방향을 결정하는 사람이 부모이기 때문이다. 특히 부모는 자녀가 접하는 외부 영향을 중재하는 중재자로서의 기능을 한다. 부모와 자녀의 화목한 관계는 가정 밖 사회적으로도 인정받는 자녀의 의사소통 행위를 위한 토대가 된다. 자녀가 체험하는 가정에서의 다정다감함은 그들에게 안정감을 주고 외부에서 오는 스트레스와 방해 요소를 차단한다. 자녀들은 흔히 이러한 긍정적 태도를 동료와 대화 파트너에게도 보여준다.

히더링톤과 스탠리-하겐(Hetherington & Stanley-Hagen 1995)은 전통적인 2인 부모 가정을 현대 가정 형식의 기준으로 삼고 이혼 가정과 단독 보육가정의 의사소통에 대해 연구하였다. 연구 결과 이혼 가정과 단독 보육 가정의 수가 최근에 지속적으로 증가하고 있으며, 이로부터 많은 새로운 가정구도가 전개된다고 보았다. 특히 부모사이의 관계에 문제가 있는 가정의 자녀들은 의사소통 문제를 일으킬 위험이 더 높다. 피오토로프스키(Piotrowski 1995)는 형제자매 간 의사소통 관계에서 긍정적인 측면과 부정적인 측면이 같이 존재한다고 밝히고 있다. 긍정적인 측면은 형제자매와의 상호작용이 다양한 의사소통 상황을 체험하고 자신만의 고유한 전략을 시험해보는 다양한 가능성을 제공한다는 것이다. 또한 부정적인 측면은 형제자매 사이에도 경쟁과 공격성이 우세할 수도 있다는 것이다

2) 개인 간 상호작용

개인 간 의사소통 틀 내에서의 상호작용은 인지적 전제들이 고려될 때 가능하다. 개인 간 의사소통은 사회적 상호작용의 틀 안에서 많은 수의 인지적 전제들 위에 성립한다. 여기에는 우선적으로 사회적 인지와 인지적 태도가 속한다. 사회적 상호작용의 이 두 가지 부분 영역은 사회적 학습 과정에 의해 형성되고 개인 간 의사소통에 참여하는 사람들의 다양한 의사소통 능력과 관련이 있다(Strohner 2001: 88-90).

인간의 개인 간 의사소통은 정보의 입력에 의해서뿐만 아니라 소통 파트너의 지식에 의해서도 영향을 받는다. 이 공동작용의 특정한 부분 과정들은 개인 간 의사소통의 본질적 전제 즉 사회적 인지라는 전제를 이룬다. 사회적 인지는 어떤 사람이 다른 사람에 대한 정보를 인지적으로 처리할 때 일어난다.

사회적 인지에 있어서의 기본 능력인 타인에 대한 지각과 판단은 안면이 있는 사람에 대한 확실한 지식이나 단순한 추정에 근거한다. 그러나 안면부지의 사람에게 다소간 효과적으로 적용하는 것에 기인하기도 한다. 이 두 과정은 사람에 대한 지식의 개념적 범주들과 이와 연관된 인지적 과정들이다. 사회적 공동생활에 가장 중요한 인지적 태도 가운데 하나는 파트너와 상사 또는 지도층에 대한 신뢰성이다. 다른 모든

태도처럼 신뢰도 지식 측면과 감성 측면 그리고 행동 측면이 겹쳐 있다. 이것들에다 각각 부여된 권한과 공감 그리고 긍정적 경험이 신뢰성과 관련하여 기여한다(Strohner & Brose 1994; Schulz 1995)

태도 변화의 동기가 오히려 태도의 대상이나 사회적 영향 또는 그 자체로부터 기인하고 있는 것인지 와는 상관없이 그 과정 자체는 서로 다른 성질일 수 있다. 사회적 학습은 지식 영역과 감성 영역 그리고 행동 영역에서의 사회적 인지에 의해 전달되는 많은 변화를 포함하고 있다. 이 학습 과정은 인지의 수용적 측면과 생산적 측면 그리고 모형 관련 측면과 관련될 수 있는데, 이 과정은 매우 복잡한 양상을 띤다.

초기 사회적 학습 이론은 일차적으로 인지적 수용 분야에서의 처리 과정을 주제로 삼고 있었던 반면, 새 이론들은 모델 학습과 인지적 생산 분야를 포함하고 있다(Bandura 1986, 1989a; Askew 2000). 인지적 학습 이론에서 고려되고 있는 '수용-기억-생산'의 세 단계가 확장되면서 특히 수용 단계에서는 어떤 모형으로써 정보가 수용되는 학습 과정이 관찰된다. 추가적으로 이미 정보 수용 전에 존재하는 동기와 어쩌면 있을 수 있는 행동 실행 후에 기대되는 결과가 고려되어 사회적 학습 다음의 서로 겹치는 다섯 가지 단계가 성립 한다. 사회적 학습 과정에 참여하는 사람들은 동기를 갖는데, 이 들의 동기는 선지식과 이미 존재하는 태도에 좌우된다. 모형 프레젠테이션의 도움을 받는 수용에서 중요한 것은 상황에 대한 정보와 모델 행동에 대한 결과이다. 수용은 이해와 평가 그리고 실행의 세 가지 부분 과정을 포함하고 있다. 어떤 정보가 기억에 남는 지는 무엇보다도 그 중요성과 감정의 특성에 의해 결정된다. 적합한 상황과 상응하는 동기가 있는 경우에는 다른 정보와 더불어 이전에 수용되고 저장된 특정 정보가 재활성화 되어 재구성되고 마지막으로 생산된다. 수용과 유사하게 생산도 '의도-평가-실행'의 세 가지 부분 과정을 포함하고 있다. 기대되고 있는 결과에 따라서 행동은 오히려 촉진되거나 또는 제한된다. 요약하면 사회적 학습은 인지의 수용 · 생산 · 모델 분야에서 다수의 학습과정을 필요로 한다는 것이다. 이 학습 과정에서 지식 측면과 감성 측면 그리고 행동 측면은 다양하게 뒤섞여 하나의 역할을 한다. 태도의 변화는 인지적 처리의 부분 과정 모두에 좌우된다. 이런 학습 과정의 중요한 산물이 사회적 능력들의 습득이며 특히 의사소통 능력의 습득이다.

'의사소통 능력'이라는 일반적 개념을 정의하려는 시도에서는 흔히 효율성과 적합성이라는 두 개념이 사용된다. 효율성은 어떤 사람이 그에 의해 의도된 의사소통 효과를 실제로도 달성한 경우에 나타난다. 대체로 어느 특정한 상황의 의사소통이 명시적이고 함축적인 관례와 잘 어울리는 경우에 적합하다고 말한다. 이것은 적합성과 관련이 있다. 어떤 사람이 효율적일 뿐만 아니라 적합한 의사소통 행동을 하는 능력이 있을 때 그에게 의사소통 능력이 있다고 할 수 있다.

의사소통은 모든 인지적 과정처럼 지식 성분과 감정 성분 그리고 행동 성분으로 합쳐져 있다. 의사소통 능력의 지식 관련 성분은 효과적이고 적합한 의사소통에 관련된 정보들을 처리할 수 있는 능력을 포함한다. 이에는 의사소통 대상에 대한 충분한 지식뿐만 아니라 각 상황의 사회적 관례와 의사소통 관례에 대한 지식도 속한다(Giles & Street 1994). 감성적 의사소통 능력은 개인적 측면과 개인 간의 측면들을 포함한다(Metts & Bowers 1994). 개인적 측면에는 무엇보다도 원만함과 개방성 같은 인성적 특성이 속하며, 개인 간 측면에는 감정이입 능력이 포함된다. 팍스(Parks 1994)에 따르면 인간 의사소통은 인지적이고 감성적인 부분 이외에 언어적 행동과 비언어적 행동들이 다양하게 얽혀져 구성된다고 한다. 언어와 적절한 비언어적 행동의 숙달 그리고 이러한 능력을 일정한 의사소통 목표를 달성하기 위해 투입하는 것, 이들 투입과 산출의 통제는 의사소통 능력을 실현하기 위한 전제들이다.

중요한 것은 이 세 부분 능력 모두가 의사소통을 위해 정보를 생산하는 생산자뿐만 아니라 수용자 측에게도 유효하다는 것이다. 정보를 수용하는 데 있어서도 인지적이고 감성적인 면에서뿐만 아니라 행동 층위에서도 효과적이고 적절해야만 의사소통 능력이 있다 말할 수 있다. 그밖에 개인 간 의사소통에서도 생산자 측면뿐만 아니라 수용자 측면에서도 오늘날 더욱 중요해진 미디어 능력이 고려될 수 있다. 개인 간 상호작용의 개별적 부분 과정들에 대해서는 특히 언어적 의사소통과 비언어적 의사소통의 관계가 다루어져야 한다.

개인 간 의사소통의 상호작용 과정은 언어적 의사소통과 비언어적 의사소통에 의해 이루어진다. 언어적 의사소통은 대단히 다양한 표현 형식에서 나타난다. 이 형식은 언어적 의사소통이 일어나는 상황과 행위연관성 만큼이나 다양하다. 자전거를 타는 도중에 행인을 피하다가 낙상을 할 때 아픔을 호소하는 갑작스런 비명에서부터 시장을 보기 위해 기록한 메모에 이르기까지 다양하다. 이에 대한 경험적 연구는 이질적 구조와 과정 그리고 상황적 의존성에 대해 지적하고 있다(Clark 1994; Schiffrin 1994; Willing 1999). 일상 언어를 관찰해서는 알 수 없는 것은 언어 표현의 다의성과 모호성이다. 일상언어의 이 두 특질은 중요한 의사소통 기능을 충족시키고 있어서 결함으로만 평가되어서는 안된다. 일상언어와 다양한 전문어는 단어의 유연한 결합 가능성 이외에도 매우 특수한 의미와 결합하는 관용적인 표현들을 지니고 있다

(Wray & Perkins 2000). 엘렌캄프(Erlenkamp 1993)에 따르면, 그동안에 언어학적 연구에 의해 입증된 사실인 – 즉 청각장애인들에 의해 사용되는 기호언어 – 수화는 음성언어와 문자언어에 비교될 수 있는 구조를 나타낸다는 사실을 강조한다. 그러면서 수화는 특히 윤리적 이유에서라도 다른 언어와 동등한 가치가 있는 언어로 인정되어야 하고 가능한 모든 삶의 영역에서 사용되어야 한다는 주장을 펼친다.

비언어적 의사소통은 인간 신체가 허용하는 정도나 범위와 같이 아주 다양한 형태로 나타난다. 먼저 비언어적 의사소통은 운동학에 통합될 수 있는 신체 운동을 포함하고 있다. 운동학은 접촉학(Proxemik)이라 불리며, 접촉에 대한 여러 가지 가능성에 대해 연구한다. 시간학(Chronemik)은 시간적 요소들 그리고 사람에 의해 정해진 모든 인공물들도 중요한 비언어적 정보를 전달할 수가 있음을 탐구한다.

뇌트(Nöth 2000)에 따르면 운동학에는 의사소통에 기여할 수 있는 모든 신체 운동이 속한다고 한다. 이 신체운동들은 신체의 자세와 제스처 그리고 표정 특히 눈동자의 움직임, 즉 시선이다. 접촉학은 의사소통 참여자들 간의 공간적 거리와 관계있는 비언어적 의사소통 영역이다. 여기에는 흔히 촉각학이라고 불리는 촉각 커뮤니케이션 그리고 이른바 영역 행동이 속한다. 시간학은 비언어적 커뮤니게이션의 모든 시간적 측면을 포함하는데 이를 테면 상호작용의 지속성과 빈도수 등을 말한다. 신체적, 공간적, 시간적 측면뿐만 아니라 의복, 주택, 자동차 등과 같은 인공물도 비언어적 커뮤니케이션의 일부분이다. 왜냐하면 이들은 흔히 신분의 상징이고 일반적으로 자기과시를 위해 사용되기 때문이다.

언어적 의사소통과 비교하여 비언어적 의사소통은 특히 전달된 정보의 코드화의 방식과 시간적 실현방식이 특징을 이룬다. 언어적 의사소통은 특히 디지털 방식의 코드화에 기인하고 있는 반면 비언어적 의사소통은 디지털 방식과 아날로그 방식의 코드화가 함께 작동한다. 디지털 방식의 코드화는 예컨대 언어의 단어들처럼 일정한 양의 불연속적 즉 서로 분리된 기호를 기초로 하여 기능한다. 이에 반해 아날로그 방식의 코드화는 기호의 일정한 연속적 변화 가능성을 전제로 한다. 두 사람의 의사소통 참여자들의 공간적 거리나 악수할 때 마주잡는 압력 또는 시선 접촉 시간 등이 그 예이다. 아날로그 방식 코드화가 지니는 분명한 장점은 의미를 세밀하게 등급화 할 수 있는 가능성이 있다는 것이다. 단점은 이와 연결된 부정확성과 모호성이다.

비언어 의사소통은 여러 신체 부위와 물체로 수행될 수 있어서 시간적 견지에서 보면 동시적 실현가능성이라는 결론이 나온다. 그리고 언어적 의사소통을 비언어적으로 동반할 수 있는 가능성도 생겨난다. 반면에 언어적 의사소통은 대체적으로 연쇄적 실현에 구속 되어 있다. 여러 행동 양식이 동시에 실현된다는 것은 비언어적 의사소통의 전체 의미가 복합적인 방식으로 개별 구성 성분들 간의 관계로부터 생성된다는 결과를 낳는다. 이러한 방식으로 언어적 의사소통에서는 거의 가능하지 않은 의미의 다층성이 달성될 수 있다.

미약한 통제성이나 풍부한 감성과 같은 비언어적 의사소통의 특징은 중요하지만 언어적 의사소통과는 단지 정도의 차이만을 보여준다. 표정이나 제스처와 같은 비언어 의사소통 발생과 관련한 문제 중 하나는 이들이 생득적인가 아니면 습득된 것인가와 관련이 있다(Müller 1990; Jenkins 2000). 다양한 연구결과는 언어적 의사소통과 비언어적 의사소통에 공통적인 토대는 존재하지만 문화적으로 영향받을 수 있는 것으로 요약될 수 있다(Tomasello 1999). 따라서 이런 영향은 여러 문화 사이에서 오해를 불러 일으킬 수 있다(Ruben 1992: 105).

개인 간 대화는 보통 언어적 의사소통과 비언어적 의사소통이 뒤섞여서 분리될 수 없다. 이 결합이 얼마나 밀접한지는 전화상에서조차 자신의 주장을 제스처를 동원하여 대화하는 것을 상상해 보라. 본질적으로 언어적 코드를 기본으로 하는 온라인 채팅에서 소위 '이모티콘'라고 하는 도상기호가 부족한 비언어적 의사소통을 보충하기 위해 삽입되고 있는 것에서도 알 수 있다. 여기에서 몸짓이 기호 언어로서 간주되어야 할 필연성을 갖게 된다.

3. 기호 언어로서의 몸짓

기호 언어에서 얻은 새로운 지식이 언어의 사회적 측면뿐만 아니라 생물학적 측면을 포함하는 이론을 구축하는데 도움을 줄 것이라는 기대와 더불어 언어 진화라는 주제를 살펴본다. 언어학자들이 '표준 이론(standard theory)'으로 생각하는 변형생성이론은 반진화론적으로 평가할 수 있다. 변형생성이론의 주안점은 (1) 언어 수행은 언어 능력에 의존한다. (2) 언어 능력은 영장류 종족사이에 동일하지는 않지만 엄격하고, 추상적이며, 보편적이고, 변하지 않는 규칙을 포함하고 있는 두뇌회로에 의해 가능해진다는 전제를 두고 있다. 이에 반대되는 이론들은 통합되지는 않았지만, 일부는 영장류의 의사소통이 인간의 의사소통으로 진화되면서, 언어로 성장했다고 제안하고 있다. 반면에 또 다른 연구자들은 음성적 소리를 생성하고 수정하기 위해 좀 더 세련된 해부학적 구조의 발전은 음운론을 가장 먼저 발생시켰고, 그 다음에 형태론과 통사론을 발생시켰다고 주장한다. 말에 근거한 이론들은 언어의 의미와 사회적 기능을 전혀 설명하지 못한다. 반면에 커뮤니케이션에 근거한 이론들은 언어로 진화된 듯한 다른 동물들의 사회적 의사소통의 형태를 말해주지 못한다.

의미론학자 라이온스(J. Lyons)가 제안한 다음의 정의는 언어가 획득된 것인지 아니면 선천적인 것인지, 진화된 것인지 혹은 주어진 것인지에 관해 중립적임을 보여 준다. 언어는 세 가지 필수적인 하위 체계를 지닌 시스템이다: 첫째는 음성이나 몸짓 재료에서 단어를 만들어 내는 시스템, 둘째는 단어들에서 문장을 만들어 내는 시스템, 마지막으로 첫 두 시스템의 작용 결과가 갈등을 빚을 때(예를 들어 'eat'이라는 영어 단어는 단수 주어를 지닌 문장에서 사용될 때 'eats'로 사용되며, 문장의 구조가 바뀌면 'allow'라는 단어는 'let'이라는 단어로 대치된다) 필요한 조정을 담당하는 시스템이다. (캠브리지의 크리스트 칼리지에서 라이온스가 행한 "언어란 무엇인가"라는 제목의 강의에서 발췌). 이런 정의는 사물이나 상태 및 행위에 대해 이름을 부여하고, 이 대상들 사이에 지각된 관계나 상상의 관계를 표현하는 언어의 힘을 명확히 해준다. 현상 세계에서 언어만이 그런 관계들을 안정적이며 신뢰성을 띠고 표현할 수 있다. 그럼에도 불구하고 언어에 앞서 명명 기능은 에델만이 지각적 범주화-기억-개념 형성 및 일차 의식이라고 언급한 과정들 중 일부인 신경학적 과정으로 시작되어야 한다(Armstrong et. al 1995: 221-223).

비록 인간을 제외한 영장류는 언어를 사용하지 않지만, 상당히 긴 수동 몸짓 기호나 이동 가능한 토큰(token)[4]을 사람이나 대상, 혹은 행위와 연결하고, 그 대상이 나타나면 기호나 토큰을 만들어낼 수 있는 능력을 가지고 있다(Kendon 1991). 일반적으로 인정하듯이 이런 동물들은 실험자가 소개하는 몸짓이나 토큰에 이름을 부여하지는 않는다. 그 대신에 기호가 지적하는 내용과 함께 기호를 학습한다. 그러나 중요한 점은 이런 교습조차도 침팬지가 이미 바나나, 개 그리고 실험자의 존재를 구별하고 이미 학습했기 때문에 정확하게 성공할 수 있다는 것이다. 이런 실험에서 침팬지 피험자들은 환경에 존재하는 여러 가지 사물들이 유익한 것인지, 혹은 왜 그것들을 피해야 하는지를 알고 있다. 즉 사물의 특성과 내적의 관계를 정의한 경험이 있다.

야생에서 원숭이뿐만 아니라 다른 동물들도 물론 의사교환을 한다. 그러나 언어사용자들이 이름을 붙이는 것처럼 야생상태에서 동물들이 사물이나 행위 혹은 상태에 대해 이름을 만들어낸다는 증거는 가지고 있지 않다. 하지만 지각된 범주 "바깥에 존재하는" 것에 대한 정신적인 사상과 발성 혹은 신체 일부의 움직임을 관련짓는 능력은 영장류나 다른 고등 척추동물의 특징이다(Edelman 1992; Kendon 1991). 따라서 지각 범주화와 일차 의식에 대한 영장류와 인간 간의 차이는 진화적인 기제나 특별한 언어 모듈을 필요로 하지 않는다.

꼬리가 없는 원숭이(ape)와 꼬리가 있는 원숭이(monkey)를 구별하고, 인류와 꼬리가 없는 원숭이를 구별 짓는 것은 전문적인 행동의 융통성이 증가하는 방향을 측정하는 것이다. 인류의 진화는 시시각각으로 변화하는 환경에 적응능력을 증가시키는 방향으로 진행되어 왔다. 행동의 행위 단위는 분명하게 정의할 수 있는 좁은 시간 창이나 시간 분할 내에서 정의된다. 이 시간 분할은 연속된 사건의 통합과 조직화에 기저

4) 역자주, 여기서는 신호를 뜻함

한 신경 기제의 기본 속성을 표현하는 것으로 보인다. 영장류와 인간의 행동에서 시간 분할을 비교함으로써 운동 체계의 진화 측면이 드러난다. 이는 운동 체계에서 언어 능력이 진화되었다는 것을 시사한다.

비록 시간 분할은 일반적으로 개코원숭이나 침팬지 및 인류 모두 비슷하지만 중요한 차이가 존재한다. 개코원숭이는 시간 순서 내 운동 단위를 조직하는 능력이 없다. 움직임의 반복은 이전의 분절이 함께 길게 이어지는 것으로 성취된다. 반면에 침팬지와 인류는 시간 분절 내에서 움직임을 조직할 수 있다. 움직임의 일회 반복은 반복이 없는 행위 단위로써 동일한 시간 범위 내에서 성취된다(Kien 1992: 19). 킨(1992)은 이와 같은 시간적 조직화를 "이전통사(혹은 선통사)"라고 지칭한다. 운동 행위 단위는 기호학적 의미에서 기호가 아니라 단순한 팔다리의 움직임이기 때문에 통사가 아니라 이전통사이다. 운동 행위에 대한 정신적 사전계획(preplanning)은 실제 통사가 발화를 실행하기 위해 사용하는 바로 그것이기 때문에 이전통사이다.

비록 중추신경계 변화는 전체 신체 변화로서 쉽게 탐지되지는 않지만 명백한 행동에서 선택적으로 진화되어야 한다. 인간의 중재 없이 가시적 몸짓과 음성 요청을 지각된 사물과 연결하고, 더 많이 연결된 쌍들을 만들어내고 이용하기 시작한 종들은 진행 중이긴 하지만 아직 단어 형성 체계에 도달한 것은 아니다. 예를 들어 베르베트 원숭이는 위험의 출처에 따라 다른 소리를 사용한다. 침팬지는 좀 더 자세한 정보에 대해 의사를 교환할 수 있다(Kendon 1991: 204).

초기 인류들 간의 의사소통은 침팬지의 의사소통보다 훨씬 더 발전되었음이 분명하다. 사물을 대표하는 음성적 또는 몸짓 기호 혹은 행위에 대한 원시인류의 어휘도 지나칠 정도로 많았을 것이다. 더욱이 이런 어휘를 사용하는 자들은 상당한 선택적 유익을 가지고 있게 된다. 이들은 대상이나 행위 내 유익이나 위험을 알고 있고, 이런 자각의 일부를 기호로 표현할 수 있었다. 음성이나 가시적인 행위로 표현되는 유사한 자각에 대한 타인의 기호를 알아볼 수 있다는 것은 일상적인 '홀로 서기 bootstrap' 학습보다 훨씬 효율적으로 자손들에게 지식을 전달하게, 개인뿐만 아니라 집단의 생존에 우위를 부여해준다.

만약 초기 인류들이 의미를 나타내고 의사소통하기 위해 주로 음성 행위를 사용했다면 여러 가지 대상과 행위에 대해 사용한 음성 기호뿐만 아니라 동일한 대상에 대한 음성 기호를 만들었을 것이다. 여기에서 피할 수 없는 개인적인 차이에 대해 적응하는 방법을 인식하는 능력이 매우 유용하다는 것을 발견하게 되었을 것이다. 이것이 언어 진화에 대한 리버만 이론의 기초이다. 그는 젊은이와 성인에 의해 만들어지는 "동일한" 모음도 매우 다르게 소리날 수 있다는 것을 지적하였다. 따라서 음성 신호로 의사소통을 하는 존재들은 소리 패턴을 기호화하여 연결할 뿐만 아니라 동일한 대상에 대해 발성하는 이 사람과 저 사람의 서로 다른 소리 결과와 그 대상을 연결하는 것이 필요하다.

모음 구성 소음 변이에 대한 듣기 감각을 수정할 수 있도록 해주는 양분된 상후두 성도는 인간만이 가지고 있다. 회지의 성도에 따라 수정될 수 있는 모음을 이야기하고 생성하고 재인하는 것이 호모 에렉투스와 호모 사피엔스 간에 뇌 크기 차이를 설명하기 위해 인용되는 유일한 행동은 아니다. 지각 결과 – "유익한 것"과 "유해한 것"으로 적절하게 범주화하고, 재인하고, 기억하고 분류하는 것 – 가 특정 음성 혹은 시각적 몸짓과 규칙적으로 연합될 때 뇌 크기와 뇌 복잡성의 증가는 행동 가능성을 충분히 활용하는 데 필요하다.

여러 문화에 속한 청각 사용자들에게 가장 친숙한 시각 몸짓은 얼굴을 맞이하고 이야기하는 상황을 동반한 몸짓이다. 그런 몸짓은 스피치를 생성하는 몸짓과 밀접하게 관련되어 있으며, 중추 언어처리의 산물과 동일하다고 해도 무방하다는 것을 최근 연구들은 보여주고 있다(Bolinger 1972; Kendon 1980; McNeill 1985, 1992; McClave 1991). 청각장애인들이 언어로 사용하는 시각 몸짓은 여러 가지 이유로 상당히 덜 알려져 있다. 청각장애인들은 전체 인구 중 3천분의 1정도를 차지하며, 그들은 자신들과 처지가 유사한 사람들과 주로 상호작용을 하며 청각 사용자들과 상호작용할 때 그들의 언어를 열린 마음으로 모두 사용하는 것을 억제한다.

수화와 같은 기호 언어가 언어로 취급되지 않는 데에는 또 다른 이유가 있다. 경험이 부족한 관찰자에게는 단어 언어의 어휘 크기에 비해 기호 언어의 어휘 크기가 작아 보인다는 점이다. 그러나 이런 외견상의 불균형은 착각이다. 기호 언어를 충분히 숙지하지 못한 관찰자들은 한 가지 기호가 반복해서 나타나는 것으로 결론을 내릴지 모르나, 기호 발신자와 기호 수신자는 외견상 비슷해 보이는 행위로 구성된 움직임의 미묘한 차이를 서로 다른 단어로 지각한다. 얼굴 표현, 눈의 이동, 머리와 어깨 움직임의 변화 역시 의미를 직접 바꾸어 놓는다. 긴 구절에서 반복되는 것처럼 보이는 동일한 기호는 십여 가지 이상의 서로 다른 기호일 수 있다.

기호 언어의 기호는 편의상 마치 단어에 해당하는 것처럼 이야기되고 사용되지만 물론 그렇지 않다. 단어들과 단어를 구성하는 소리 분절은 순서적으로 발화되어야 하기 때문이다. 수화와 같은 기호 언어들은 동시에 나타나는 대상들로 구성된다. 이 때문에 기호 언어의 기호들은 변할 수 있으며, 실제로 변하기도 한다. 기호 언어에 익숙하지 못한 사람들은 기호 언어의 어휘들이 구두 언어의 어휘만큼이나 많다는 것을 믿기가 어렵다. 그리고 확실히 영어에서 사용할 수 있는 어휘는 미국인 기호 언어의 어휘 수를 훨씬 더 초과한다. 그러나 미국인 기호 언어 사용자들의 현실적인 어휘 수는 말하는 이들의 현실적인 어휘 수와 대략 동일하다. 더욱이 청각장애자들도 필요에 따라 새로운 단어들을 창안하는 보편적인 인간의 속성을 공유하고 있다.

대화할 때 청각사용자들이 사용하는 몸짓은 친숙한 부류의 시각 몸짓이며, 이 몸짓은 동반하는 단어들보다 의미가 다소 정확하지 못하다고 생각해 왔다. 그러나 이는 역사의 결과일 수도 있다. 글쓰기가 시작된 이래로 음성으로 녹음된 말은 시각적 몸짓보다 연구하기가 더 쉬워졌다. 왜냐하면 시각 몸짓은 아직까지도 만족할 만한, 그리고 일반적으로 수용되는 표기 체계가 없기 때문이다. 다른 형태의 표기법(그림 표기, 표의 표기)은 구두 언어의 소리에 초점을 맞춘 알파벳 표현으로 대치되었고, 단어의 의미는 다른 단어에 의해 설명될 수 있게 되었으며, 언어는 단어 뭉치와 문장들의 구조를 설명하기 위해 사용될 수 있었다. 시각 몸짓의 의미는 구두 언어와 기록 언어로 설명될 수 있다.

비록 구두 메시지가 명확하지 못하더라도 시각 몸짓은 화자가 의도하는 바를 명확하게 만들어 준다. 이런 몸짓들은 의미를 직접적으로 전달하고, 통사 · 의미적 구조를 나타낸다. 발화의 운율을 유지하는데 도움을 주든지 주지 않든지 간에 언어의 이와 같은 비음성 부분을 배제하는 것이 발견을 제한한다는 사실에 대해 대부분의 언어학자들이 인식하는 정도가 미약하였다(Birdwhistell 1970; Kendon 1975). 분명한 것은 이런 부류의 몸짓이 말하기 행위와 다양하게 관련되어 있으며, 통합된 뇌의 활동은 시각적 출력과 청각적 출력을 모두 통제한다는 것이다.

대부분의 언어학자들은 몸짓이 구두 강연의 경우 의미 전달을 위한 부수적인 행위로 가정하여 왔다. 그럼에도 불구하고 몸짓은 정보 교환을 지속적으로 강화한다. 대부분의 사람은 중요한 문제를 논의할 때 전화 상담보다는 대면 상담을 더 선호한다. 이런 시각 몸짓의 유용성에도 불구하고 서구 세계의 주요 지적인 전통은 단어에 초점을 맞추어 왔으며 단어들을 언어의 요소로 취급하였고, 시각 몸짓을 과학적 연구의 여명지대로 남겨두었다. 그 이유는 구두 단어와 비교하여 시각 몸짓은 엄밀하고, 논리적이며 과학적으로 정밀하게 연구하는 것이 더 어렵기 때문이다.

사용된 언어뿐만 아니라 문화 맥락을 연구하는 이전 세대에 관한 인류학적 언어학자들은 정상적인 대화에서 단지 교환되는 정보의 일부만이 스피치-듣기 채널을 통해 전달되며, 나머지 정보들은 준언어 · 얼굴변화 · 자세 · 시각 몸짓 및 기타 메시지 체계를 통해 표현된다고 주장하였다. 따라서 언어학적 기능에서 기호 언어적 몸짓은 구두 단어들 및 스피치에 동반하는 시각 몸짓과 유사하다. 기호 언어의 단어들은 구두 단어와 물리적인 구조에서 매우 다르며, 이런 차이는 통사와 의미에까지 영향을 미친다. 예를 들어 맹수가 쥐를 움켜잡는 것과 치켜세운 다른 손의 손가락을 움켜잡는 손 사이의 유사성이 존재한다는 것은 분명하다. 많은 포유동물들은 이런 행위 모두를 볼 수 있다. 하지만 그것들의 연합 요소들내에 있는 유사성을 이해하는 것(즉 "SVO:svo" 유추하기[5])은 호모 해빌리스의 뇌와 같이 크고 복잡한 뇌에 의해 촉진된다.

---

5) 랑가커(Langacker 1985)의 용어로는 '의미적인 극(pole)' 인 SVO와 음운적인 극은 손 행위 등을 의미한다.

그럼에도 불구하고 시각 몸짓과 기호화하기 위해 사용된 것 간에 이 유사성은 기호 언어가 언어들 부류에 든다는 것을 부인하는데 사용되어 왔다.

시각 몸짓은 언어 기호가 자의적이어야 하며, 언어는 다른 동물들과 함께 공유하고 있는 인지 기능과는 독립적인 인간 행동이라고 생각하는 사람들에 의해 "동기화되었다"고 규정한다. 어떤 이들은 현대 기호 언어의 기호들을 "도상적이다" 혹은 "명백하다"고 기술한다. 실제로 이런 많은 기호들이 도상적이며, 원시인류로 하여금 외부 사건들과 몸짓 행위들 간 유사성을 이해하도록 도와주었다. 그러나 소쉬르에서 시작된 전통에서 "행동의 동기화"는 그런 기호들이 언어의 기호일 수 있다는 것을 부인하는 데 사용되었다. 이런 전통에 따르면 언어 기호는 상징적이고, 자의적이며 비유연적이어야 한다. 즉 그들이 의미하는 바와 어떤 형태라도 닮지 않아야 한다. 그러나 소쉬르주의자들만이 유일한 기호학적 전통은 아니다. 퍼스는 여러 특성의 기호들을 기술하였다. 그의 연구에서 기호라는 단어는 그 자체가 아니라 무언가를 나타내는 어떤 것에도 사용되어 왔다. 또한 퍼스는 "기호 기능(sign function)"에 대한 중요한 정의를 규정하였다. 기호 작용은 기호 매체와 표상하는 내용 및 퍼스가 "해석체(interpretant)"라고 부르는 필수적인 제삼의 요소로 구성되어 있다. 퍼스에 따르면 기호는 해석자를 통해서만 의미들과 관련이 있으며, 아이콘(도상), 지표, 상징 혹은 이들의 조합과 관련이 있다.

퍼스는 자발적인 해석체를 강조하였다. 이런 종류의 기호들을 자동차 엔진에 장착된 컴퓨터 칩이 연료 주입기, 점화시간조절, 공기흡입을 위한 개방, 크랭크케이스 환기 밸브 등으로 보내는 신호와 구별한다.

해석을 필요로 하지 않기 때문에 컴퓨터 칩이 보내는 신호는 기호가 아니다. 감지기가 연료를 더 요구하면, 연료는 더 많이 주입된다. 점화시간을 지연시킬 것을 요구하면, 점화가 지연된다. 그러나 일부 자동차 제조사들이 장착하고 있는 연료계기는 기호이다. 연료계기의 바늘이 "연료 없음"을 가리키면, 운전자는 여기에 유의하여 연료를 더 넣거나 혹은 이를 무시하여 연료가 떨어지는 위험을 감수할 것이다.

더 큰 도상적 요소를 지니고 있으며 표기하는 바와 매우 닮은 기호들은 현실의 구두 언어에서는 매우 드물다. 음성에 의해 만들어지는 소리가 유사할 수 있는 정도는 분명히 한계가 있다. 그러나 위스콧(Wescott 1971) 및 기븐스(Givens 1986) 등의 연구자들은 음성 상징들이 그 의미하는 바와 관련될 수 있는 다소 명백하지 않은 방식들에 대해 살펴보았다. 전신 혹은 그 일부에 의해 시각적으로 만들어지는 기호들은 사물 및 행위와 훨씬 더 쉽게 닮을 수 있다. 그리고 현대 주요 기호 언어들의 사용자들은 그들의 몸짓-단어들이 도상성과 투명성을 잃어버릴 때까지 그것들을 수정하려는 경향을 가지고 있다.

수화와 같은 기호 언어의 기호들은 매우 지표적이다. 단지 손과 팔의 방향만으로 기호 언어의 사용자들이 의미하는 바를 지적하는 것이 아니라, 눈, 얼굴, 머리, 심지어 입술도 지적 기능을 갖는다. 몸짓 신호들 역시 도상적인 특성과 지표적인 특성 둘 다를 가질 수 있다. 퍼스의 정의들은 상호 배타적이지 않다. 따라서 미국인 기호 언어의 온도 [TEMPERATURE] 표기에서 오른손 집게손가락은 아래위로 이동하면서 수은주 혹은 알코올 막대의 오르내림을 지적하고, 수직으로 세워둔 왼쪽 집게손가락은 아마 온도계의 몸통과 유사해 보인다. 그래서 미국인 기호 언어의 단어는 지표와 도상의 성격을 모두 가지고 있다. 그러나 기호나 온도계는 고립된 신석기 이전 문화에 속한 사람들에게는 아무런 의미도 갖지 못한다. 따라서 그것은 상징적이다. 도상성은 소쉬르 이후의 기호학 전통에서 해석되는 것으로 보이기 때문에 도상성 혹은 투명성은 보편적인 특성과는 거리가 멀다.

기본적인 기호 언어 내에서 기호의 도상적 특성이 고립된 문화에서 충분히 검토되었던 적이 있다. 롤프 쿠쉘(R. Kuschel 1973)은 외딴 섬에 거주하는 '캉고바이'라는 이름을 지닌 폴리네시아 사람을 발견하였는데 그는 태어나면서 부터 청각장애를 가지고 있었고 그의 가족 및 친구들과 함께 기호를 사용하고 있었다. 캉고바이는 예전에 유아 살해가 행해졌던 문화에서 성인이 될 때까지 생존한 첫 번째 청각장애 아동이었기 때문에, 따라서 그는 정의상 자생적인 기호 시스템을 가지고 있었다. 쿠쉘은 무엇이 도상적인가 하는 것은 문화에 크게 의존할 수 있다는 사실을 발견하였다. 그는 다른 폴리네시아 섬의 원주민들과 덴마크 학생 및 미국 학생들에게 캉고바이의 기호 중 일부를 보여주었다. 모든 집단이 이런 기호들이 무엇을 의미하기 위해 사용되었는지를 즉시 인식하였다. 물론 먹고, 마시고, 주먹으로 치고, 작은 대상을 집어던지는 등의 행위에 해당하는 기호였다. 그러나 다른 어떤 기호들은 여러 집단의 사람들 중 첫 번째 집단의 사람들에게만 이해되었다. 왜냐하면 이런 기호들이 특정 문화 내에서만 도상적이기 때문이다. 기호들 중 일부, 예를 들어 코코넛에 해당하는 캉고바이의 기호는 멀리 떨어져 있는 태평양 섬의 원주민들에게는 즉시 이해되었다. 그들은 캉고바이나 혹은 그가 생활하고 있는 섬에 대해 전혀 알지 못한다. 비록 폴리네시아인들은 기호를 한 번에 이해하였지만, 서구 관찰자들은 헛수고를 하거나 혹은 이 기호가 '작은 전구를 바꾸는 것'을 의미하는 것 같다고 추측하였다. 또 다른 예로 '고기잡이'를 의미하는 몸짓으로 막대기와 줄 사용을 흉내 내는 서구인들은 캉고바이가 행한 폴리네시안들에게 아주 투명한 기호를 추측하지 못하였다. 왜냐하면 그들의 문화에서는 밤에 횃불을 들고 작살로 고기를 잡는 것이 표준이기 때문이다.

쿠쉘이 서로 다른 세 집단에 수행해 본 캉고바이의 기호들 중 일부는 캉고바이의 친구들을 제외하고는 모든 사람들에게 불투명한 것으로 아직까지 남아있다. 예를 들어 그들은 이런 기호들 중 '아버지'와 '형제'를 의미하는 두개의 기호만을 알았다. 이 기호들이 공통 명사가 되기 위해 캉고바이와 친구들에 의해 일반화될 때까지, 기호는 직접적인 지표였다. 즉 캉고바이 본인의 아버지나 형제에 대한 생활 이야기에서 중요하게 묘사된 신체 부위를 손가락으로 지적하였다. 지표적-도상적으로 시작된 마지막 부류의 기호들은 맨 처음에 특정 개인에게 자의적으로 할당되었다. 그러나 쿠쉘이 그들을 조우했을 때 그 기호들은 완전히 상징적이었다.

언어 기호는 행동의 동기와 관련이 없어야 한다고 배워왔기 때문에 시각 몸짓이 표현하는 바를 닮거나 가리키는 이런 능력은 시각 몸짓에 대한 지식의 부족에 확실히 기여해왔다. 그럼에도 불구하고 이는 가장 중요한 능력이다. 원시인류가 할 수 있는 것은 확실히 행동에 동기화되어 있다는 것이다. 하지만 그것이 기호를 표기하고, 통사로써 의사소통하고 상징화하기 위한 첫 번째 단계이다. 그러나 지질학적 시간상으로 정확하게 언제 그것이 발생하였는지는 여전히 의문으로 남는다. 도상적이고 지표적인 명명 능력 외에도 문장의 필수적인 요소를 포함하고 있는 몸짓의 자연스런 구성은 첫 상징 사용의 순간에 통사론의 싹을 선도해 주며, 바로 이 상징화 행위에 의해 지각, 인식, 기억에 대한 인접 환경에 매달리는 것에서 벗어나서 창의력이 풍부한 뇌로 발달하도록 도와준다.

비언어 의사소통의 생태론

이 장은 비구두 의사소통의 중심 주제인 신체언어 연구의 생태학적 관점을 살펴보고, 이를 통하여 시각적 몸짓으로 나타나는 신체언어에 의사소통적 가치를 부여하는 것이다.[6] 하등동물들에게는 올챙이에서 개구리가 되는 것과 같은 단기간의 생태학적 진화뿐만 아니라 애벌레에서 매미가 되기까지 장기간의 진화 현상이 있다. 만약 이러한 진화의 생태학적 논리를 인간의 언어 발달에 적용하면 한 가지 흥미로운 접근 방법을 발견하게 될 것이다. 이 방법에 의하면, 우리가 사용하고 있는 현재 상태의 언어는 통시적으로 보아 이전의 다른 언어적 형태를 가졌을 것이라는 추측을 가능케 한다. 그 형태는 아마 몸짓[7]이든 혹은 그림의 형태든 현재 갖추어진 언어의 모습은 아닐 것이다. 이런 의미에서 이 연구는 인간 언어의 형태 변화가 인간의 생태적 조건들과 조건의 변화들에 의해 기인한다는 생태학적 언어관을 따를 것이다.

인간 언어의 기원에 관한 연구는 문자학, 생태학, 고고학, 역사학, 기

---

6) 이번 장은 필자가 <현대문법연구> 29집에 '신체 언어연구의 생태학적 관점'이란 논제로 게재된 것을 일부 수정 · 보완하였음.

7) 이 연구에서 용어 '행동(behavior)', '행위(action)', '몸짓(gesture)', '몸짓 기호(gestural sign)', '신체 언어(body language)'가 자주 등장한다. 행동은 이 모든 용어들의 상위개념으로, 행위는 행동의 구체적 실현을 의미한다. 또한 몸짓은 인간의 모든 움직임을, 몸짓 기호는 인간의 유의미한 움직임을, 신체 언어는 몸짓들이 의사소통의 목적으로 사용되었을 경우를 뜻하게 된다.

호학, 언어학 등에서 학제적으로 이루어져 왔다. 이런 학제적 연구 분위기에서 생태학적 언어관이 싹트기 시작했다. 특히 비구두 의사소통을 연구하는 학자들이 이와 관련한 탁월한 업적을 내놓았다(Birdwhistel 1973; Key 1975; Argyle 1979; Posner 1985; Morris 1985; Knapp & Hall 1992 참조). 생태학적 언어관은 언어가 진화되었느냐 창조되었느냐 하는 질문과 관련하여 진화론적 성향을 보여주고 있다. 즉 인간의 진화에 따라 언어도 진화되었다는 주장이 생태학적 언어관의 핵심을 이룬다.

이 연구에서는 언어의 발생과 발전 과정을 진화론의 입장에서 인간 기관의 발달과정과 관련을 짓는다. 기관의 발달에 따라 시각적 몸짓이 가능하게 되었으며, 이 몸짓이 신체언어 사용의 시초로서 의사소통에 기여하게 되는 과정을 짧게 설명할 것이다. 또한 현대인들이 사용하는 '몸짓을 수반한 언어발화'에 의한 신체언어적 의사소통을 관찰 할 것이다. 그럼으로써 인간이 동물적 행동양식을 기초로 하여 의사소통의 영역을 확대한다는 생태학적 언어관을 뒷받침할 것이다.

이러한 연구 목적을 위해 1절에서는 인간 언어의 기원을 밝히기 위해, 생태학적 언어관을 펼친 클락(Clark 1963), 찔만(Zihlman 1990), 라이트만(Laitman 1985), 리버만과 크레린(Liebermann & Crelin 1971), 버링(Burling 1993), 에델만(Edelmann 1992), 켄돈(Kendon 1991) 등에서 생태언어학적 기본 개념들을 살펴 볼 것이다. 또한 2절에서는 아이블-아이베스펠트(Eibl-Eibesfeldt 1979), 크라나흐 외(Cranach et al 1979), 포스너(Posner 1985; 2001) 등에서 거론된 동물의 행동 유형과 인간의 행동 유형 간의 공통점에 관한 생태학적 논의들을 살필 것이다. 이를 기초로 하여 3절에서는 두 행동 유형 간의 생태학적 연속성을 모색할 것이다. 특히 인간 행위들의 변화 과정을 단계적으로 구분하여 어떻게 의사소통이 가능하며 지시화 및 의미작용의 영역이 확대되는지 살펴볼 것이다.

1. 신체로부터 온 언어

1) 적응의 복합체로서 인간

생태학적 언어관의 중심에는 인간이 언어를 생존의 도구로 사용한다는 논리가 자리한다. 이러한 사실은 인간이 지닌 각 신체기관을 유기체로 간주하는 것과 같이, 인간 언어를 정신적인 유기체로서 간주하는 경향이 있다. 이런 경향에는 언어가 직립 보행, 사회생활, 발정 주기와 무관한 번식, 가족 간의 노동 분배 등 언어 발화와 직접적으로 관련이 없는 조건들에 영향을 입고 있다는 견해가 자리한다. 이와 같은 조건들 속에 '적응 복합체'로서의 인간이 존재하게 된다. 적응 복합체란 인간이 생존을 목적으로 적응하기 위하여 복합적인 행위를 행하는 유기체를 의미한다. 이 유기체는 직접적인 대면을 통한 상호작용, 범주화와 상징화를 주관한다. 그렇다면 적응의 복합체로서 인간 유기체는 어떻게 언어를 발달시켜 왔는가? 이 물음에 대답하기 위해 생태언어학적 기본 개념들을 살펴보자.

생태학적 언어관에는 영장류의 발성과 시각적 몸짓 체계로부터 언어(즉, 명칭들을 하나의 문장 안에 편성하는 것)로 전환되는 과정이 있다. 이 전환 과정의 열쇠가 바로 인류 진화의 어떤 시점에 나타난 시각적 몸짓(이를 '도상적 몸짓'이라고도 함)의 도입이다. 바로 이 절에서는 이러한 사실을 밝히기 위해 언어 발달과 관련한 인류 진화의 몇몇 단계를 관찰할 것이다. 다음 (1)의 생태학적 조건들이 인간 언어 발달에 영향을 미친다.

(1) a. 두 발 사용 / 직립 보행 / 두 손 사용
b. 호흡 체계의 특수성
c. 대용량의 두뇌 소유
d. 상징의 사용

(1a)는 행태적, (1b)는 생리적, (1c)는 생득적・유전적, (1d)는 인지적인 인간의 특성들이다. 이것들은 모두 다른 포유동물들과 구별시켜주는 생태적 기준들이다. 이런 기준들은 화석에 의해 증명되어 왔다. 가장 근본적인 인간의 해부학적 적응 현상은 뇌의 크기가 커지는 것에 앞서 바로 두 발의 사용이다. 아프리카 유인원[8]으로부터 인간을 구별해 낼 수 있도록 한 적응 상의 차이는 똑바로 서서 두 발로 걷는 것과 이에 따른 인간 생활양식의 변화이다. 두 발 사용과 같은 생태학적 변화와 함께 다른 해부학적이고 행동적인 변화들이 다양하게 나타나게 되었다. 인간의 손은 아프리카 유인원과 비교해 볼 때, 엄지의 운동 방향이 다른 손가락 운동방향과는 반대 방향이며, 손가락들이 훨씬 짧다. 그럼으로써 인간의 손은 어떤 대상물을 잡을 수 있거나 훨씬 정교하세 조작할 수 있다. 따라서 도구를 만들고, 기호도 만들어 낼 수 있었다. 클락(Clark 1963)의 논의를 따르면, 인간 손의 현재 형태로의 진화는 똑바로 서서 두 발로 걷는 것을 향한 진화와 어느 정도 일치하는 것으로 나타났다.

8) 이 글에서 사용되는 아프리카 유인원은 인간에 가장 가까운 생명체인 고릴라와 침팬지를 의미한다.

찔만(1990: 193)은 두 발로의 이동이 인류와 다른 포유동물들의 계통상 분기점이 되며, 이 시기로부터 나타난 모든 인류의 손은 더 이상 체중을 지탱하는 기능을 하지 않게 되었다고 주장한다. 그 대신에 운동성과 유연성, 힘과 정확히 움켜잡는 능력이 있는 손을 자연스레 선택하게 되었다.[9] 또한 찔만에 의하면, 인간은 치아를 가지고 있으며 다른 고등유인원과 달리 윗니와 아랫니의 교합면을 넘어선 날카로운 송곳니를 가지고 있지 않다. 위턱과 아래턱의 치아들은 유인원이 지니는 특성이랄 수 있는 세 번째 어금니부터 송곳니까지 평행선으로 나있기보다는 포물선이나 반원형의 형태로 배열되어 있다. 혀는 보다 짧고 크며 훨씬 유연하게 움직일 수 있다. 이러한 모든 것은 음식물을 씹을 수 있는 특성을 나타내는 것으로 치아는 음식물을 으깰 수 있는 평평한 표면을 지니고 있다. 이것은 인류가 딱딱한 섬유질의 음식물을 먹을 수 있는 식성을 지니고 있다는 것을 보여준다. 추론컨대, 자르고 꿰뚫는 도구의 사용은 물어뜯고 찢는 역할을 하는 치아가 없는 데서 오는 부족함을 메워 왔을 것이다. 또한 인간은 그 몸집에 비해 매우 큰 두뇌를 가졌다. 두뇌는 인류 진화기간 동안 상대적으로 매우 느린 속도로 커졌다. 두발로 걷기 시작했던 가장 초기 인류의 두뇌 크기는 침팬지의 두뇌 크기와 비슷하였다. 다시 한 번 그 증거는 두 발로 걷는 것에 대한 적응과 걸음걸이의 변화를 필요로 하는 생태학상의 진화를 이끌어 낸 생활양식의 변화에서 찾을 수 있다. 이 변화는 두뇌 크기의 변화와 그에 따라 점점 더 복잡한 행위를 할 수 가능성을 알려 주고 있다.

라이트만(1985)의 연구에서는 인간의 호흡체계가 다른 영장류의 그

9) 코발리스(Corballis 1999:86-188)에서는 인간이 손을 잘 활용하는 것에 대한 증거를 이야기하고 있다.

것과는 다소 상이하다고 주장한다. 대부분의 포유류들은 입에서 후두로 통과하는 호흡이 상대적으로 직선적이며 짧고 후두는 목의 맨 위에 달려 있다. 그에 따르면, 코에서 비인두강과 후두 그리고 기관지를 통해 폐로 가는 직접적인 경로가 있다. 그래서 이러한 높은 위치는 호흡이 회염연골로 하여금 비인두강 안의 후두를 닫고 연구개 뒤로 통과하도록 한다(Laitman 1985: 282). 이와 같은 기관 배열로 인해 포유류들은 먹고 마시면서 동시에 숨도 쉴 수 있다. 이러한 이유로 공기와 음식이 들어가는 길은 따로 나 있어서 음식물이 목에 걸려 질식사하는 일은 드물다. 그러나 이러한 형태는 작은 상후두 인두를 갖게 하므로 소리의 범위는 제한되어 있다. 반면에 성인 인간의 경우 두개골 아랫부분이 굽어 있으므로 후두는 목안에서 훨씬 아래쪽으로 내려가 있다. 이것은 두가지 중요한 효과가 있다. 음식물과 공기가 통하는 길이 하나로 되어 있어 음식물이 목에 걸릴 위험이 있다. 그렇지만 보다 큰 상후두 인두를 갖게 함으로써 다양한 자음 소리를 낼 수 있게 하는 효과도 있다.

이러한 호흡체계의 진화는 인류가 보다 효과적으로 말하기 위해 선택한 것이며, 또한 단순히 직립자세에 대한 적응으로 나타난 것으로 볼 수 있다. 이와 관련하여 라이트만(1985)은 화석 인류의 호흡기관을 복구한 것을 기초로 인류가 만들어 낼 수 있는 소리를 실험해 보았다. 라이트만(1985: 285-286)은 이 연구의 결과를 다음과 같이 요약해 놓았다. 인류의 상위 호흡기관의 재구성은 약 백 오십만 년 전의 호모 에렉투스에서부터 시작되었다. 이 집단에서 두개골저 굴곡을 살펴보자면 후두가 목안으로 내려가 있다. 그 후 오스트랄로피테쿠스에게서 나타났던 기본적인 포유동물의 상위 호흡 형태가 변화되었다는 것을 보여준다. 이 시기에 호흡 형태의 변화가 시작되었다 하더라도 현대 인간과 비슷한 완전한 두개골저 굴곡의 첫 사례는 약 삼 내지 사십만 년 전의 호모 사피엔스 때가 되어서야 비로소 나타나기 시작한다. 이러한 결과는 말을 하기 위한 호흡 체계의 변화가 직립 보행을 위한 두 발 사용 등 신체적 변화를 전제로 했다는 점을 일러주고 있다. 이 점은 언어의 중간 단계로서 '소리' 등 발화의 유효성이 상대적으로 점진적인 진화를 보인 것으로 해석할 수 있다.

지금까지 우리는 두발 사용 및 직립보행과 같은 인간의 신체적 조건 변화와 호흡체계의 변화와 같은 생태학적 변화가 유의미한 구두 언어 발생에 중요한 역할을 하고 있음을 알 수 있었다. 특히 두 발 사용에 따라 자유로워진 손은 의사표현 수단으로 동원되기 시작했다. 다음 <그림 3-1>은 구두 언어적 발화가 위에서 언급한 생태학적 변화들을 전제로 하고 있음을 그리고 있다.

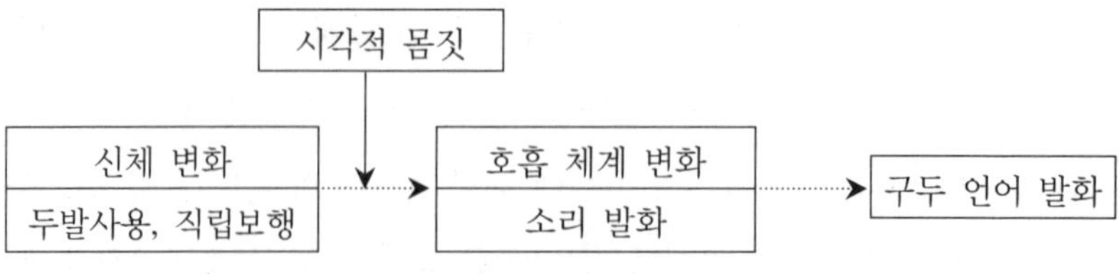

〈그림 3-1〉 생태학적 변화와 언어 발생

<그림 3-1>은 위에서 언급한 인간의 신체 형태론상 변화(두발 사용, 직립 보행에 따라 자유로워진 손에 의해 발생한 시각적 몸짓)에 따라 호흡체계의 변화가 일어나서 소리가 발화됨을 나타내고 있다. 이와 더불어 기록으로도 남아있지 않은 몇 가지 다른 인간의 특성에 따라서 인간의 기원 시기를 추측할 수도 있다. 이 특성들은 간접적으로나마 인간

적응의 동기를 제공했을 뿐만 아니라 언어 발생에 기여했을 것이다. 이 특성 가운데 특히 인간은 머리와 얼굴(남자의 경우), 생식기 부분을 제외하고는 상대적으로 체모가 적다는 것도 포함된다. 체모가 없는 것은 더운 날씨에 헐떡이기보다는 주로 땀을 흘림으로써 몸의 열기를 공기 중으로 내보내어 몸을 식히는 방식과 연관되어 있다. 이런 방식으로의 진화를 가정해 보면, 체온이 떨어짐으로 죽음에 이르는 것을 방지하기 위해 인간에게 불을 사용하고 주거 공간을 만들 능력을 요구하였다. 또한 진화를 통해서 초기의 의식주 행태가 생겨나기 시작했다. 즉 먹을 것(음식)과, 입을 것(옷)과 잠자리(주택)를 마련하는 능력을 갖도록 하였을 것이다.

이것은 다시 직립에 대한 적응이 이루어진 후, 양손이 자유로워져 무엇인가를 만들 수 있게 되면서 점점 더 기술적으로 변해왔다는 인간 진화에 대한 강력한 증거가 된다. 다시 말해 인간 진화의 조건들은 주변 환경과 인간이 당면한 생존의 문제를 극복하기 위해 생태학적 변화를 가져오게 되었다는 논리를 성립시킨다. 그렇다면 인간이 자신의 생각을 전달하기 위해 어떤 수단을 필요했다면 분명히 '적응'의 방법을 찾았을 것이다. 그 방법이 바로 <그림 3-1>에 도입한 시각적 몸짓에 의해 발화하는 것이다. 바로 이 시각적 몸짓에 의해 구두 인어가 발생하기 시작했다(이에 대한 자세한 논의는 2.3절 참조)

2) 언어의 기원과 진화

이 연구는 기본적으로 언어가 시각적 몸짓을 통해서 시작되었다는 증빙 자료를 생태학적 진화들에서 찾는 노력이다. 암스트롱(Armstrong et. al. 1995)에 따르면, 언어 진화에 대해 설명하는 이론들은 두 가지

넓은 범주로 구분할 수 있다.

첫째 범주에 속하는 이론들은 언어가 영장류에게 있어 공통된 의사소통 체계 안에서 선행하던 것들로부터 천천히 진화된 것으로 본다. 이 이론은 대개 초기 인류의 출현과 그 이후 복잡하게 변천하는 과정에 있어서 지속적인 발전을 가정한다. 또한 언어가 사회적 의사소통을 촉진시키는 목적을 기본으로 발전된 것으로 본다. 이 범주의 이론들에서는 명백히 언어가 몸짓으로부터 유래된 것이라고 주장한다.

둘째 범주는 언어를 다른 모든 의사소통 체계와 근본적으로 다른 것이라고 인식하는 이론들이다. 삐아텔리-팔마리니(Piattelli-Palmarini 1989)에 따르면, 이러한 이론들은 촘스키의 언어 이론에 그 근거를 두는 경향이 있다고 한다. 이 범주에 속하는 몇몇 이론가들은 언어 진화에 있어서 자연적 선택의 실질적 역할마저 부인하는 경향을 보여 왔다.

최근에 버링(1993)은 이러한 두 가지 범주의 이론적 유형들 간의 대립에 대해 설명하였다. 이 절에서는 몇 가지 그의 이론적 입장을 참작하였다. 버링은 언어 이론에 있어서 선천성 대 학습, 디지털 대 아날로그, 의식 대 직관 등의 대립들을 비교하였다. 또한 언어와 이에 연관된 기호들, 그리고 비언어적 의사소통, 이렇게 두 종류로 나눌 수 있는 동물들이 사용하는 모든 종류의 의사소통 체계에 대해 논의하였다. 그는 '몸짓-소리(gesture-call)' 체계라고 명명한 비언어 의사소통에는 포유류로부터 시작하여 영장류와 인간에 이르기까지의 연속성이 있다는 것을 보여주었다. 그러나 언어는 인간 이전의 영장류가 만드는 시각적 동작이나 음성적 소리에서 진화될 수는 없다고 믿었다. 이런 입장은 마치 언어인류학자들의 관례에 머무는 것 같은 인상을 남기고 있다. 다시 말해 버링(1993)은 언어가 다른 종의 의사소통 행동에서 진화한 것이라기

보다는 기본적인 인지능력으로부터 나왔다고 결론짓는다.

이러한 결론은 언어의 기원이나 진화에 대한 이론보다는 동물의 소리가 인간 발성과 단어로 진화된 것이라는 가정을 반박하는 것이다. 그러나 실제적인 논점은 언어 진화의 문제가 언어학적 문제일 뿐 아니라 생태학적 문제라는 데 있다. 생태학적 언어관을 옹호하는 학자들에게 있어서 남은 문제는 '비음성적' 의사소통에 있어서 시각적 신호와 청각적 신호를 모두 사용하는 점이다. 이 두 가지 신호를 사용함에도 불구하고 이 두 감각 사이에 중요한 신경학적 차이가 있다. 이 차이는 하나의 '몸짓-소리 체계' 안에서 한 덩어리가 되기 이전에 고려되어야 할 신호 체계의 신경학적 특징을 요구한다.

에델만(1992)에 따르면, 우리 두뇌 중 언어 부분은 절대로 완벽하게 분리될 수 없다고 한다. 그래서 고차원적인 의식을 소유하고 있는 다른 동물이나 영장류들에서와 마찬가지로 인간은 정확한 의사소통을 할 수 없다. 인간이 사용하는 모든 신호가 언어상으로, 디지털적으로, 그리고 의식적인 자각 속에서 이루어지는 것은 아니라는 사실이다. 그래서 인간의 의식은 몇 개의 구획으로 나뉘지 않는다. 에델만이 설명하듯이, 인간 의식은 새로운 구성 요소가 갑작스레 첨가되는 것이 아니라, 미발달 신경 구성 요소가 축적됨으로서 형성된다. 사실상 몸짓과 발성 그리고 언어에 대한 버링(1993)의 분류가 보여주듯이 언어와 다른 신호 체계 간에는 어떠한 논리적이거나 생태학적인 장애물은 없다. 디지털적이고 대조적인 언어 안에서 억양은 아날로그적이고 등급이 매겨질 수 있다. 버링(1993)은 비언어적 차원에 대한 도상적 신호와 몸짓을 분류하였으며 그들이 언어적 차원에서와 같이 대비되는 것은 아니라고 말하였다.[10)]

문제는 분류상 언어적 측면에 있는 정서 표현 신호에 있다. 버링(1993)은 억양, 도상적 신호, 그리고 기호 언어들을 의사소통 목록 중 "미심쩍은 사례"로 분류한다. 그는 놀랄 때 '오호'하는 것이나 동의할 때 '음'하는 것 같은 음성화, 전통적인 동작, 청각장애자들이 사용하는 기호, 이렇게 세 가지를 언어의 측면에 포함시켰다. 그러나 억양, 도상적 신호와 몸짓은 언어가 아닌 다른 곳에 포함시켰다. 그의 설명에 대해 생태학적 언어관점을 지닌 기호학자들이 동의하지 않는 부분은 마지막, 즉 도상적 신호에 관한 것이다.[11] 이러한 분류에 대한 문제는 도상적, 지시적, 시각적 신호들이 대조적이지 않다는 것이 전혀 명확하지 않다는 점이다. 이를테면, 그에게서 이미 언어와 유사 언어 체계 안에 청각장애인들이 사용하는 기호 언어를 포함시켰다. 이러한 모든 기호 언어들은 실제로 수많은 도상적 몸짓(iconic gesture)들을 포함하고 있다.

기호학에서는 도상적 몸짓이 분류상 언어적 혹은 비언어적 영역인가 하는 점이 논란거리가 된 적이 있다. 이 점은 순수언어학적 차원에서 혹은 커뮤니케이션 이론에서의 언어 개념에 관한 차이를 가져오기도 했다. 현대 기호학의 양대 거두인 소쉬르와 퍼스는 바로 언어 개념에 있어서 다음과 같은 차이를 보인다. 전자는 언어 기호가 항상 상징적이

---

10) '대비적인 체계'란 소위 의미구분을 형성하는 대립관계로 이해할 수 있다. 버링(1993:30)에 의하면, 청각 장애자의 수화는 구두 언어에서의 단어처럼 대비적인 체계를 형성한다.

11) 버링(1993:31)에서 인간은 도상적 몸짓을 만들기 위해서 손을 사용한다. 도상적 신호는 대비되지 않으므로 언어나 유사 언어 의사소통의 한 부분에 속하지 않는다. 또한 도상적 신호에서는 언어학자들이 항상 단어의 본질적 특징으로 간주하는 독단성이 부족하다. 본고에서 도상적 몸짓과 시각적 몸짓은 같은 의미를 지니다. 단지 전자는 퍼스의 기호 유형에 따른 지칭이며 후자는 감각 경로에 의한 지칭이다.

고 독립적인 것으로 간주하며, 표현과 내용 간의 임의적 연결을 지니는 속성을 갖는다고 한다. 그 이외에 대상과 비슷한 기호들은 언어 기호가 될 수 없다고 주장한다. 후자는 모든 기호는 몇 가지 배타적이지 않은 방법으로, 예를 들어 지표나 도상, 상징과 같이 범주화되지는 않았으나 다양하다고 지적하였다. 더욱이 기호의 전달 매체는 세 번째 기호학적 요소인 기호 해석의 경향-인간의 기호 사용에 있어서 인간 통역 프로그램- 때문에 기호 의미를 표시한다고 주장한다. 따라서 퍼스의 통찰은 기호수신자 입장을 반영한 것으로 그에게 있어서 언어기호는 폭 넓은 개념이다. 결국 소쉬르의 의미에서 도상적 몸짓은 비언어적 기호 영역으로 간주되며, 퍼스의 의미에서는 언어적 기호 영역으로 환원될 것이다(이에 대한 자세한 논의는 임지룡 · 김영순 1999, 2000가, 나 참조). 이 두 가지 입장은 기호가 의사소통과 의미작용의 기본 단위라는 사실을 전제하고 있다. 앞서 설명한 두 기호학자들은 기호로서의 도상적 몸짓이 언어적 영역에 포함되는가 아닌가에 대해 상반된 견해를 보이고 있다. 분명한 것은 생태 언어학적 관점에서 몸짓은 언어적 영역에 위치한다는 사실이다. 본 연구에서는 도상적 시각 동작(iconic visible gesture)을 최초의 언어 기호 단위로 상정할 것이다. 다음절은 이와 관련하여 논의할 것이다.

3) 도상적 시각 동작: 최초의 언어 단위

도상적 시각 동작에서의 대비는 대개 형태와 의미, 또는 전달 수단과 외연들에서 나타난다. 그래서 어떤 문화에서는 정상적인 청자뿐만 아니라 청각 장애자들 사이에서도 '가라'와 '오라'라는 동작은 그 의미가 대비되듯이 시각적으로도 대비된다. 또한 '커다란'이란 의미를 전달하는 손의 간격은 등급화된 연속체에 따라 다양할 것이다. 그러나 '커다란'과 '거대한'은 의미가 유사하듯이 형태에 있어서도 대비되지는 않을 것이다. 손 간격의 정도는 손이 전달하는 신호가 '작은'을 의미할 때도 등급화될 것이다. 여기서 '큰'과 '작은' 것에 대한 표현은 시각적 행동뿐 아니라 신경과 근육의 첨예한 대비도 있다. 전자의 경우 팔이 바깥쪽을 향해 움직이도록(외전) 요구하며, 후자의 경우는 반대의 행동(내전)을 요구한다. 따라서 언어적 표현보다 신체적 대비는 완연히 두드러진다.

초기의 기호 언어(sign language)에서 형태에 의해 대비되지 않고, 사지의 구부림 대 뻗침, 팔의 외전 대 내전 또는 모두를 각각 사용하지 않는 일반적 의미인 '좋아하는'과 '혐오하는'을 나타내는 기호 동사(sign verb)를 찾는 것은 어려울 것이다. 다윈의 관점에서 볼 때 인간과 동물의 정서 표현은 이러한 기본적인 대조를 공유하고 있다고 알려져 있다. 에크만과 프리슨(Ekman & Friesen 1978)의 연구는 안면의 근육조직같이 세세한 부분이 매우 복잡하더라도 안면 행동은 역시 대비된다는 것을 보여준다. '도상적' 시각 동작은 표현하는 개념이 그러하듯 그 모양이 대비된다. 그 때문에 언어와 유사 언어 의사소통의 대조성이라는 특징을 만들어 낸다. 이러한 몸짓은 또한 개념과 표현 간의 시각적 유사성을 보여주기 때문에 물체에 대한 기호적인 단어를 만들어내는데 훌륭한 기초를 제공한다.

사물을 명명하기 위한 일련의 기호를 소유하는 것은 언어 진화에 있어서 아주 중요한 단계로 여겨야 한다. 대개 언어의 진화론적 연구에서는 인류가 똑똑한 침팬지와 매우 비슷한 원시 종에서 갈라져 나왔다는 논의에 대해 많은 관심을 둔다. 그러나 문제는 언어에 있어서 침팬지들은 진화를 계속하지 않는데 왜 인류는 계속하는가에 대한 것이었다. 이 질문에 대해 켄돈(Kendon 1991)은 설득력 있는 대답을 내놓았다. 생태학적 최적지 안에서 침팬지는 현재 그들이 가지고 있는 것보다 더 복잡한 의사소통 체계로 진화할 필요도 없고 또 필요한 적도 없었다는 것이다. 그러나 인류는 다음 단계로 갈 수밖에 없도록 만드는 온갖 종류의 새로운 환경적 도전에 부딪혔다. 이 도전에 응수하기 위해 신체적 진화뿐만 아니라 언어 진화도 이루어진다는 것이다.

다음 단계에서는 사물과 사건의 이름을 짓거나 분류를 하게 된다. 뿐만 아니라 지각하고 느끼는 사물과 사건 간의 관계의 대비를 표현하고 알리고 전달하기 위해 한 종류의 또는 다른 종류의 대비를 사용한다. 인간은 보다 인간적인 사회생활을 영위하기 위해 가능한 모든 종류의 의사소통 수단을 더욱 발전시키도록 환경의 압력을 받는다. 그럼으로써 인류는 사회적 결속에 점점 더 의존하게 될 것이다. 음성을 이용한 구두발화와 몸짓을 통한 의사소통 그리고 이 둘을 적절히 배분하여 사용하는 것은 바로 이러한 환경적 영향을 반영하고 있는 것이다. 언어라는 것은 대비, 의식적 인식과 학습보다 더 많은 것을 필요로 한다. 그 때문에 단어를 형성하는 것만으로는 언어로서의 역할을 감당하기에 충분하지 않다. 인간의 의사소통에는 여러 가지 방법이 있으며 각기 차이점을 가지고 있다. 그럼에도 불구하고 그 모든 것들은 두뇌에 집중되어 있다. 또한 인간의 뇌는 동물 세계에서 독특한 기관으로 활동하고 있다. 언어가 되기 위해서는 단어뿐만 아니라 통사체계도 필요하다. 버링(1993)에 따르면 동물의 음성이 사물에 대한 기호적 어휘를 만들고, 문장 형성 체계를 창안하는데 아무런 재료도 제공하지 못한다. 그렇지만 도상적 시각 신호들이 한 가지 장점을 가지고 있다고 본다. 그것들은 기호를 만든 사람과 해석하는 사람들의 두뇌 안에 있게 된다. 그래서 의식적, 무의식적 지식 간의 경계선상에 있는 연계나 연합을 갖게된다. 또한 타인과의 의사소통을 위해 기호가 상징하는 것들과 그 기호들 간의 유사성을 충분히 보이게 된다.

켄돈(1991)은 침팬지에 관한 최근의 문헌에서 침팬지의 몸짓이 이름을 붙이는 능력이 있다는 것을 보여준다. 이러한 사실은 버링(1993)에 동의할 수 없는 확실한 증거라고 볼 수 있다. 사실상 -시각뿐 아니라 청각적인- 도상적 몸짓은 필요한 융통성과 관례화를 향해 제한이 없다. 이런 주장에서 전반적으로 소리 체계가 독립적이라는 새로운 언어관의 변화를 보여준다. 도상적 몸짓은 객관적일 뿐 아니라 사회적으로 당면한 환경의 개념적 분류를 표현하는 데 매우 편리하고 유용한 방법으로 이용되어 왔다. 과연 상반신을 사용하는 도상적 몸짓이 통사론을 통합하는 신호 체계의 진화를 가져올 수 있는가 하는 문제가 제기될 수 있다. 본고에서 이에 대한 해답은 그것이 가능하다고 믿는 것이다.

예를 들어 해당국 언어를 잘 모르는 곳에 여행을 한다고 치자. 영어가 통하지 않을 경우 대개 몸짓 언어를 통해 의사소통 행위를 하게 될 것이다. 이 때 어느 정도 명백하고 해석이 용이한 몸짓을 통하여 의사소통을 하는 것이 큰 이득이라는 것을 확실히 찾아낼 것이다. 이와 같이 초기 인류들이 구두 언어를 사용하기 전에 몸짓적 신호에 대해서 얼마나 주의를 기울였는가를 가정할 수 있을 것이다. 어느 단계에 이르러서는 인간들은 도상적 시각 동작이 구체적인 사물과 행동뿐만 아니라 추상적인 관계를 묘사하는 것을 이해하기 시작할 것이다. 대뇌, 시각, 그리고 손 기관을 가지고 있는 생물에 의해 팔과 손과 얼굴을 통해서 만들어진 도상적 몸짓은 실제 도상들보다 많다. 그것들은 마치 언어적 표현과 같이 주어-서술어-목적어로서 우리가 인지하고 있는 형태인 '어떤 것'이 '어떤 것'에게 '어떤 일'을 한다는 식의 그 즉시 재연되는 살아있는 표현이다. 결국 도상적 몸짓은 언어적 통사론의 기초를 제공하고 있는 것이다. 그렇다면 이 도상적 몸짓들이 어떤 절차를 걸쳐 언어화되며, 의사소통에 참여하게 되었는가를 다음절에서 알아보도록 하자.

2. 행위의 변형과 의사소통

1) 몸짓 행위의 변형

동물 행동학에 있어서 동물들의 의사소통은 해당 종의 생존과 적응을 위해 발생한다고 한다. 생태학적 언어관은 동물에 있어서의 관습과 관습화에 의한 의사소통 가능성과 같이 인간의 의사소통도 이런 관습화에 그 뿌리를 두고 있음을 기초로 하고 있다.[12] 동물행동학자 아이블-아이베스펠트(1979)는 동물들의 의사소통적 행위에 대해 다음과 같은 구분을 짓고 설명하였다.

(2) a. 짝짓기와 번식을 위한 유혹과 구애 행위
b. 새끼를 위한 양육과 보호 행위
c. 먹이 획득을 위한 사냥 행위
d. 다른 종과의 싸움 행위
e. 같은 종 내에서 복종 행위

12) 이 절에서 사용된 동물 행동 유형의 예들은 주로 크라나흐 외(Cranach et. al. 1979)에서 나온 자료들을 기초로 하고 있음을 밝혀 둔다.

다양한 종 사이에 많은 차이가 있다손 치더라도 (2a)의 짝짓기와 번식을 위한 유혹과 구애 행위는 많은 부분에서 공통적으로 나타난다. 대부분의 종에서 개체는 짝을 짓기 위해 서로를 유혹하거나 설득해야 한다. 부모 새들은 어린 새끼 새들에게 입을 맞추면서 먹이를 주지만, 상대 새를 유혹할 때는 이 행동을 변형하여 사용한다. 어미 새로부터 물리적인 의도를 학습했지만 새끼 새가 성숙하여 더 이상 먹이를 받아먹지 않을 때는 그들의 교미 상대의 부리를 입맞추면서 관심 있는 태도를 보인다. 이것은 인간이 혀를 사용하여 상대방을 입맞춤하는 것과 유사한 기원을 갖는다.

원숭이의 일종인 몽고즈 여우 원숭이는 새끼의 털을 핥거나 자신의 이빨을 사용하여 빗어 줌으로써 피부를 보호해준다. 그러나 성숙한 몽고즈 여우원숭이는 교미 상대에게 잘 보일 목적으로, 거리를 둔 채 신체 접촉은 하지 않으면서 자신을 핥거나 빗질하는 행위를 보인다. 이는 마치 인간이 다른 사람들에게 잘 보이기 위해 혹은 인사를 하기 위해 머리를 만지거나 옷맵시를 다듬는 것과 비슷한 기원을 갖는다. '파란 발 부비'라는 새는 상대방을 구애하기 위해 둥지에 필요한 나뭇가지 혹은 진흙 등 재료들을 선물한다. 이는 사랑을 구하기 위해 무엇인가를 선물하는 인간의 행위와 유사성을 갖는다.

먹이를 먹여주는 행위에서 입맞춤이 유래되었고, 털 없이 털을 만져주는 행위로부터 남에게 잘 보이려는 행위나 인사 행위가 유래되었다. 또한 둥지에 필요한 재료를 물어다 주는 행위에서 선물 행위가 도래하였다. 이러한 예들은 원래 의도된 행위와는 관련된 대상물 없이 실행된다. 둥지를 만드는 재료가 구애의 도구가 되는 것과 마찬가지로 이 때 행위는 원래 의도된 행위가 아닌 대상물만을 제시하는 것으로 구성된다. 위에서 살펴 본 세 가지 유형의 예들에서, 어떤 물리적 의도가 있는 행위를 구성하는 요소들은 유혹하기, 잘 보이기 및 인사하기, 구애하기, 선물하기 등의 의사소통 목적을 수행한다. 이것으로 의사소통 의도가 본래의 의도와는 전적으로 다르다고 볼 수 있다. 헉슬리(1966)에서 아이블-아이베스펠트(1979)에 이르기까지 대다수의 동물 행동학자들은 위에서 제시한 동물 행동과 인간 행동과의 연속성에 주목을 하였다. 이들은 행동 유형의 기표에 있어서와 마찬가지로 기의에 있어서 나타나는 변화를 다음과 같이 기록하였다.

(3) a. 조류: 먹이 먹이기와 둥지 만들기 - 유혹 및 구애의 수단
b. 몽고즈 여우 원숭이: 피부 보호 - 잘 보이기 및 인사의 수단

(3a-b)의 동물 행동의 변화에서 최초 의도된 행동은 대개 다음과 같은 몇 가지의 변형과정을 거쳐 다르게 의도된 행동으로 변형된다. 첫 번째는 과장의 과정이다. 이 과정에서는 행위 과정이 그 폭과 빈도에 있어서 강화되며 결과적으로 보다 명료해지게 된다. 두 번째는 간결화 과정이다. 행위 과정이 핵심적인 구성 요소들로 압축되며, 이 과정을 통해 행위가 더욱 명료해진다. 세 번째는 전형화 과정이다. 여기서는 행위 과정에 영향을 주는 주변 상황 맥락이 줄어들어 전형적 행위 형태를 띠게 된다. 네 번째는 동일화 과정이다. 이 과정에서 부분적으로 대조되는 행위의 요소들이 조정되어 행위 과정이 하나의 단위처럼 보인다. 다섯 번째는 반복 과정을 들 수 있다. 전체적인 혹은 부분적인 행위의 규칙적인 반복은 신호 수신자에게 더욱 주의를 끌게 만든다. 여섯 번째는 자세 바꾸기 과정이다. 이 과정에서 신호 수신자에 따라 자세가

변한다. 대개 신호 발신자는 신호 수신자를 향하게 된다. 일곱 번째는 강화과정이다. 이전 혹은 이후의 행위들과 비교하여 관습 행위는 보다 강렬하게 수행된다. 그럼으로써 다른 행위들과 차별적으로 구분된다. 위에서 언급한 일곱 가지 행위 변화의 과정을 정리하면 다음과 같다.

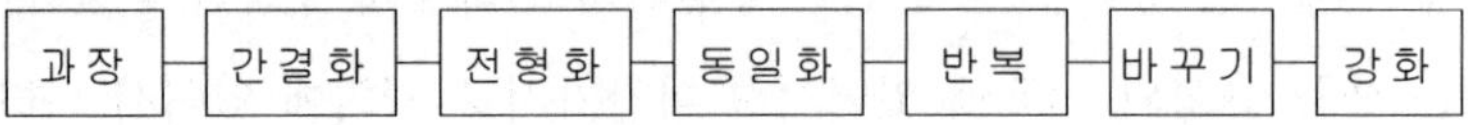

〈그림 3-2〉 행위 유형의 변화

<그림 3-2>의 일곱 가지 과정 중 행위의 변화는 특정한 하나의 혹은 여러 과정을 통해 최초 의도된 행위가 다르게 의도된 행위로 변형된다. 대부분의 행동주의 기호학적 관점에서 비언어적 의사소통을 연구했던 버드위스텔, 아질, 에크만과 프린슨, 모리스, 포스너 등의 학자들은 위에 언급한 동물의 행위에 유추하여 인간의 행위를 관찰한다. 실제 동물의 행위에 비해 인간의 행위는 보다 다양하지만 생존과 연관된 분명한 의도를 가지고 있다. 그것은 직접적으로 유추하기 어렵지만 물리적 의도를 지닌 인간의 행위와 의사소통 의도를 지닌 행위를 구별해내는 것은 동물의 경우와 마찬가지이다.

사실상 포스너(Posner 1985; 2001)에서는 인간의 일상 몸짓들을 하품, 웃음, 울음과 같은 인간의 자연스런 반사행동의 변형에 근거를 둔 것이 아니라고 주장한다. 대신 위에서 설명한 바와 같이 행위는 동물적 행동을 반영한 어떤 물리적 의도를 지닌 행위들로부터 유래되었다고 한다. 이러한 견해는 동물로서 인간의 속성을 가만한 행동주의 및 생태학적 가치관을 반영한 것으로 평가할 수 있다. 인간의 물리적 의도를 지닌

행위들이 의도를 지시하는 것도 포함하고 있다. 그래서 그 이후에는 단순히 지시하는 것을 위해 원래의 의도를 점차 잃어가게 된다는 것이다. 이것은 마치 (3) 이하에 설명된 동물들의 행위 변형과정과 흡사하다. 이런 과정은 아이가 자신의 문화 속에서 행동을 습득하는 경우처럼 개인 행위 변형에도 해당된다고 가정할 수 있다. 결국 포스너(1985, 2001) 식의 주장은 인간들의 일상적 몸짓들이 선천적인 행위 유형에 기초를 두고 있지 않으며, 오히려 습득된 행위 유형에 기반을 둔다는 점을 강조하고 있다.

2) 일상에서 상징적 몸짓으로

이 절에서는 고정된 의미를 지닌 관습적 행위 유형과 같은 상징적인 인간 행위를 다룰 것이다. 일상적인 몸짓은 어떤 특별한 의도를 내포함으로써 상징적인 몸짓으로 전개된다. 상징적인 몸짓(symbolic gesture)은 명백한 의사소통 의도를 가지고 있다. 이를 설명하기 위해 포스너(2001)에서 소개된 '상체 앞에서 손을 흔드는 몸짓'을 도입할 것이다. 포스너(1985, 2001)는 이 몸짓을 다음과 같은 행위 변화의 유형으로 설명하고 있다(<그림 3-3> 참조). '상체 앞에서 손을 흔드는 몸짓'은 원래 어떤 물리적 의도를 수행하는 행동 유형이다. 불 혹은 뜨거운 용기에 손가락이 화상을 입을 수 있는 상황을 가정해 보자. 여기서 발생하는 행위 유형은 확실한 의미의 의사소통에 적용된다.

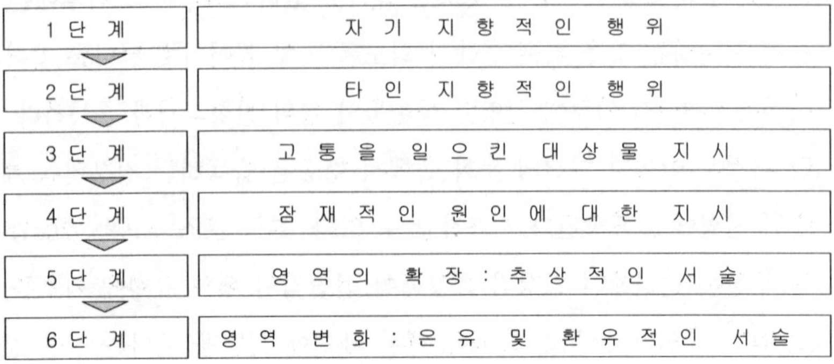

〈그림 3-3〉 행위 유형의 변화 단계

<그림 3-3>에서 1단계는 물리적 의도를 지닌 자기 지향적 행위 단계이다. 한 아이가 조리기구의 손잡이를 만지고 손가락에 화상을 입는 초기 상황에 따라 다음과 같은 아이의 행위 변화를 관찰할 수 있다.[13] 먼저 화상을 입히게 한 대상으로부터 /손을 뗀다/, /후후 분다/, /고통스러운 표정을 짓는다/, /상체 앞에서 손을 흔들어댄다/ 등의 가능한 몸짓이 일어 날 것이다. 처음의 충격이 누그러지면 얼굴 표정은 점점 풀어지고 아이는 계속해서 /손을 흔든다/, /데인 곳을 식히느라 후후 분다/. 이와 같은 행위는 위에 제시된 순서대로 진행되지는 않는다. 다만 불에 델 경우에 일반적으로 나타나는 행위들이다. 이 상황에서 아이는 의도적인 행동을 할 수 없다. 아이는 고통스러워하면서 그 고통을 진정시키려고 즉시 보호자를 소리쳐서 부를 것이다. 대개 이와 같은 상황에서 보호자는 아이에게 덴 손을 식히기 위해 /손을 흔들며/, /후후 불라/고 가르칠 것이다. 이처럼 순수하게 물리적인 의도로 행해지는 행위를 '과업 동작(task movements)'이라고 한다. 과업 동작은 물리적 의도의 자기

13) 표시 '/ /'는 한 단위의 움직임을 표시한 것으로, '/ /'내의 언어적 표현은 곧 시각적 몸짓으로 이해할 수 있다.

-지향적 행동으로 나타낼 수 있다.

다음은 2단계인 타인 지향적 행위 과정이다. 이 과정에서 표현 기능의 자기 지시와 서술이 가능하게 된다. 우연히 어떤 사람이 불에 덴 아이를 보았다고 가정하자. 이 상황에 있던 사람은 아이의 행위 의도를 자신의 경험에 비추어 인지하게 된다. 그 사람에게 아이의 /일그러진 얼굴/은 고통스럽다는 것을 지시하는 것이다. 또한 /손을 흔드는 것/은 신체의 어느 부위가 아픈지를, /후후 부는 것/은 아이가 손을 식히려 한다는 것을 지시하는 것이다. 다른 사람의 존재를 의식한 아이는 그 사람에게 이러한 인지 과정이 일어나는데 모종의 기여를 하게 된다. 대개의 아이들은 이런 상황에서 동정을 받고 싶어한다. 따라서 아이는 /그 사람을 바라 본다/, /과장되게 손을 흔들어 댄다/, /보다 큰 소리를 내며 후후 분다/, /극도로 고통스러운 표정을 짓는다/ 등의 행위를 하게 된다. 아이는 자신이 불에 데인 과정을 본 다른 사람에게 자신의 불행에 관심을 기울이게 할 수 있다. 손을 흔들고 후후 불어대는 것은 일그러진 얼굴과 마찬가지로 행위의 메타적 성격을 띄게 된다. 이를 '메타-동작(meta- movement)'이 라고 한다. 메타 동작은 그 행위 자체를 가리키는 기표가 된다. 1단계에서 일그러진 얼굴 표정은 고통의 현상이었다. 그러나 2단계 타인 지향적 행위에서는 고의적으로 만들어진 서술 단위가 된다. 이것으로 아이는 자신이 고통스럽다는 것을 지시한다. 손을 식히려고 후후 부는 행위가 하나의 신호가 됨으로써, 아이는 자신이 입은 상처가 불에 덴 것임을 지시한다.

다음은 3단계로서 고통을 일으킨 대상물을 지시하는 단계이다. 여기서는 단정의 기능을 갖는 구체적인 서술과 그 효과에 대해 언급된다. 더 이상 고통으로 얼굴이 일그러지진 않지만, 행위는 계속되는데, 이때 주변 사람들은 고통 자체가 아닌 고통을 야기한 것에 초점을 맞추게 된다. 아이는 화상을 입힌 대상체를 바라보면서 지속적으로 /손을 힘차게 흔들고/, /시끄럽게 후후 불고 공기를 들이마시는 것/을 반복한다. 더 이상 고통스러워하지 않으면서 의식적으로 고통을 준 대상을 바라보는 것이다. 이 상황에서 아이가 손을 덴 구체적인 대상물에 또 다른 지시 대상물을 제시한다.[14)]

다음은 4단계로서 잠재적 원인에 대한 지시의 과정이다. 이 과정에서 지시 기능(directive function)이 강조되며, 추상적인 서술이 있게 된다. 다시 말해 손가락에 화상을 입지 않고, 뜨거운 조리기구가 옆에 없는 상황에서도 / 힘차게 손 흔들기/와 /시끄럽게 후후 불어대고 숨 들여마시기/ 몸짓을 취할 수 있다. 이때 이 동작들은 손을 식히고 고통을 진정시키는 과정을 모방하는 것으로 간주된다. 더욱이 조리 기구를 봄으로써 옆에 있는 사람에게 손가락이 데었을 때의 고통스러운 기억을 상기시킨다. 그 후 이러한 경험에 의해 조리기구로 인한 '손 데임'이 재발될 수 있다는 것을 경고한다. 이런 상황에서 메타 몸짓은 문제의 과업 행위들과는 완전히 분리된다. 3단계에서 고통스러운 표정에 행해진 '단순화'가, 여기서는 손 흔들기와 후후 불기에 적용된다. 데인 대상을 보는 것도 그 역할이 바뀐다. 즉 더 이상 고통스런 화상의 원인이던 원래의 구체적인 대상물을 지칭하는 것이 아니라 같은 유형의 다른 대상

14) 모리스(Morris 1938)에 의하면 외연(denotation)이라는 것을 관찰할 수 있다. 처음의 자기 지시적인 맥락에서 손 흔들기는 서술의 기능을 갖는다. 이것으로써 이제 조리 기구는 고통을 유발하는 특징을 부여받는다. 이 단계에서 지시대상물을 바라봄으로써 지시하는 작용, 세게 손을 흔듦으로써 서술하는 작용, 시끄럽게 후후 불어대고 숨을 들이쉼으로써 언급하는 작용을 관찰할 수 있다. 이 작용들은 단정 기능(assertive function)을 갖는다.

물을 지시하게 된다.[15)]

'손 흔들기'와 '후후 불고 숨 들여 마시기'와 같은 몸짓들은 분명히 뜨겁지 않은 조리 기구들 앞에서도 행해질 수 있다. 그 때문에 조리기구가 사실상 매우 뜨겁다는 의미로 이해되진 않는다. 만약 그렇게 믿게 되려면 이 행동들은 보다 추상적인 방식으로, 예를 들면 "매우 뜨거워질 수 있다"로 해석되어야만 한다. 이러한 서술 작용은 대개 경고의 목적으로 행해지며, 지령의 기능을 갖게 된다. '후후 부는 것'과 마찬가지로 '손 흔들기'는 원래의 의도를 상실하고 원래의 상황과는 완전히 분리된 고통 완화 행동들의 반복으로 이해될 수 있다. 또한 행위들의 보다 심화된 형식적 변형을 가져온다. '자세 바꾸기', '과장'(손 흔들기와 후후 불기) 그리고 '단순화'(고통스러움을 흉내 내지 않는 것)와 더불어 '전형화'를 관찰할 수 있다. 이 반복의 성격은 모든 손 흔들기를 점점 서로 비슷한 것으로 만들며 어떤 상황에서든 후후 부는 것이 동일하게 된다. 이 사실은 물리적인 과업이 없어지고, 처음 상황으로부터 완전히 분리되는 것을 의미한다. 그럼으로 '손 흔들기'와 '후후 불기'를 물리적인 구속으로부터 해방시킨다. 그 후 이런 행위들의 형식들은 고통 완화에 적합한지 아닌지 여부보다 더 중요해진다. 그래서 행위들은 행위 구성 요소들의 유형화인 '단일화'를 거치게 된다.

다음은 5단계의 영역 확장 단계이다. 이 단계에서는 무제한의 기능을 갖는 추상적인 서술과정이 일어난다. 3단계에서 4단계로 가면서 고통의 원인이 된 조리기구의 외연은 일반적인 발열 기구를 전부 지시하

15) 이러한 3단계의 외연은 모리스(1938:7)가 의미하는 일반적인 외연이 된다. 이 작용은 행동보유자로 하여금, 그 화상을 원래 일으켰던 조리 기구를 가리키게 할 뿐 아니라, 같은 성격의 분류에 해당하는 조리기구, 오븐 혹은 모닥불 등 다른 종류의 데일 수 있는 대상을 지시하게 된다.

는 것으로 대체된다. "화상을 입을 만큼 뜨거운"이라는 구체적인 서술은, "화상을 입을 만큼 뜨거울 수 있는"이라는 추상적인 서술로 대체된다. 이러한 지시의 사용은 대상물의 영역 모두를 몸짓으로 지시할 수 있으며 그 영역도 확장되었다. 추상적인 서술은 새로운 유형의 대상에도 적용되며, 이 대상들은 보다 더 추상적일 수 있다. 그럼으로써 '손 흔들기', '후후 불기'와 같은 행위 유형은 의사소통으로 사용될 수 있게 된다.

흥미로운 사실은 영역이 전혀 다른 행위 상황으로 전도될 수 있다는 사실에 있다. 사람들이 너무 뜨거운 음식을 입에 넣었다가 뱉은 후의 상황을 가정해 보자. 그들이 입을 데었다는 것을 표시하기 위해 /손을 흔들며/, /숨을 들여 마셨다가/, /후후 분다/는 것을 관찰할 수 있다. 여기서는 입을 덴 것임에도 불구하고 손가락이 데인 것과 마찬가지의 몸짓 행위를 관찰 할 수 있다. 이로써 손 흔들기의 행위 과정은 '전형화' 되고 '유형화'되었다는 사실을 알 수 있다. 이제 델만큼 뜨거운 대상물이 조리기구나 오븐 혹은 불과 같은 발열체가 아닌데도 손가락이 아닌 신체의 다른 부분들이 델 수 있다는 것을 지시한다. 결국 손 흔들기의 행위로 지시되는 대상물의 영역이 확장되는 것을 알 수 있다. 또한 손 흔들기를 사용하여 서술된 대상물은 보다 더 추상적으로 되는 것을 볼 수 있다. 손가락을 데게 만든 것이 아닌 대상물에 대해서 이 몸짓을 적용하는 것은 어린 시절 손가락을 데인 경험과는 관계없는 몸짓으로 이해된다. <그림 3-3>의 2, 3, 4단계에서는 어린 시절의 경험들로부터 몸짓을 발전시킨다. 그러나 5단계에서 사람들은 다른 사람들로부터 이미 기호화된 형태를 교육받아 기호적인 몸짓들, 즉 몸짓 기호를 사용하기 시작한다. 따라서 몸짓은 일종의 관습이 되었으며, 의미와 함께 형태에 있어서도 발전이 심화될 수 있다는 가능성을 보여 주었다.

마지막 6단계는 영역의 변화와 아울러 은유적인 혹은 환유적인 서술의 과정이다. 여기서는 최초 의도된 물리적인 행위의 성격은 전혀 나타나지 않고 다른 의미의 의도로 행위가 수행된다. 이는 바로 상징 기호 사용의 예이며, 동물 행동에서 인간 행동유형으로 전이되는 언어화 과정을 보여주고 있다. 두 젊은 남자가 길을 걷다가 아름답고 날씬한 젊은 여자를 본다고 가정하자. 이 때 가능한 시각적 몸짓은 남자 둘 중 하나가 /동행인을 바라보며/, /고갯짓으로 여자를 가리키고/, /감탄사로 묘사된 소리를 내며/, /손을 흔들거나 혹은 여자 몸매 모양의 몸짓을 만든다/ 등이다.

또한 가능한 언어적 표현 '저 여자 화끈해 보여'가 발화됨에 주목해 보자. 남자의 관점에서 젊은 여자는 뜨거운 발열기구와 비슷하게 취급됨을 알 수 있다. 사실상 이러한 은유들은 레이콥(Lakoff 1987: 92ff), 그리고 레이콥과 존슨(Lakoff & Johnson 1980: 49ff)에 의해 설명되었다. 불과 그에 관련된 각종 장치 혹은 소재들은 모든 인간 사회에서 중심적인 역할을 하고 있다(Posner 1984: 217ff). 그래서 어떤 대상을 비교할 때 혹은 은유적으로 사용될 때 근간이 된다. 인간 문화에서 불에 관련된 언어적인 표현을 살펴보면 다음과 같다.

(4) 불을 놓을 수 있고, 불장난을 할 수 있으며,
불에 기름을 붓고, 불로 쇠를 달굴 수 있으며,
불로 뭔가를 만들어 낼 수도 있으며,
불을 쬘 수도 있고 손, 입, 혀 등을 델 수도 있으며,
전체 화상을 입을 수 있고
머리에 불이 날 만큼 화가 날수 있고,

혀에 불이 날 만큼 소리를 지를 수 있으며,
다른 사람을 위해 불 속에 뛰어들 수도 있고,
분신을 할 수 있으며, 불 뿜는 연설을 할 수도 있다.

(5) 불은...
깜빡이며, 빨갛게 타고,
소리내며 타고, 너울거리며 타고, 활활 타며
뜨겁고
편안함과 즐거움 혹은 공포감을 준다.

(6) 불처럼...
여자가 상처를 줄 수 있고,
눈이 빛날 수 있으며,
목이 아플 수 있고,
뜨거운 사랑을 할 수 있다.

(7) 불 난 것처럼
감탄 혹은 질투로 타오를 수 있고
사랑 혹은 증오의 불꽃으로 피어오르던지
혹은 단순히 독한 술을 마시게 될 수 있다.

(4)는 사람이 불에 대해 혹은 불을 가지고 할 수 있는 행위를, (5)는 불 그 자체가 지닌 특성을, (6)과 (7)은 불에 대한 은유들이 열거되어 있다. 이러한 많은 은유들은 두 가지 요소에 기인하는 손 흔들기 해석과 관련된다. 하나는 위에서 다뤄진 상황으로서, 아이는 불에 매료되고(불꽃의 형태든 오븐이든 조리 기구든 간에) 손가락에 화상을 입는다. 그러나 고통을 진정시키고 더 큰 위험을 모면한다. 또 하나의 요소는 어떤 사람을 매료시켜서 "손에 화상을 입히는" 적인 대상의 유형이다. 예

를 들어 '화끈한 여자', '화끈한 일' 등을 들 수 있다. 이러한 대상들 각각에 대해 '손 흔드는 것'은 감탄사를 동반하든 안 하든 그 대상을 뜨거운 것으로 나타내기에 충분하다. 그러나 이 추상적인 서술들은 각각의 경우에 매우 다르게 해석된다. 예를 들어 "화끈한 여자는 황홀한 밤을 약속한다"는 언어적 표현을 고려해 보자. 이것은 화끈한 그녀를 만나면 쉽게 화상 입은 아이처럼 될 수 있고, 그녀에게 사랑의 노예가 될 수 있다는 의미로 해석될 수 있다. 이와 같은 언어적 발화의 화자는 비언어적인 동작주를 병행한다. 그럼으로써 도상적 몸짓은 언어적 발화를 강화시키는 역할에 참여한다. 따라서 손 흔들기 동작은 동일하게 해석되는 각각의 은유들을 이해하는데 핵심을 이룬다.

지금까지 이 절에서는 포스너(1985; 2001)가 제기한 일상적 몸짓의 관습화 과정을 동물행위 유형의 변화 과정에 견주어 설명하였다. 1단계 자기지향적 행위로부터 6단계 은유 및 환유로의 영역 변화를 통해 시각적 몸짓의 언어화 과정을 경험할 수 있었다. 우리가 평범하게 사용하는 구두 언어적 표현이 물리적 의도의 동물행동에서 유래됨을 다소나마 이해할 수 있었다. 이러한 6단계에 이르는 변화과정을 염두에 두고 다음절에서는 몸짓 의사소통의 체계를 세울 것이다.

3. 몸짓 의사소통의 체계

앞에서 논의 한 바와 같이 손 흔들기 동작은 어린 시절 손을 데이거나 뜨거운 것을 만졌을 때 반응으로 나타난 행위 유형에서 비롯되었다. 이 몸짓의 발달 과정은 복잡한 상황 유형이 증가하면서 그 요구사항에 대응하는 일련의 작용들에 의해 결정되었다. 포스너(Posner 2001)에서 주장한 행위들의 단계에 따른 일상 몸짓 기호들의 발달과정, 대상과의 지시 관계, 의사소통 유형, 기표 변화를 정리하면 다음과 같다.[16)]

〈표 3-1〉 행위변화와 의사소통의 관계

단계	행위 유형	지시 관계	의사소통 유형	기표 변화
1	자기 지향적	감정표현	-	-
2	타인 지향적	구체적인 서술	표현	과장
3	대상물 지시		단정	과장, 단순화
4	원인 지시	추상적인 서술	지령	전형화, 동일화
5	영역 확장		표현, 지령, 명령	과장, 단순화, 동일화
6	영역 변화	은유, 환유적인 서술	표현	-

<표 3-1>에서 제시된 바와 같이, 일상적 몸짓의 발달 과정은 먼저 자아 지향적 행위(1단계), 자기 지시적 행위(2단계), 다른 대상들에게 지시 행위(3단계) 및 외연적 행위(3단계) 그리고 같은 분류에 속하는 대상물들을 지시하는 행위 (4단계)로 이루어진다. 5단계와 6단계는 이미 해당 몸짓의 영역을 떠나 상당한 부분이 언어화 되어 상징의 영역에 이른다. 예를 들어 불에 덴 경험에 관련한 행위는 의사소통 행위로 이어지는데 각 단계별로 두드러진 전환 관계를 발견할 수 있다.

16) 사실상 포스너(2001)에서는 <표 3-1>과 같이 일목요연하게 정리되어 있지는 않다. 포스너의 논의를 임지룡 · 김영순(1999, 2000가, 나)에서 제시된 의사소통 분류 체계에 대입한 것이다.

먼저 지향점의 변화가 있게 된다. 1단계에서 2단계로 전환될 때 자기로부터 타인으로의 지향점이 변화되어 있다. 다음은 행위에서 지시 행위로 메타 단계가 도입되며, 단일화된 과업 동작에서 좀 더 차원이 높은 지시와 서술의 행동으로의 재구성된다. 또한 2단계에서 3단계로의 전환에서는 모방 행위가 드러난다. 즉 2단계의 지시에서 3단계의 외연으로의 이동과 구체적인 서술에서 추상적인 서술로의 이동 현상을 볼 수 있다. 5단계에서는 발열기구들의 영역 확장이 일반화되어 나타나며, 3단계의 구체적인 온도 차이 감각에서 4단계부터 6단계까지 다른 형태의 불에 대한 감각으로의 추상화 과정이 이루어진다. 6단계에서는 주로 불에 데는 것으로 나타내어지는 대상 영역의 변화로서의 은유화와 바로 전에 입은 화상에 대한 결과로부터 이후에 화상을 입을 수 있다는 예상으로의 영역 이동인 환유화를 경험할 수 있다.

인간 행위의 발달은 동물의 관습화에서처럼 원래 물리적 의도를 실현하기 위해 이용된 행위 유형이 이 의도를 지시하는 행위와 연관된다. 또한 동물과 인간의 의사소통의 연속성은 의사소통의 목적을 위해 물리적 의도를 상실하였다는 사실에 있다. 이런 연속성은 인간의 '손 흔들기 몸짓'이 어린 시절 손가락을 데었을 때 반응하는 것으로부터 비롯되었다는 견해를 정당화한다. 만일 인간과 동물에게 있어서 원래 행동 유형의 의도들을 관습화 된 행동 의도들과 비교한다면, 그 차이는 명백하다. 동물에게 있어서 그것은 삶의 어떤 영역에서 다른 영역에로의 기능적 변화와 관련된다. 행동 유형의 최초의 그리고 최후의 의도는 둘다 종의 생존을 위해 생물학적으로 잘 정의된 기본 생명 기능의 한정된 영역에 속한다. 그러나 인간에게 있어서는, 서로 다른 삶의 영역들과 매우 다양한 의도들 속에서 동작 유형의 무제한적인 이동가능성을 발견할 수 있다.

3.1절에서 다룬 동물의 예들은, 먹이를 주는 것, 피부를 보호해주는 것, 둥지를 만드는 것이 유혹만 하는 것 혹은 인사만 하는 것, 그리고 구애만 하는 것으로 엄격하게 전이된다는 보여준다. 그러나 인간의 손 흔들기는 모든 삶의 영역에서 유연하게 적용될 수 있도록 기능에 있어서 최소한 6단계로 변화한다. 인간의 손 흔들기는 초기의 불운(화상)의 결과를 언급하는 데 사용될 뿐 아니라, 그러한 불운과 그 결과의 공포를 예측하여 전달하는 데도 사용된다. 갑작스러운 고통을 무의식적으로 표현하거나, 훨씬 미묘한 감각을 의도적으로 전달할 때도 사용될 수 있다. 의사소통에 사용될 때는 단정, 지령, 의문, 표현과 명령으로 사용될 수 있으며, 간접적 의사소통 행위에 있어서 제한 없이 사용된다.

지금까지 3절의 논의를 통해서 관습화된 행위가 인간과 동물들의 삶에서 어떠한 역할을 하는지 유사점을 찾을 수 있다. 계통발생학적 입장에서는 관습화를 통한 행위 유형의 기능 변화가 동물의 삶뿐만 아니라 인간의 삶도 사회적 영역으로 확대되어 현저하게 발전시켰다. '손 흔들기'의 예에서 보듯이 인간 몸짓의 역할은 관습화된 동물의 몸짓과는 판이하게 다르다. 인간은 은유 체계를 활용함으로써 몸짓을 통해 그리고 몸짓과 관련한 언어적 은유를 통해 세계를 해석하는 방법을 구체화할 수 있었다. 관습화된 일상적 몸짓에도 분명히 의사소통 의도가 내재되어 있다는 사실은 다음 의 신체 언어 의사소통을 다룸으로써 명확해진다.

이 절에서는 도상적 시각 몸짓의 언어 기호화 현상을 다룰 것이다. 여기서 사용된 신체 언어 이미지 자료들은 TV 토론 프로그램에서 발췌한 것이다.[17] 이 절에 등장한 아래의 <그림 3-4>부터 <그림 3-12>는 토론시 가장 빈번하게 등장하는 도상적 시각 몸짓들이다.

〈그림 3-4〉

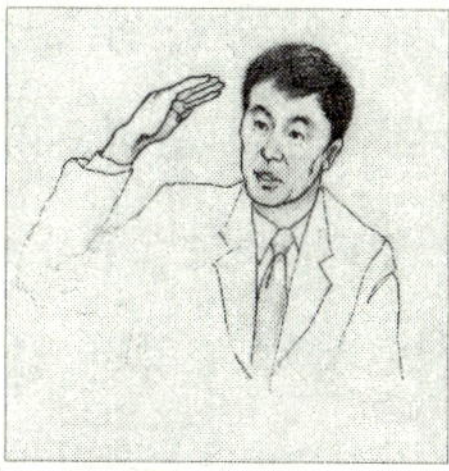

〈그림 3-5〉

〈그림 3-6〉

〈그림 3-7〉

〈그림 3-8〉

〈그림 3-9〉

〈그림 3-10〉

〈그림 3-11〉

〈그림 3-12〉

---

17) 2001년 8월부터 동년 11월까지 TV토론의 주요 프로그램인 'MBC 100분 토론', 'SBS 토론 공방', 'KBS 생방송 심야토론'에 등장한 토론자 및 사회자들의 몸짓 언어를 각각 2회분, 도합 6회분을 채집하여 얻어낸 자료들이다. 이 연구에 제시된 10개의 몸짓 언어는 본 연구 목적에 적합한 것만을 발췌한 것이다. 아울러 실제 인물들이 대부분 유명 정치인들이라 초상권 침해 문제로 사진이 아닌 그림으로 처리했음을 일러둔다.

<그림 3-4>부터 <그림 3-12>의 시각적 몸짓들은 영역 다툼이나 먹이 다툼을 하는 동물들에게 흔히 나타나는 몸짓들이다. 이 절에서 자세히 설명하지 않더라도 '동물의 왕국'과 같은 동물들의 생태를 다루는 다큐멘터리를 상상해 보자. 상대를 위협하거나, 설득하거나, 복종하는 몸짓들을 쉽게 떠올릴 수 있다. <그림 3-4>부터 <그림 3-12>는 TV에 등장한 여야 정치인들의 정책 공방전 양상을 표현하고 있다. 이런 시각적 몸짓을 사용하는 인간 의사소통과 동물 의사소통의 차이점은 동물들의 포효소리를 대신하여 다양한 언어적 발화가 사용되었다는 점이다. 아울러 동물들의 몸짓에 비해 자유로워진 손에 의해 다양한 몸짓이 발화된다는 점을 눈여겨볼 수 있다.

위에서 제시한 그림들의 신체 언어에 따른 의사소통시 언어적 발화를 살펴보면 대체, 보완, 규제, 반복, 반박 기능을 갖는다(자세한 논의는 김영순 2000가, 나, 2001가, 임지룡 · 김영순 2000가, 나 참조). 대체 기능은 언어적 메시지 대신 신체 언어 기호로서 메시지를 전달하려는 경우이다(그림 12). 보완 기능은 언어적 메시지를 수반하면서 이를 보충하는 역할을 한다(그림4, 5, 6). 규제 기능은 의사소통에 참가하는 참가자의 상호작용을 조정한다(그림 9). 반복 기능은 언어적으로 발화한 것을 재차 비언어적 신체 언어로 표현하는 경우이다(그림 9). 반박 기능은 비언어적 신체 언어 표현이 언어적 메시지와 상반되는 경우를 말하거나(그림 11), 실제 반대 의견을 개진할 때 사용된다(그림 7). 이 밖에 강조 기능이 있는데 특정 언어적 발화를 강조할 때 함께 사용된다(그림 5).

위에서 제시한 기능들은 언어적 발화에 대한 신체 언어적 발화의 의사소통적 기능들이다. 이러한 기능 이외에 설명적 기능(그림4), 설득적 기능(그림 12), 반박, 부정, 협박적 기능(그림 7), 동의, 협조적 기능(그림 12), 제안, 요구적 기능(그림 8), 지시, 지적, 무시적 기능(그림 9), 강조, 강한 설득적 기능(그림 5), 예시, 예증, 표현적 기능(그림 6)으로 구분할 수 있다. 물론 이러한 구분은 언어적 발화를 기준으로 구분하기 때문에 같은 신체 언어일지라도 그 기능이 중첩되어 발화될 가능성이 있다.[18)]

사실상 여기에 제시된 신체 언어들의 기능과 역할은 서로 배타적이지 않으며 경계도 분명하지 않을 수 있다는 반론을 가져올 수 있다. 단지 이 연구에서 강조하고자 하는 것은 시각적 몸짓으로서 신체 언어를 사용한 의사소통의 가치이다. 분명히 신체 언어는 의사소통적으로 중요한 가치가 부여되어 있는 것은 사실이다. 언어적 의사소통 유형별로 자주 사용되는 신체 언어의 분포가 다르게 나타난다는 사실에서 특정한 의도는 다른 시각적 몸짓을 선택한다는 가설을 세울 수 있었다. 이러한 가설은 언어 내적 체계 연구에 의해서 검증되기보다는 인간의 생태학적 환경 즉 언어 외적 요인에 의해 밝혀질 가능성을 보이고 있다.

지금까지 신체 언어 연구의 생태학적 관점에 대해 살펴보았다. 기존의 논의를 통해 크게 두 가지 방향의 접근방법을 시도하였다. 하나는 적응 복합체로서 인간의 진화 과정들이 어떻게 구두언어 발생에 영향을 주었는가 하는 것이고, 또 다른 하나는 동물 행동이 처음과는 다른 의도를 지닌 행위로 변화하는 것과 마찬가지로 인간의 물리적 행위가

---

18) <그림 3-4>에서 <그림 3-12>까지의 자세한 분석은 제시하지 않는다. 이에 대해서는 김영순(2002가, 나)에서 분석되어 있다. 여기서는 이와 같은 도상적 손짓을 동작기호학적으로 분석하고 있는데, 쟁점을 살펴보면 다음과 같다. 강조, 반박 등의 언어적 발화시 신체 언어는 설명, 설득, 동의 등의 발화시 보다 그 움직임의 영역이 크며, 어깨 위로 손끝이 위치한다는 사실이다. 이는 화가 났을 때 혈압의 상승으로 인한 손 움직임의 영향, 즉 손 높이가 높아지고 과격한 형태를 보여주는 것과 어떤 연관성을 지니고 있고 한다.

어떻게 의사소통 과정으로 편입되는가 하는 것이었다. 이 두 접근 방법 모두 인간이 유기체라는 생태학적 관점을 포함하고 행해졌음을 알 수 있었다. 아울러 다양한 시각적 몸짓, 특히 손짓이 언어적 의사소통과 긴밀한 관련성을 지니고 있으며, 의사소통 유형별로 신체언어의 분포가 다르게 나타난다는 사실을 알 수 있었다. 이에 따라 특정한 의도는 다른 시각적 몸짓을 선택한다는 가설을 세울 수 있었다.

이번 장에서 인간의 유전학적, 발생학적 발달 과정과 적응 과정이 언어 발달에 관련되어 있음을 입증하기란 어려웠다. 그러므로 이 연구에서는 많은 부분이 열린 문제로 남게 된다. 그 중 몇 가지 문제를 거론하면, 아프리카 원주민과 유럽인들의 손짓은 어떻게 차이가 나는가, 일상적인 동작과 어떤 특별한 직종의 전문가들의 몸짓은 어떤 차이가 있는가와 같은 문제들이다. 이 문제점들은 인류학적, 유전학적, 문화학적 연구와 기호학 등의 연구가 제휴되어야 함을 요구한다. 또한 동작기호학적으로는 두 손과 한 손 사용의 차이점은 무엇인가, 손의 형태, 즉 주먹을 쥐었느냐 그렇지 않느냐 하는 문제, 손의 위치, 즉 손끝의 위치가 몸체 내부냐 외부냐 혹은 어깨 위냐 아래냐 하는 문제, 손 움직임의 방향성, 손이 몸체 내부에서 외부로의 외전이냐, 아니면 반대로 내전이냐 혹은 위에서 아래로 인가, 그 반대인가 하는 점들이 심도 있게 연구되어야 한다.

몸짓과 손짓 언어의 문화

독일 베를린에는 삼성이 인수한 구동독의 모니터 생산라인을 갖춘 공장이 있다. 공장의 관리와 경영을 위해 삼성 주재원들이 주로 3년 정도 베를린에 가족과 함께 상주하게 된다. 한 삼성가족이 한국에서 초등학교 ㅛ학년이었넌 자녀를 독일 공립학교에 입학시키게 되었다. 여기서 흥미로운 몸짓과 관련한 하나의 에피소드를 경험할 수 있었다. 처음에는 언어적으로 소통이 어려웠기 때문에 선생님이 방과후 과제를 적어주면 삼성에서 고용한 유학생 통역관이 한국어로 이해시켜 주었다. 그 통역관이 디플롬 시험 준비를 위해 며칠 일을 쉬게 되어 통역 일을 할 수 없었다. 그래서 삼성의 자녀는 숙제를 해결하지 못하고 학교에 갔다고 한다. 우리 식으로 하자면 숙제를 안 했으니 수업시간 내내 불안해야만 했다. 드디어 일이 터졌다. 독일 선생님이 숙제를 확인한 것이다. 이 때 학생은 당연히 창피하여 고개를 숙일 수밖에 없었고 그 선생님은 학생에게 독일말로 무어라고 심한 꾸중을 주었다. 그 후 그 선생님이 부모를 학교로 오도록 했다. 왜일까? 이것은 몸짓의 문화적 차이에서 일어난 어처구니없는 작은 사건이었다. 이것을 타문화 간 분쟁이라 할까. 적어도 유럽에서는 학생이 선생님에게 꾸중을 들을 때 고개를 숙이면 '나는 당신과 이야기하고 싶지 않다'를 의미한다. 반드시 선생님과 대면하여 선생님을 똑바로 주목해야 한다. 그런데 우리나라는 어떨까. 어떤 선생님이든 이 상황에서 학생이 자신을 똑바로 쳐다보면 '잘못한 녀석이 뻔뻔히 어딜 쳐다 봐'라고 했을 것이다. 몸짓은 문화와 깊은 관련을 맺고 있는 것은 분명하다.

이번 장에서는 몸짓과 손짓 언어에 관한 문화적 맥락을 이해하기 위한 작업을 진행한다. 1절 '몸짓, 손짓 그리고 눈짓'에서는 한국의 젓가락 문화와 손짓에 관한 이야기와 더불어 눈짓에 관해 생각해 본다. 또한 의미 있는 몸짓이 어떻게 만들어지는가라는 몸짓의 내면세계에서 문화로 성숙되는 경로를 탐구한다. 2절 '몸짓의 언어-카타칼리와 가부키'에서는 인도의 전통 춤인 카타칼리와 일본의 가부키에서 나타난 몸짓의 언어 체계를 문화와 관련하여 살펴본다. 4절 '몸짓에서 상징으로'는 일상적 몸짓들이 어떻게 의미를 획득하고 의례화되어 문화 요소가 되는가에 대해 인사와 기도 그리고 불교의 수인 그리고 각 나라마다의 일상적 동작이 어떻게 다른 의미를 지니는가를 살펴 볼 것이다.

1. 몸짓, 손짓 그리고 눈짓

'몸 기호' 혹은 '몸짓 기호'란 무엇인가? 몸짓은 아이디어, 의도, 또는 느낌을 전달하는 데 사용되는 몸(또는 몸의 일부분)의 움직임이다. 이러한 움직임 중 많은 부분은 팔과 손으로 이루어지지만 얼굴 및 머리 부분도 사용된다. 우리가 흔히 부르는 제스처는 의도된 몸짓을 이야기 한다. 제스처에 해당되지 않는 움직임으로는 자기 몸을 스스로 만지기, 몸 가꾸기, 옷매무새 고치기, 버릇 등을 들 수 있다. 몸의 움직임은 또한 임무 지향적인 것도 많다. 담배 피우기, 먹는 일, 책을 고르는 일과 같은 일에 사용되는 행동은 일반적으로 몸짓 영역 밖의 것으로 취급된다. 그렇지만 이러한 도구적 행동이 어떤 스타일 (또는 매너)로 인식되거나 말과 어울려 수행된다면 이러한 행동 역시 의도된 몸짓에 해당된다. 이와 같은 몸짓은 우리가 살펴보게 될 영화 텍스트에서 많이 등장한다.

몸짓 기호에 대한 관심이 늘어나면서 이미지 메이킹 혹은 이미지 컨설팅 분야의 교재에서 종종 몸짓과 그에 대한 의미에 대해 거론되고 있다. 이런 교재에서 만일 한 여성이 팔짱을 낀 채 앉아 있으면 이것은 상대방에게 냉담한 태도를 보이고 있음을 의미한다고 말한다. 만일 그녀가 다리를 꼬고 앉아 있으면 다른 사람이 접근하지 못하게 막으려는 자세라고 한다. 맞는 말일까? 물론 그렇게 해석할 수도 있다. 그렇지만 이처럼 몸짓 언어를 고정관념화 하는 것은 '몸짓 언어' 연구 분야의 30년 가까이 수행된 과학적 결과를 간과한 것이다. 이는 또한 몸짓이 발생된 상황을 고려하지 않은 결과이다. 여성은 춥기 때문에 팔짱을 끼고 앉아 있을 수 있다. 이와 마찬가지로 다리를 꼬고 앉는 것이 더 편하다고 생각되어 그렇게 앉을 수도 있다.

교육 정도, 사회 계급, 지리적 배경, 습관 등이 몸짓이 기호로서 인식되는데는 상징의 개념이 개입된다. 특히 몸짓으로 수행되는 제례의식 혹은 생활 관습의 경우 상징적으로 해석될 수 있다. 문명의 태동기에는 세속적인 의식과 신에 대한 의식이 같은 몸짓으로 이루어 졌다. 의식 속에 기호에 대한 기억은 상속되는 것이어서 그 기원이나 의미에 대한 설명 없이 시대에서 시대로 전달되어 왔다. 의식은 조상이 가르쳐 준 몸짓을 수천 번 반복함으로서 계승되며 존속된다. 중요한 행사나 필요에 따라 이루어지는 동작의 연속인 의식은 삶에 리듬을 부여하고 일상사와 결부되어 있다. 전자의 경우는 세례, 결혼, 장례 등이며, 후자의 경우는 식사 의식, 목욕 의식, 성행위 의식 등이다. 의식은 그 의미가 개인적인 인식의 차원을 넘어 집단 무의식 속에 닻을 내리는 하나의 전언이다. 의식은 한 사회를 다른 사회로부터 구별할 수 있는 동질성을 부여해주고 그 집단 고유의 기억을 유지하고 구성원 간 그 기억들을 공유하게 해준다. 예를 들어, 서구의 결혼식에서 손은 중요한 상징거리 중의 하나이다. 대개 신부의 오른 손이 신랑의 손에 놓여 있는 결혼식의 그림을 자주 대할 수 있다.

기독교 사회에서 손의 상징은 대단히 강력하여 실제 손으로 홍해를 가르고 손으로 병을 고치며 손을 한 무수한 기적들의 기록을 볼 수 있다. 이와 같이 손은 결혼식의 상징에서, 그 밖의 상징적인 역사적 사건 속에서도 커다란 힘을 발휘한다. 청혼자가 미래의 신부에게 청혼하는 것을 '손을 요구한다'라고 했으며 청혼을 받아들이는 것을 '손을 준다'라고 표현했다. 결혼의 약속으로서 반지를 끼는 것도 다른 부위가 아닌 손인 것이다. 손은 없어서는 안 될 인간의 중요한 신체부위 중의 하나이다. 또한 불가에서도 각 보살이 지니는 역할에 따라 손의 모양(수인)이 각기 다른 불상의 형태로 수천 년을 지켜오고 있음을 생각해 보라. 손은 도구의 조작에 사용될 뿐만 아니라 어떤 기념비적 사건을 위한 상징으로서도 작용한다. 우리의 몸짓과 움직임에 영향을 미친다. 더욱이 특정 커뮤니케이션 상황의 사회적 · 정치적 · 경제적 상황을 무시할 수 없다. 어떤 자세, 제스처 또는 몸의 움직임으로 전달된 의미를 해석하려면 그 당시 일어나고 있는 상황에 비추어보아야 가능해진다. 몸짓은 여러 가지 역할 수행을 한다. 몸짓은 대화 도중이거나 또는 말이 전혀 사용되지 않을 때 말을 대신할 수 있으며, 상호 작용의 진행과 리듬을

〈그림 4-1〉 손의 위치

조절하고 주의력을 유지하며 말에 대한 강조 또는 명확성을 더해준다. 또한 말의 내용을 특징짓고 잊지 않도록 해주며, 그 다음에 해야 할 말의 예측자 역할을 한다. 위에서 잠깐 언급했듯이 이러한 몸짓에는 머리 끄덕임, 자세, 표정, 시선, 손짓 등이 해당된다. 특히 손짓은 일상 대화에서 병행하며 사용되는 구두발화 동반적 몸짓이다. 손짓과 더불어서 시선은 대인 의사소통시 의사소통의 전환을 가져온다. 손짓을 포함한 모든 몸짓은, 특히 눈짓 및 시선과 더불어 하나의 아이덴티티를 형성하는데 이를 이미지컨설팅 분야에서는 '시각이미지(VI: visual image)'라고 부른다. 다음의 만화텍스트를 살펴보도록 하자.

"손의 미묘한 위치에 따라 상황이 180도 달라진다"는 지문으로 이 만화가 시작된다. 갑녀와 을녀 간에는 외모, 옷 매무새, 인상 및 눈짓에 따라 손짓이 주는 기호의 의미는 다양하다. 이와 같이 영화텍스트에서도 시선은 화면의 전환 혹은 어떤 상황에 대처하는 인물의 심리나 성격을 가장 명료하게 나타내주는 기호이다. 이러한 이유로 시선에 대해서 좀더 자세히 언급할 것이다.

시선은 사회적 상호행위의 중요한 관점 중 하나이며, 의사소통에 미치는 영향이 그 무엇보다 크다. 또한 시선의 방향에 따라 '시선을 돌림'과 '바라봄'으로 규정할 수 있으며, 바라보는 시간에 따른 분류도 가능하다. 시선을 주는 주체가 상대방을 줄곧 바라보면 부담을 주게 된다. 따라서 이런 긴 주시는 의사소통에 좋지 않은 영향을 미친다. 대부분의 사람들은 상대방을 얼마 동안 바라보아야만 하는가를 직관적으로 알고 있다. 너무 짧은 바라봄은 예의 바르지 못하고 무시하는 것으로 보일 수 있다. 그 반면 너무 긴 바라봄은 부담스러운 느낌을 준다. 똑바로 주시하는 것은 당사자가 바라보는 것에 대한 흥미를 나타내며, 옆으로 또는 비스듬한 시선은 그보다 덜한 흥미를 나타낸다.

상호 대화시 시선을 아래에 두는 것이 좋은 품행에 속하는 시대가 있었다. 몇몇 나라에서는 오늘날까지도 이러한 행동은 공손함, 순종, 예의바름의 상징으로 여겨진다. 그러나 오늘날에는 상대방의 시선을 피하지 않고 서로 숨김없이 시선을 교환하는 것이 선호된다. 대화시 서로 바라보는 것은 성공적 의사소통의 관건이 된다. 비언어적 의사소통을 연구하는 학자들은 시선의 기능을 요약하려는 시도를 했었다. 대체로 그들은 관찰 기능, 조정 기능, 표현 기능 등을 들고 있다. 관찰 기능은 시선으로써 상대방을 감지하는 역할을 하는 것이다. 내가 대화 상대방을 바라본다는 것은 그의 행위가 인지된다는 것에 대한 신호이다. 조정 기능을 통해 대화가 공동으로 진행되며, 상호행위가 조정될 수 있다. 또한 표현 기능은 상대방에게 감정 상태에 대한 정보를 주는 것이다. 시선은 상호행위자 간의 관계 구조를 나타낸다. 예를 들어, 오랫동안 주시하는 것은 공격적인 태도로 느껴질 수 있는 것이다. 상호행위자 간의 공간적 간격도 시선접촉에서 중요한 역할을 한다. 공간적으로 많이 떨어져 있으면, 더 많은 시선접촉이 생긴다. 짧은 공간적 간격에서는 시선접촉이 줄어든다.

시선의 방향은 관심의 방향을 나타내기도 한다. 이러한 시선의 방향은 우선 메시지 발신자가 수신자의 얼굴을 바라보고, 이 수신자는 발신자를 바라보지 않을 때면 '일방적 바라봄'이 된다. 반대로 이 두 상호행위자가 서로 바라보면 '쌍방적 바라봄'이라 한다. 두 사람이 서로 바라보면 이를 시선접촉이라 하고, 이 두 사람 중 한 사람이라도 이 시선접촉을 회피하면 '시선기피'라고 한다. 또한 시선기피가 명확하게 드러나지 않지만 한 사람이 다른 사람을 바라보지 않을 때는 '시선중지'라고 한다. 눈의 의사소통을 다루는 대부분의 연구들에서 '주시함'과 '시선을 돌림'을 다루고 있다. '주시함'은 '바라봄'과 '시선을 줌'으로 구분할 수 있다. 또한 바라보는 것과 바라보지 않는 것은 지속적일 수 있고 순간적일 수 있다. 시선을 주는 것, 즉 상대방을 직접적으로 주시하는 것은 상호 의사소통 행위를 위한 의도를 나타낸다. 상호간의 친밀도와 기피도가 물리적 가까움, 시선접촉 그리고 친밀함의 다른 특성들과 연합하여 나타난다. 서로 친밀도가 낮으면 시선접촉을 적게 하며, 그 반대의 경우 접촉이 많아진다.

1) 손짓과 젓가락의 관계

"젓가락 사용은 더 이상 기계적이지 않은 지식인의 행위이다". 이 말은 프랑스의 기호학자 롤랑 바르트가 일본을 방문하여 덴뿌라와 젓가락을 보고 그의 책 <기호의 제국>에서 경외스럽게 한 이야기이다. 만약 그가 일본이 아닌 우리 한국에 와서 득도의 경지에 이른 젓가락 문화를 보았다면 뭐라고 했을까?

우리 젓가락 문화의 역사는 어디서 출발하는가, 젓가락과 손짓은 문화와 어떤 관련이 있을까. 1998년 청주에서 우회도로 공사 중에 발견한 고려시대의 고분 안에서 완벽한 형태의 청동제 젓가락이 출토되었다. 젓가락 사용의 역사는 중국이 2,500여 년, 우리가 1,800여 년, 일본이 1,400여 년으로 알려져 있다. 세 나라가 모두 젓가락을 쓰고 있다지만 그들의 사용법과 용도는 각기 다르다. 중국인들은 주로 기름에 튀기거나 볶은 음식을 먹기 때문에 '집어먹는' 도구로 긴 젓가락을 사용한다. 고기가 드물었던 한국에서는 적은 고기로 여러 사람이 나누어 먹을 수 있도록 탕을 만들어 먹었다. 그 때문에 항상 젓가락과 숟가락을 함께 사용하였다. 세 나라 중 유일하게 밥을 숟가락으로 먹는다. 한국의 젓가락이 중국처럼 길지 않은 이유는 숟가락의 보조도구였기 때문이다. 반면에 일본에서는 쌀이 귀해 잡곡을 주식으로 했다고 한다. 잡곡은 끈기가 없어 잘 뭉쳐지지 않으므로 젓가락으로 집기 어려웠다. 그래서 밥그릇을 입에 대고 젓가락으로 쓸어 넣어 먹었으며 긴 젓가락보다는 짧은 젓가락을 사용했다. 일본인들은 아직도 밥그릇을 입에 대고 먹는 습관이 고스란히 남아 있다.

한국, 중국 그리고 일본은 각기 다른 젓가락의 역사를 가지고 있지만 젓가락 문화는 우리가 으뜸이라고 자부할 수 있다. 오랜 세월 젓가락을 사용한 우리민족의 정체성과 우수성이 젓가락에 녹아 있음을 실례로 들어 살펴보자. 1998년 4월 미국의 게임애니메이션 제작사 블리자드의 <스타크래프트> 일명 스타크가 출시되어 이듬해 들어 전 세계에 300만 카피가 팔렸다. 이 중에 1/3 인 백만 장 정도가 한국에서 팔렸다. 그래서 대형 소비시장인 한국에 블리자드사 사장이 직접 방문한 일이 있었다. 이 게임의 특성은 일방향이 아닌 쌍방향으로 이루어지는 온라인 게임이다. 그 게임을 해서 전 세계의 랭킹을 발표하는데 100위 안에 드는 게이머들 중 50%가 한국인이라고 한다. 특히 랭킹 1위에는 여러 번 한국의 게이머들이 거머쥐었으니 세계에서 손짓을 가장 잘하는 민족이 되었다. 한국인이 게임뿐만이 아니라 바둑, 미용 및 기능경연대회 등 손짓을 이용한 많은 분야에서 우수한 성적을 올리는 것은 우리의 젓가락문화가 그 배경에 깔려 있다.

〈그림 4-2〉 스타크래프트

젓가락 사용이 게임과 같이 손으로 하는 여러 가지 일을 잘 하는 것과 어떤 상관관계가 있을까? 어릴 때부터 젓가락을 사용하는 것은 손의 미세한 근육을 세련시키고 더 나아가 뇌를 발전시킨다. 이 사실은 최근의 여러 가지 자료에서 확인할 수 있다. 젓가락으로 세계를 정복한다, 과연 무엇 때문일까. 우리는 2002월드컵 4강 진입이 얼마나 어려웠던가, 그 벽이 얼마나 높았던가를 축구의 역사를 보면 알 수 있다. 지난 98년 프랑스 월드컵 대회 때 32개국이 참가 2차 리그인 16강에 들지 못하자 차범근 감독을 하루아침에 옷 벗긴 적이 있다. 어떤 연유인지 아시아 대표라고 할 수 있는 일본이나 본선에는 오르지도 못한 중국이나 공 차는 데는 서양 선수들에게 밀리는 것이 사실이다. 축구경기의 특징은 손을 절대 사용해서는 안 되는 종목이다. 스포츠의 전반적인 면을 볼 때 중국이나 일본이나 우리는 스포츠 약소국이 아닌데 유독 축구는 기대에 항상 못 미친다. 감독 지휘 능력, 선수의 기량, 국민들의 염원이 약한 것일까? 단적으로 말하자면 그렇지 않다라고 대답할 수 있다. 최선을 다 했지만 보이지 않는 장벽이 있었을 것이다. 손을 위주로 하는 경기는 한국도 강대국이 아닌가. 야구, 핸드볼, 격투기, 골프, 볼링, 양궁 등은 이미 세계 수준급 이라는 것은 잘 알려진 사실이다. 또한 우리 나라의 반도체 생산량이나 질은 세계 수준급 이라고 한다. 반도체 업계에서 사용하는 언어 중에서 '수율(yield)'이라는 말이 있는데 '불량률의 반대'라는 뜻으로 수치가 높을수록 우수한 품질을 의미한다. 이 수율에 있어 우리가 일본보다 평균 10 정도, 일본이 미국보다 10 정도 높다고 한다. 반도체는 아주 작고 미세한 크기로 되어 있다. 이 반도체 생산에는 기계만이 아닌 '손'의 역할이 중요하다고 한다. 몇 해 전 전 모 반도체 회사 사장의 퇴임식사를 간략히 기술한 기사를 읽은 적이 있다. 우리나라가 반도체 강국이 된 원인 중에는 젓가락을 사용하는 문화의 덕이 크다고 했다. 손을 잘 사용한다는 것, 손짓을 잘 한다는 것은 무슨 의미가 있을까?

손은 제 2의 뇌라고 하여 유아교육학자들은 어릴 때 손사용을 권장한다. 몬테소리 프로그램이든 프뢰벨 프로그램이든 손을 사용하는 커리큘럼을 권장한다. 그 중에서도 우리가 어릴 때 놀이문화로 받아들인 공기놀이나 실뜨기놀이 등이 있고 일상에서는 젓가락사용을 장려한다. 이런 놀이나 젓가락 사용은 손을 잘 사용해야 하는 기본적 구조를 가지고 있다. 우리의 음식문화는 서양과는 근본적으로 개념이 다르다. 서양은 음식을 덩어리째 조리하여 그 자리에서 자기 몫을 포크나 나이프를 사용하여 먹는다. 그러나 우리는 조리할 때 이미 먹기 좋은 상태로 만들어 방으로 이동하여 음식을 먹는데 이때 숟가락과 젓가락을 사용하게 된다. 심한 경우 콩자반 같은 작은 음식들도 젓가락으로 집어먹게 되고 조금 크다 싶으면 젓가락을 사용하여 찢거나 뭉쳐 먹는다. 그래서 '콩 한쪽도 나눠 먹는다'는 속담이 생긴 모양이다. 나이프나 포크로는 어림없는 이야기다. 특히 면 종류는 포크보다는 젓가락이 한결 수월하다. 물론 일본이나 중국에서도 젓가락을 사용하지만 그 빈도 수나 용법이 우리와는 다르다. 일본은 그릇이 작아 국물 류는 그릇을 들고 마시고 중국은 작은 국자를 이용하는 데 반해 우리는 작은 수저와 젓가락을 동시 혹은 시간차를 두고 한 손으로 잡고 음식을 먹기에 그 손 사용의 난이도는 일본이나 중국과는 비교가 되지 않는다.

인간의 삶 속에서 가장 밀접한 행태는 생존을 위한 음식 섭취이다. 그 섭취하는 기본 움직임이 정교한 손짓 사용에 의한다고 볼 때 한국인의 음식문화는 손짓 훈련에 적합하다고 볼 수 있다. 우리의 음식문화 속에서 손짓의 타이밍, 집중력, 손의 전근육 사용 등이 수반되는 행위가 나타나며 이들은 일본이나 중국의 그 것과는 확연한 차이가 있다. 무게를 감지하는 예민한 손의 촉각, 두부나 묵과 같은 연체 음식의 형태를 파괴시키지 않고 집는 근육의 미세함 그리고 이와 같은 행위를 가능케 집중하는 정신 이 모든 것에 의해 탁월한 손의 사용 능력이 갖추어진다. 대뇌에는 신체기관을 관장하는 부분이 따로 있다고 한다. 특히 손을 관장하는 부분이 넓다고 한다. 그래서 손을 잘 쓰면 뇌가 발달한다고 하여 예부터 손을 많이 사용하게 가르쳐 온 것이다. 이러한 손사용 문화가 오랜 세월 이어온 후에도 우리의 몸 속에 태생적으로 그 원형질이 남아 있어 손으로 하는 것이라면 다른 나라 어느 민족에게도 뒤지지 않게 된 것이다.

2) 기호를 만드는 몸짓

사람을 부를 때 한국인과 일본인은 손바닥을 아래로 한다. 반면에 미국인은 손바닥을 위로하여 부른다. 만약 한국이나 일본에서 손바닥을 위로 한 채 상대방을 이리 오라고 부르면 그 사람은 기분 나빠할 것이다. 그것은 개를 부를 때 주로 사용하는 손짓이기 때문이다.

몸짓은 무엇을 말하는 것일까? 몸짓은 생각 또는 느낌을 전달하는데 사용되는 몸(또는 몸의 일부분)의 움직임이다. 이러한 움직임 중 많은 부분은 팔과 손으로 이루어지지만 얼굴 및 머리 부분도 사용된다. 제스처에 해당되지 않는 움직임으로는 자기 몸을 스스로 만지기, 몸 가꾸기, 옷맵시 고치기, 버릇 등을 들 수 있다. 또한 몸의 움직임은 임무지향적인 것도 많다. 담배 피우기, 먹는 일, 책을 고르는 일과 같은 일에 사용되는 행동은 일반적으로 몸짓 영역 밖의 것으로 취급된다. 그렇지만 이러한 도구적 행동이 어떤 스타일 또는 매너로 인식되거나 말과 어울려 수행된다면 이러한 행동 역시 의도된 몸짓에 해당된다.

미국 프래그머티즘과 행동주의 심리학의 영향으로 몸짓 언어에 관한 책이 많이 출간되었다. 이러한 책에서 만일 한 여성이 팔짱을 낀 채 앉아 있으면 이것은 상대방에게 냉담한 태도를 보이고 있음을 의미한다고 말한다. 만일 그녀가 다리를 꼬고 앉아 있으면 다른 사람이 접근하지 못하게 막으려는 자세라고 한다. 이 주장은 과연 맞을까? 물론 그렇게 해석할 수도 있다. 그렇지만 이처럼 몸짓 언어를 고정 의미화 하는 것은 '몸짓 언어'에 관하여 30년 가까이 수행된 과학적 연구 결과를 간과한 것이다. 다시 말해 몸짓이 발생된 컨텍스트를 충분히 고려하지 않은 결과이다. 여성은 춥기 때문에 팔짱을 끼고 앉아 있을 수 있다. 이와 마찬가지로 다리를 꼬고 앉는 것이 더 편하다고 생각되어 그렇게 앉을 수도 있다.

교육 정도, 사회 계급, 지리적 배경, 습관 등 문화적 요소들은 우리의 몸짓에 영향을 미친다. 더욱이 특정 커뮤니케이션 상황의 사회·정치·경제적 상황을 무시할 수 없다. 어떤 자세, 제스처 또는 몸의 움직임으로 전달된 의미를 해석하려면 그 당시 일어나고 있는 상황에 비추어보아야 가능해진다. 몸짓은 여러 가지 역할 수행을 한다. 몸짓은 대화 도중이거나 또는 말이 전혀 사용되지 않을 때 말을 대신할 수 있으며, 상호 작용의 진행과 리듬을 조절하고 주의력을 유지하며 말에 대한 강조 또는 명확성을 더해준다. 또한 말의 내용에 특징을 부여하고 잊지 않도록 해주며, 그 다음에 해야 할 말의 예측자 역할을 한다.

에크먼과 그의 동료들은 말을 충분히 대신하는 신체적 움직임을 엠블렘(emblem)이라고 규정한다. 엠블렘은 다른 제스처와 어떻게 다른가? 에크먼에 의하면 다음의 기준에 맞는 행동은 엠블렘이라고 할 수 있다고 한다.

- 한두 개의 단어로 직접 바꿀 수 있다.
- 집단 구성원 대부분 또는 전부에게 알려져 있다.
- 수신자에게 구체적인 메시지를 보낼 의도로 사용된다.
- 메시지를 보낸 책임을 지는 송신자가 있다.
- 상황과 상관없이 명확한 의미를 지닌다.

엠블렘은 매우 구체적인 의미를 지닌 제스처이다. 엠블렘은 손가락이나 손으로만 이루어지는 것이 아니라 고갯짓과 몸의 움직임으로도 이루어진다는 점을 알아야 한다. 만일 길 안내를 할 때 손을 사용할 수 없다면 어떻게 될까? 아마도 길 안내와 설명을 제대로 할 수 없을 것이다. 많은 연구자들이 지적했듯이 언어는 몸짓과 연관되어 있고 몸짓의 지원을 받는다. 몸의 움직임, 몸짓은 말의 의미를 추가하고, 상호 의사소통 간 참여자들에게 피드백을 제공할 수 있다. 몸의 움직임은 또한 상호작용을 강조하고, 정보를 추가적으로 제공하고 설명하며, 상호작용의 신호를 지속적으로 보낼 수 있다. 손발을 사용하지 않고 언어만 사용하는 것은 어렵지는 않겠지만 흥미와 상호작용의 깊이가 덜할 것이다. 언어와 밀접하게 연관되어 있으며 우리가 한 말을 '예증'하는 데 도움을 주는 몸짓을 설명동작이라고 한다. 어린 아이의 스피치 패턴을 연구해 온 심리학자들은 7~8세 이하의 어린아이에게 몸짓은 말만큼이나 중요하며, 실제적인 사회언어라고 한다. 이러한 주장을 입증하는 연구 결과가 발표되었는데, '가리키는 손짓(지시적 몸짓)'은 나이가 많아지면서 점점 감소한다는 사실과 관련이 있다. 이는 아이들이 어떤 상황에서 의사소통에 필요한 다른 수단이 없을 때 '가리키는 손짓'을 이용하는 것으로 해석할 수 있다.

조절동작은 다른 사람과 상호작용하는데 도움을 주는 몸의 움직임을 말한다. 조절 동작은 말할 때 또는 대화의 주제를 바꿀 때는 물론 상호작용의 시작과 끝을 알리는 몸의 움직임으로서 머리 끄덕임, 손짓, 자세 바꾸기 등 다양한 유형의 몸의 움직임이 이에 포함된다. 이러한 현상을 교대 체계(turn system)라고 부르는데, 이 교대 체계에는 말하는 이와 듣는 이 사이의 신호의 중요성이 수반된다.

감정표현 동작은 감정의 강도를 반영하는 행위를 말한다. 이 몸짓은 우리가 몸에서 느끼는 긴장의 양으로 측정된다. 이 몸짓은 육체적 또는 심리적 욕구를 충족시키기 위하여 일어난다. 이러한 행위는 개인적 욕구를 충족시키고, 몸의 기능을 수행하여 감정을 관리하고 대인적 접촉을 유지한다. 이 행위는 개인으로 하여금 스트레스 또는 욕구에 적응하는 데 도움을 준다. 이 때문에 이 동작은 메시지를 전달하도록 의도되지 않은 습관이다. 그러나 이러한 행위는 행위자의 내적 상태에 관한 정보를 제공하고 때로는 모욕 또는 경멸을 표하려는 의도와 함께 사용된다.

최근 미국과 유럽에서는 커뮤니케이션 분야에서 '속임(lying)'에 관한 연구가 매우 활발히 진행되고 있다. 손과 발은 우리 몸의 어느 부분보다 훨씬 더 우리의 느낌을 잘 나타낸다고 한다. 연구자들 중에는 속임 단서는 흔히 몸의 아랫부분에서 드러난다는 주장을 입증하는 결과가 있다. 게다가 감정을 감추려 들 때 그 사람의 머리와 표정보다는 속이고 있는 사람의 몸만을 관찰할 때 더 정확하게 관찰할 있다고 한다. 사람은 몸의 움직임이나 목소리보다는 표정을 더 잘 통제할 수 있다. 그래서 상대방을 속이려 드는 과정에서 표정보다는 몸과 목소리가 더 정확한 정보를 전달한다.

어쨌든 몸짓, 특히 손짓을 사용하는 것이 말하는 내용을 보충하든, 또는 그것과는 반대의미를 전하든 보편적인 것만은 틀림없다. 비록 몸짓이 시대와 나라, 그리고 이에 해당하는 문화에 따라 다를 수 있다. 그렇다고 해도 모든 인종, 모든 문화 속에서 인간은 신체로 표현하고 의사소통을 한다. 자세나 태도는 신체가 유지되는 방식을 의미한다. 자세에는 공격적, 친근한, 애정 어린, 신중한, 무관심한, 긴장하고 있는, 긴장이 풀린, 느긋한 자세 등이 있다. 이들은 대개 심리상태나 일정한 특징을 나타내는 움직임으로 표현된다. 일반적으로 자세의 개념은 전체적인 것이건 부분적인 것이건 유동적이지 않은 성격을 가지고 있다. 움직임은 또한 자세를 바꾸는 것으로도 나타난다. 이 두 개념을 바탕으로 우리는, 언제부터 그리고 어떤 조건에서 몸짓 기호 체계가 존재하는

가를 알 수 있다.

〈그림 4-3〉 중국 경극

몸짓을 연구하기 위해서는 우선 자세와 태도에 대한 관찰이 요구되었다. 일련의 신체언어 연구자들은 얼굴 모양, 눈, 눈의 표정과 움직임, 눈꺼풀과 눈썹의 움직임 등, 얼굴에 대한 깊은 관심을 갖는다. 눈썹을 치켜올리는 것이나 윙크하는 것은 신호가 될 수 있다. 얼굴에 속한 입은 움직여서 말을 함으로써 무한하고 다양한 의미를 만들어 낸다. 얼굴이나 '몸짓'으로 하는 표현 중에는 웃음이나 고민, 경계를 나타내는 표현처럼 보편적인 것들도 있다. 이와 반대로 손짓 문화적인 특성에 따라 달라지는 것들이 있다. 이 경우는 손으로써 얼굴의 특정한 부위에 댐으로써 상징적 의미를 발생시키는 경우이다. 유럽의 경우 남을 놀릴 때 한 손 혹은 양손을 코에 대고 흔든다. 그러나 우리나라에서는 볼에 대고 흔들면서 '용용 죽겠지'라고 구두언어적으로 발화된다. 또한 보편적인 기호들도 많은 문화 속에서 미적이고 종교적인 이유에서 맨 얼굴 대신 채색된 얼굴로 바뀌기도 한다. 일본의 가부키나 중국의 경극이나 곤극과 같은 연극에서 볼 수 있는 상징적인 분장을 그 예로 들 수 있다. 배우의 얼굴은 자의에 의해서가 아니라 엄격한 규칙에 따라 분장한 것이다. 머리 위의 관은 등장인물이 왕족임을 나타내는 기호이다.

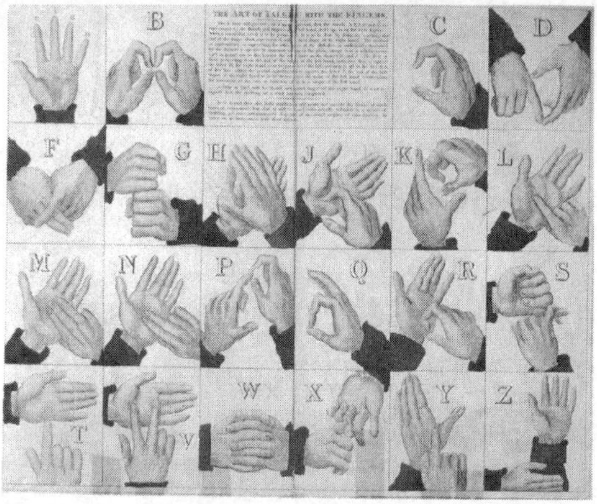

〈그림 4-4〉 손짓 언어

손 또한 잠재적인 기호의 보고이다. 손동작만으로 또는 신체의 다른 부위와 결합시켜 기호를 만드는데, 아주 흔한 예로 방향을 가리키는 기호를 들 수 있다. 방향을 가리킬 때에는, 손이나 손가락뿐만 아니라 흔히 머리 움직임도 이용한다. 머리 자체는 중요한 신체언어 요소로, 왼쪽에서 오른쪽, 혹은 아래에서 위로 움직임으로써 의미를 나타낸다. 하지만 청각 및 시각 장애자들의 언어인 수화나 트라피스트(Trappiste) 수도사의 언어에서 볼 수 있듯이 손과 손가락의 움직임을 통해서 가장 수월하게 신체코드를 만들고 유지 할 수 있다. 트라피스트는 오른 지방 솔리니에 있는 노트르담 드라 트라프 수도원을 중심으로 1140년 세워진 베네딕트 교단 계열의 수도회이다. 또한 신체언어는 모든 문명 속에서, 패션 사진에서 모델의 '자세'나 회화에서 인물의 '자세'가 그런 것처럼, 어떤 미학적인 지향점을 추구한다. 상상해보라, 레오나르도 다빈치가 그린 <모나리자>의 얼굴의 각도가 조금만 달랐더라도 그 아름다운 미소가 현존할 수 있을까?

2. 몸짓의 언어-카타칼리와 가부키

신체언어의 일종인 춤의 경우 엄격한 규칙을 요구한다. 고전무용은 물론 여러 계통의 현대무용까지도 각기 고유한 규칙을 따르고 있음을 증명할 수 있다. 발리와 자바, 인도 반도의 전통적인 춤을 보면, 춤을 추는 사람은 신체로 특히 손과 손가락의 위치로 표현을 하는데, 그 위치를 종합해놓은 무드라스(mudras)라는 엄격하고 상징적인 규칙은 책으로 읽어야 할 정도이다. (무드라스는 카타칼리(Kathakali)의 규칙체계라고 할 수 있다). 서양의 기준에 따르면 카타칼리는 '극'이나 '마임'으로 쉽게 이름 붙일 수 있을 것이다. 또한 '춤의 연극'이나 '춤으로 된 극'이라고 흔히 말한다. 카타칼리를 통해 인도인들은 그들의 문화에 근거한 고유의 방식에 따라 여러 표현 양식을 체계화하였다. 마임과 연주, 그리고 춤은 언어적 표현과 함께 발화된다. 카타칼리 언어는 18세기 중반에 현재 카타칼리의 형태에 도달하였다. 그러나 이 언어를 만드는데 쓰이는 몇몇 요소는 훨씬 이전부터 존재해 왔다. 카타칼리의 동작에 자주 등장하는 용맹을 표현하는 기법은 B.C. 2세기경 인도의 남부 케랄라의 무사 계급을 위한 전투훈련에서에서 그 기원을 찾을 수 있다고 한다. 현재 진행되고 있는 특수한 신체언어 체계인 카타칼리를 연구하기 위해 사회학과 신화학까지 포함하는 보다 폭넓은 담론으로의 확장이 필요하다. 왜냐하면 카타칼리는 그 원전으로 <마하바라타>와 <라마야나>와 같은 신화적인 대서사시를 갖고 있기 때문이다. 또한 이 신화의 원천은 크게 사회체계로서 브라만교(카스트 제도)와 종교체계로서 힌두교가 통합되어 있는 인도의 사회구조를 표현해 내고 있다.

카타칼리는 개인적인 특성을 배제하고 얼굴표현이 만들어 내는 코드체계를 갖추고 있다. 얼굴은 자연적이고 문화적이고 사회적인 흔적을 나타내는 코드 체계에 따라 인종과 가문에 대한 환유로서 기능한다. 카타칼리는 숙련된 연습만을 통하여 필요한 근육을 움직여 정확하게 감정표현을 할 수 있도록 했다. 카타칼리는 아홉 가지 기본 감정을 토대로 이루어져 있다. 그 표현 방식은 엄격하고 특별해서 틀리는 경우가 없다. 이것을 통틀어서 '아홉 가지 풍'라는 의미의 나바라사라고 명명하였다.

- 스링가라(사랑)는 눈썹의 급격한 떨림으로 이루어진다. 눈은 가볍게 주름을 만들고, 입술을 길게 다물어서 맞닿는 부분을 바깥쪽으로 내민다. 목을 이용해서 머리 전체를 평행하게 좌우로 움직인다.
- 하샤(경멸)는 눈썹을 밑으로 내리고, 눈을 크게 든 후, 코를 위쪽으로 올리고, 입술이 맞닿은 부분을 아래쪽으로 내린다.
- 카루나(슬픔)는 눈썹을 삿갓모양으로 만들고, 시선은 땅을 향한다. 입술이 맞닿는 부분을 떨면서 한숨을 쉰다.
- 라우드라(분노)는 눈썹을 위로 치켜올리며, 눈을 크게 뜨고, 시선은 날카롭게 아래 쪽 한 점을 노려본다. 눈 아래쪽 근육을 떨리게 하고, 턱을 세게 끌어당긴다.
- 베에라(자존심, 용기)는 눈썹을 위로 향하고, 눈을 크게 뜨며, 시선은 똑바로 앞을 향하게 한다. 입술 맞닿은 부분은 바깥쪽으로

내민다.

- 브하야나카(근심, 두려움)는 눈썹을 삿갓 모양으로 만들고, 눈을 크게 뜨며, 시선을 오른쪽에서 왼쪽으로 천천히 옮긴다. 입술이 맞닿은 부분을 아래로 내리고, 왼쪽에서 오른쪽으로 목을 움직인다.
- 비크핫사(불쾌감)는 눈썹을 찌푸리고, 눈에 주름을 만들며, 코끝을 뾰족하게 올린다. 입술 맞닿은 부분을 아래로 내린다.
- 아드브루타(놀라움)는 눈썹을 삿갓 모양으로 만들고, 눈을 크게 뜨며, 시선은 정면, 콧구멍을 팽창시킨다. 목을 앞쪽으로 내밀고, 숨을 잠시 멈춘다.
- 샨타(평화)는 눈썹은 편안하게 하고, 시선은 높은 곳을 바라보며, 얼굴도 별 움직임 없이 휴지상태로 둔다.

위에서 설명한 나바라사의 몸짓에서 얼굴을 이루는 각 신체기관이 연동적으로 움직임을 알 수 있다. 아홉 가지 감정 표현은 얼굴의 윗부분인 눈썹의 모양에서부터 아랫부분인 입술의 움직임에 이르기까지 각기 다른 분포적 특성을 지닌다.

카타칼리 몸짓 체계를 일종의 알파벳 체계라고 말할 수 있을 것이다. 왜냐하면 카타칼리는 하스타라고 불리는 24개의 손가락 짓에 의해 이루어진 기본 코드 체계로 되어 있다. 손바닥을 펴고 모든 손가락을 곧게 하여 엄지를 제외한 나머지를 서로 붙여서 만든 모양은 함사파크샤, 주먹을 쥔 모양은 무슈티, 집게손가락을 곧게 편 것은 아르다찬드라 라고 불리는 하스타이다. 하스타는 그것 자체로는 아무것도 의미하지 못한다. 이것은 마치 알파벳처럼 기본적인 기능을 담당하는 상징이다. 어

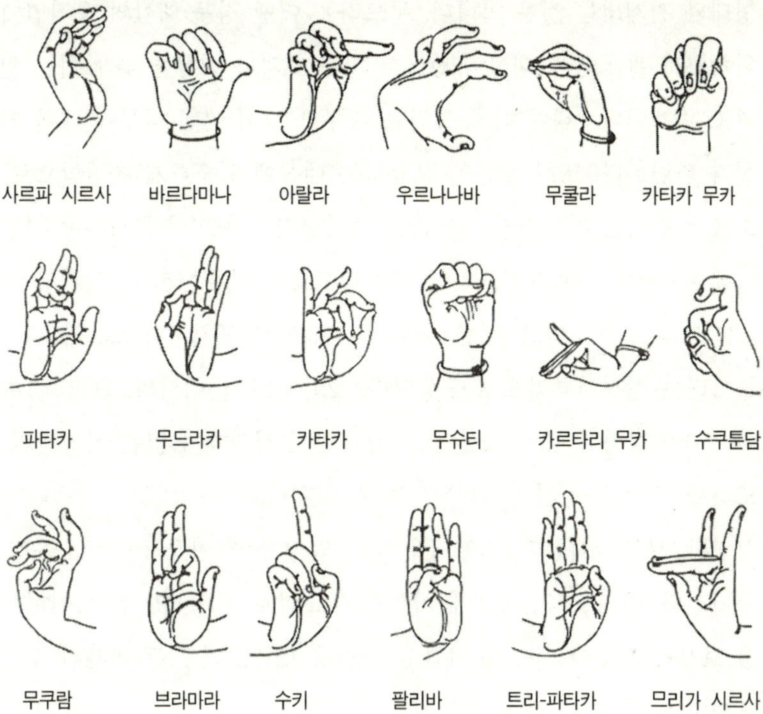

떤 상황과 관련될 때, 서로 결합되어야만 의미 있는 기호가 되는 것이다. 이때 하스타는 단어로서 가치를 지니게 되는데, 명사 · 동사 · 형용사와 같은 품사적 가치뿐만 아니라, 접두사·접미사 · 복수표시 같은 가치도 지니게 된다. 단어적 가치를 지니고 있는 것을 무드라라고 부른다. 어떤 무드라는 실제 대상과 유사성이 많아서 손쉽게 해석할 수 있다. 춤추는 사람이 손가락을 움직이는 것을 보면서 꽃에서 꿀을 모으는 꿀벌이나, 전쟁용 무기, 주사위, 호랑이 발톱, 일출 등과 같은 의미를 알아볼 수 있다. 그러나 무드라가 지니는 유사성이 언제나 실제 대상의 형태와 관계되는 것은 아니다. 무드라는 어떤 경우 대상의 움직임이나 위치와도 관계되며, 대상이 만들어 내는 효과나 대상을 낳게 하는 원인과도 관계된다. '나무'의 무드라는 나무 모양이 아닌 나무에 대한 신앙심과 관련된다. 또한 모양을 모방하는 대신에 단순하게 손가락으로 장소를 가리키는 지시적인 무드라도 존재한다. '하늘'의 무드라는 하늘을 향해 두 번의 아르다찬드라를 표시함으로써 이루어진다. 지시사 '이', '그' 그리고 '저' 또한 같은 종류의 무드라로 표현된다. 그 외의 여러 무드라는 상징기호적으로 구성된다. 모든 고유명사(시바, 판잘리, 하누만, 시타, 라바나 등)들 또한 유사관계나 근접관계가 없는 약정적인 무드라를 갖는다. 동사 '-이다', '-을 가지다'나, 부사 '지금' '언제나', 추상명사 '행복' '아름다움'과 같은 것도 역시 상징 기호적인 무드라로 이루어진다. 카타칼리는 500개 이상의 무드라로 이루어진 몸짓 어휘체계를 보유하고 있다. 무드라 체계는 노래용 텍스트의 모든 미세한 부분을 표현하는 데 전혀 부족함이 없다.

카타칼리가 인도의 몸짓 예술이라면 일본에서는 가부키가 그 몫을 담당한다. 일본은 2차 세계대전 이후에 급격히 개방되었지만 그 전까지 오랫동안 군주적 봉건체제 하에 있었다. 때문에 피지배 계층들은 가난함을 감추고 감정을 억누르는데 익숙해 있었다. 일본인은 개인보다는 사회에 커다란 중요성을 부여하며, 인간관계는 여전히 수직적으로 형성되어 있으며 경직되어 있다. 일본의 기업 문화가 그 것을 보여준다. 일본인은 또한 개인적인 감정을 결코 드러내지 않는데, 특히 윗사람이 있을 때 감정을 드러내는 것을 무례하고 천한 행동으로 여긴다. 또한 전통적으로 남자와 여자 간의 관계에서도 성적인 문제와 관련된 모든 문제는 금기시된다. 모든 내면적 갈등에 대한 억압은 얼굴이나 목, 어깨 흉부 등의 근육을 긴장시켰다. 목소리 또한 위장된 느낌을 준다. 신체는 의상과 두 손으로 가려진다. 사람들은 흔히 두 손을 몸 앞에 가지런히 모은다. 팔꿈치는 몸에 붙이고, 신체의 움직임이 거의 없으며 많이 웃는다. 가장된 웃음, 이것은 내면을 감추려는 가면과 같은 것이 아닐까? 특히 여자들의 몸짓에서 얼굴이나 입 등 특정 부위를 가리는 것을 볼 수 있다. 여자들은 말을 하면서 손으로 입을 가리고, 웃을 때, 하품할 때, 식사할 때도 입을 가린다.

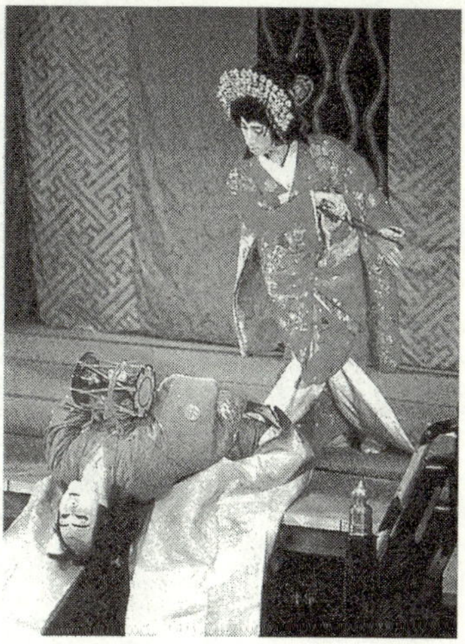

〈그림 4-6〉 가부키

일본의 전통연극 또한 여러 양식에서 이런 가장된 태도를 보여 준다. 17세기 초에 처음 등장한 가부키가 통속적이고 개방적인데 비해 13세기에 시작된 비극의 일종인 노오(能)와 희극인 쿄구엔(狂言)는 훨씬 격식이 갖추어져 있다. (가부키는 일본 에도 시대(1603~1867)에 민중의 연희로서 탄생하고 육성되어 오늘날에도 많은 사람이 즐기는 일본의 국민적 연희로서의 가치를 지닌다. 가부키라는 한자 표기는 취음사나. '가(歌)'는 음악성을, '무(舞)'는 무용성을, '기(伎)'는 연기를 뜻한다. 그래서 가부키는 가히 종합 예술이라고 할 수 있다. 가부키란 원래 16세기 일본 전국시대에 유행했던 풍속을 이르는 말이다. 보통 상태가 아닌 기이한 행동, 색다른 풍속을 뜻한다). 노오에 쓰이는 몸짓은 '능동적'인데 이는 신이나 악마에 관계된 것으로 근엄한 양상을 보인다. 가부키의 몸짓은 시선을 모으기 위해 이루어지기 때문에 '수동적'이며, 불규칙하

〈그림 4-7〉 노오

다. 배우들은 가면을 쓰기도 하고 안 쓰기도 한다. 노오의 몸짓은 50가지 정도로 정해져 있으나 다음과 같은 몇 가지 예외도 있다. 오른손에 들고 있는 부채를 접어서 하늘이나 땅을 가리키는 동작, 손을 이마에 대고 달이나 풍경을 응시하는 동작, 몸 앞에 팔을 겹치며 세상을 껴안는 동작, 손으로 눈을 가리며 우는 동작 등이 그것이다. 가부키를 보고 있노라면 쌓였던 욕구를 해소할 수 있는 기회가 될 수 있다. 사랑, 증오, 난폭함 등 모든 열정은 과장되어 히스테리나 열광에 가깝게 표현된다. 흥분되고 외설스러우며 매혹적인 세상에, 사람들은 미친 듯이 몰입된다. 노오나 가부키의 몸짓이 어디에서 영감을 받았건, 이 중 많은 수는 표현적이고 과시적인 성격을 지닌다. 언제나 강한 내적 긴장을 유지하는 배우는 표현을 생각한다. 배우는 감정을 강조하기 위해 허공에 자주 동작을 정지시키며, 대중에게 인상을 심어 주기 위해 아름다운 자세를 취한다. 뒤틀어지고 마조히스트적이고 선정적인 몸짓을 취하는 여장배우의 자세는 과히 인상적이라고 할 수 있다. 머리는 언제나 한쪽으로 기울이고, 목을 뒤틀고, 팔과 손가락을 극단적으로 꼿꼿하게 편다, 그러면서 가슴을 팽창시키고, 어깨는 뒤로 젖히며, 무릎을 심하게 구부려 모아 두 발을 그 속에 넣는 지극히 고통스러운 자세를 보여준다. 이 자세는 변장 여배우의 여성성을 돋보이게 하고, 아주 유혹적인 몸짓을 가능하게 해준다. 상대적으로 남자배우는 남성성을 과장되게 표현한다. 남자배우는 같은 쪽의 어깨와 다리를 내밀면서 성큼성큼 걷는다. 발은 바깥쪽으로 향하고, 주먹은 꽉 쥐었으며, 팔꿈치는 몸에서 멀리 떨어져 있다. 거기다가 배우를 더 커 보이게 하기 위해 속을 넣어 두툼하게 만든 의상을 입는다. 남녀 등장인물 모두 아주 진한 분장을 하며, 다양한 형태의 가발과 원색 의상을 입는다.

노오나 쿄구엔과 마찬가지로 가부키에서도 보이지 않는 세계와 맺은 관련성을 발견할 수 있다. 특히 배우의 연기가 절정에 달하는 순간에는 샤머니즘의 영향을 엿볼 수 있다. 징후를 뜻하는 미에의 경우를 예로 들 수 있다. 배우는 줄곧 감정을 억눌러 표현하다가 분출 직전에 도달한다. 아직까지 폭발에 이르지는 못했지만 감정은 부글부글 끓어서 억누르기 힘든 상태이다. 배우는 느리게 연기한다. 모든 근육을 극도로 긴장시키고, 미세한 움직임까지 세밀하게 연기하다가, 사팔뜨기 눈을 하고 입을 크게 벌린 채 숨을 멈추며 연기를 마친다. 미에는 참혹하게 죽어 간 사람들의 원한을 풀어 주는 마술적인 힘을 가지고 있다고 한다. 실제 역사 속에서 인용된 주인공은 전쟁과 음모와 반역의 희생자인 것이다. 배우가 사팔뜨기 눈을 할 때 눈은 해와 달을 표현한다. 커다랗게 벌린 입 속에 붉게 칠한 혀는 지옥의 힘을 말한다. 배우의 강렬한 연기와 관중의 열렬한 반응 속에서 죽은 자의 원한은 소진되고 우주의 기를 통해 정화된다.

단마리(입다물기)는 극에 리듬을 부여하는 순간이다. 단마리는 미에보다 훨씬 오래 지속되며, 주인공의 운명에 대한 중요한 변화를 표현한다. 무대 위에서 많은 배우들은 전쟁을 마임으로 표현하고, 어둠 속에 있는 것처럼 서로를 찾아내는 동작을 한다. 이 순간에 주인공은 갑자기 의상을 갈아입고, 관중은 그의 운명이 바뀌었음을 알게 된다. 이 극은 정신을 잃게 하고 도취시키는데 그 목적을 둔다. 모든 극적 요소들은 관객을 놀라게 하거나 만족시키도록 구성된다. 이야기는 아무런 논리적 연관성 없이 넘나들고 극의 각 장은 양식들이 다르다. 예를 들어 매우 근엄한 사무라이 스타일로 시작했다가, 서로 사랑하는 두 연인과 광대가 함께 어우러진 춤으로 바뀌고, 이어서 멜로드라마의 스타일로 전환된다. 그러나 극의 결말에는 처음 스타일로 되돌아온다. 절정부분이 연기될 때는 한마디의 말도 필요가 없으며, 춤에 의해서 절정에 도달한다. 배우의 신체적 긴장은 극도로 고조되고 교감이 가능해진다. 가부키를 보노라면 우리 한국 샤머니즘 문화 속의 무당의 '씻김굿'을 보고 있는 듯하다. 가부키가 내면의 억눌린 감정을 몸짓적으로 어떻게 승화하는가를 실제로 보여주기 때문이 아닐까?

3. 몸짓과 손짓의 상징 기호

1) 몸짓과 상징

신호등이 제대로 작동되지 않아서 교통경찰이 수신호와 호각으로 차량들을 소통시킨다. 새벽부터 노량진 수산시장에서 생선이 거래된다. 상인들은 제각기 특유한 손짓으로 물건 값을 경매한다. 청각장애자들이 손짓을 통해 의사소통을 한다. 그렇다. 태초에 목적과 의도가 뚜렷한 몸짓이 있었다. 세상을 만든 신의 분주한 몸짓이 있었기에 세상이 열렸다. 인간 존재 또한 몸짓의 산물이다. 부모로서의 여성과 남성의 몸짓이 있었기에 우리가 탄생할 수 있었다. 몸짓은 삶의 징표이고 몸짓을 할 수 없음으로 인해 우리는 생을 마감한다. 밥을 먹는 것, 배설하는 것 등의 생리적 몸짓은 비교적 보편적인 양상을 띄고 나타난다. 그러나 몸짓을 문화적 차원으로 보자면 이야기는 다르다. 몸짓을 통해 우리는 그 문화를 투시할 수 있다. 우리는 몸이 말을 한다는 것을 알고 있다. 몸은 배고픔과 고독함, 기원과 바램, 고통과 환희 등 감정에 이르기까지 모든 것을 말할 수 있다. 말하기와 같이 몸으로 표현되는 움직임은 바로 몸짓이다. 무언극, 춤, 의식은 물론 인사에서 기도에 이르기까지 몸은 넓은 의미의 언어이다. 이번 꼭지에서는 몸짓 들 중 의례성을 띈 것으로 대표적인 인사와 기도를 알아보기로 하자.

인사란 만나거나 헤어질 때 가장 보편적인 몸짓 중의 하나이다. 우리나라에서는 윗사람에게 고개를 숙여 인사를 하고 동료들 간에는 악수를 하거나 손을 흔든다. 티베트에서는 혀를 서로 내민 뒤 코와 코를 맞대어 인사한다. 에티오피아에서는 손바닥을 펴서 상대편 손바닥과 마주친 후, 상대편의 가슴을 친다. 포옹은 목을 전혀 건드리지 않고 한다. 목을 건드린다는 것은 노예로서 소유한다는 것을 의미하기 때문이다. 인도네시아에서는 상대방의 두 손바닥 사이에 손을 넣고, 그것을 상대편 가슴에 댄다. 투아레그족은 손을 평평하게 펴서 상대방의 손앞에 내민 뒤 손가락 끝을 접으면서 신속하게 거두어들인다. 프랑스에서는 우정의 표현으로 손을 내밀 때는 언제나 맨손을 내밀어야 한다. 특히 어떤 지방에서는 친분이 있는 두 사람이 서로 만났을 때는 두 볼을 서너 번 서로 부딪치며 입 맞추는 소리를 낸다. 영국에서는 길에서 남자와 여자가 만났을 때 언제나 여자가 먼저 인사를 한다. 이런 방식으로 여자는 남자가 초면이 아님을 인정한다. 마오리족은 오른쪽 집게손가락을 굽혀서 두 번째 마디를 상대의 코끝에 댄다. 오스트레일리아에서는 길거리에서 사람을 만났을 때 모자를 벗어 올리지 않고 모자를 가볍게 건드리면서 인사한다. 서양이나 동양이나 인사는 의례적인 것임에 틀림없다. 그러나 서양인은 동양인의 인사에 대해 다음과 같이 기술하고 있다.

> 동양의 인사는 모든 비굴함이나 또는 오만함에서 벗어날 수 있다. 글로 쓸 때는 아무도 이런 식으로 인사하지 않기 때문이다. 동양의 인사는 두 자립체 사이에, 즉 개인이라는 두 왕국 사이에 오고가는 조심스러운, 또는 건방진, 또는 감시하에 이루어지는 의사소통용 기호가 아니다. (여기서 왕국은 각 개인이 자기만의 '열쇠'를 쥐고 자기 자신이라는 작은 영역을 통치한다는 의미이다.) 인사는 확고하고, 관계를 맺고, 심오한 것은 하나도 들어 있지 않은 형상의 그물 속에서 이루어지는 곡선일 따름이다. "누가 누구에게 인사하는 것인가?" 이러한 질문은 동양의 인사를 구부리는 행위로서 그 의미를 표현하는 것이 아니라 그 모양을 표현하는 것이다. 특히 서양인들이 지나치다고 생각하는 자세에는 시니피에가 완전히 비어 있는 행동으로서 절도가 부여되어 있다. 불교 언어로 인용하자면 '색즉시공(色卽是空)'인 셈이다. 형태의 실행을 통해 인사예절이 만들어 내는 것은 결코 굴종을 의미하지 않는 두 사람의 신체가 표현하는 곡선을 그려내는 것이다. 그것이 바로 '색즉시공'이다. 서양의 언어습관은 아주 불완전하다. 만약 내가 동양에서는 예절이 종교라고 말한다면, 동양의 예절 속에는 무언가 신성한 것이 있다고 이해하게 만들기 때문이다. 이 표현은 그 곳에서 종교가 예절에 지나지 않는다는 사실을 암시하는 식으로 잘못 이해되거나, 혹은 더 심하게 예절이 종교를 대치했다고 이해될 것이기 때문이다.

서양인의 눈에 동양인의 예절은 신비한 것임에 틀림없다. 동양에서는 적어도 인사는 종교에 그 기초를 두고 있다. 그래서 인사는 종교적이며 주술적인 기도와 의례적인 몸짓 중의 하나이다. 기도를 한다는 것은 사실 '바람'과 같은 순수한 정신작용만은 아니다. 기도할 때 두 손을 모으거나 상하로 비비고 계속적으로 경전 혹은 해당 종교의 기도문을 읊조린다. 이것을 비롯하여 가부좌와 같은 특정한 기도 자세는 신체 언어적 차원이다. 즉 기도시 신체가 가만히 머물러 있으면 안 된다. 최소한 특별한 자세나 몸짓을 행해야 한다. 인간은 영혼과 신체의 통합체이기 때문에 두 존재가 하나로 합쳐진 전체로서 기도를 하게된다. 신체를 사용하여 취하는 다양한 기도 자세는 특별히 약속된 의미를 지닌다. 선 채로 명상하는 자세는 유대교와 기독교 대부분의 나라에서 일상적인 자세로 여겨진다. 부동성이 주는 신체적인 불편함이 있음에도 이 자세에는 복종, 열정, 신에 대한 경애와 헌신이라는 의미가 담겨 있다. 무릎을 꿇는 자세는 불교를 비롯한 동양권 종교에서 자주 볼 수 있는데 해당 종교의 숭배자에 대한 간곡함을 표현한다. 무릎을 꿇은 채로 절을 하는 자세는 의미를 배가시켜 완전한 복종과 굴종, 혹은 완전한 경배를 의미한다. 앞으로 허리를 숙이는 자세는 용서를 비는 참회나 겸손함을 나타낸다. 손을 합치는 자세는 경배나 희열, 탄원을 나타내며, 손가락을 교차시킨 것은 집중과 명상을 가리킨다. 기도 중 눈을 감는 것은 명상이나 참회 혹은 기원과 바람 속에 기도자를 몰입시키게 한다.

대개의 의례적인 자세들은 일상생활에서 습관적인 자세로 변용된다. 이는 종교적인 자세가 다소 영속적인 성격을 자동적으로 지니게 되어 사회적인 전통으로 받아들인 경우이다. 혹은 개인적 및 해당 사회적 차원에서 재창주된 의식으로 받아들이느냐에 따라 조금씩 변형될 수 있다. 비록 몸짓이 말로 대신할 수 없는 표현을 만든다고 할지라도 언어적인 표현을 도와주고 추론하게 해주는 것은 분명한 사실이다. 반대로 상징적 몸짓일 경우, 그 몸짓 자체가 의사소통의 요소가 된다. 시스티나 대성당의 천장화 속에는 앞을 가리키는 듯한 신의 손가락을 볼 수 있다. 이는 천지창조를 표현하고 있으며 따라서 이 손가락질은 상징적 몸짓이다. 상징적인 몸짓의 기원은 언제나 집단이나 특정 사회에 연관되어 있는데, 보통 일상적인 삶으로 이루어진 민중의 역사 속에서 찾을 수 있다. 상징적인 제스처는 문화적인 상속물에 속하기 때문에 해당 문화권의 모든 것을 포괄하며 의미가 명백하다. 예를 들어 물과 불은 신성한 동작에서 정화작용을 표현하고 구체화하기 위해 폭넓게 사용되었다. 세례자의 이마에 정화수를 붓는 사제의 동작이나 최고 천사가 예언자 이사야의 죄를 정화하기 위해 불집게로 불을 집어 그의 입술에 대는 동작 등이 그 예이다.

2) 수인과 상징

특히 불교문화에서는 해탈을 하기 위해 혹은 신과 교류하기 위해 가장 적절하게 다듬어진 신체 동작을 저마다 지니고 있다. 예를 들어 결가부좌(結跏趺坐)를 틀고 앉아 있는 자세를 명상의 자세라고 여기며, 신과 가장 밀접하게 관계를 유지할 수 있는 자세라고 생각한다. 또한 각기 독특한 손의 형상에 따라, 즉 특정한 손 자세를 갖춤으로써 의례적인 몸짓과 자세를 행하고 있다. 이를 수인(手印)이라고 하며 이들의 종류는 다음과 같다.

〈그림 4-8〉 선정인

<그림 4-8>의 선정인(禪定印)은 결가부좌할 때 취하는 수인으로 왼손은 손바닥을 위로해서 배꼽 앞에 놓고, 오른손은 손 바닥을 위로해서 겹쳐놓되 두 엄지손가락을 서로 맞대는 형식이다. 이 자세는 삼매경에 들게 하는 수인이며 석가모니가 보리수 아래 앉아 깊은 사색에 잠겼을 때 이 수인을 취했다고 한다.

<그림 4-9>는 항마촉지인(降魔觸地印)이다. 이 수인은 석가모니가 보리수 아래 금강좌에 앉아 수행시 취했다고 한다. 이 수인을 하는 동안

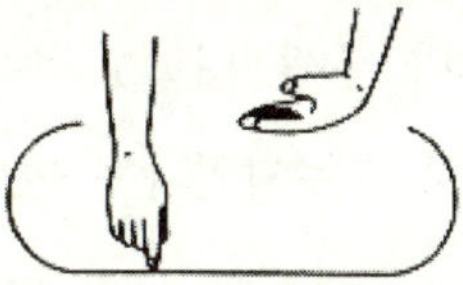

〈그림 4-9〉 항마촉지인

제6천의 마왕 파순이 자신의 위력감퇴를 걱정하여 갖은 방해를 하다가 통하지 않게 되자 마지막으로 악마세계의 모든 군세를 동원하여 힘으로 석가모니를 쫓아내려 하였다. 마왕은 칼을 석가모니에게 들이 대면서 "비구야. 나무아래 앉아 무엇을 구하는가. 빨리 떠나라. 너는 신성한 금강보좌에 앉을 가치가 없는 자이다."라고 외쳤다. 이에 석가모니는 "천상천하에 이 보좌에 앉을 수 있는 사람은 나 한사람뿐이다 라고 말하고서 지신(地神)에게 이를 증명하라"고 했을 때 선정인(<그림 4-8>)을 풀고 손가락을 땅에 대었다. 이 때 지신이 홀연히 땅에서 뛰어나와 이를 증명하였는데 이때의 모습이 항마촉지인이다. 석가모니만이 취하는 특정한 수인이다.

<그림 4-10>의 전법륜인(轉法輪印)은 부처가 깨달은 후 바라나시의 녹야원(鹿野苑)에서 다섯 비구와 중생들에게 최초로 설법할 때 취했던 수인이다. 부처의 설법을 전법륜이라고 하는데, 최초로 설법한 이 때의 설법을 초전법륜이라한다.

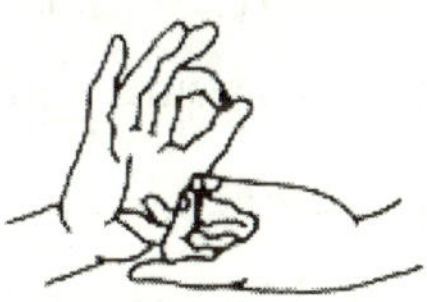

〈그림 4-10〉 전법륜인

<그림 4-11>의 시무외인(施無畏印)은 부처가 중생의 모든 두려움을 없애주고 위안을 주는 수인이다. 인도의 초기불상에서 흔히 볼 수 있는데 손을 어깨 높이까지 올리고 다섯 손가락을 세운 채로 손바닥을 밖으로 향하게 한 형태이다. 여원인과 짝을 이루며 이 두 수인을 합하여 통인(通印)이라고 한다.

〈그림 4-11〉 시무외인

<그림 4-12>의 여원인(與願印)은 부처가 중생이 원하는 것은 무엇이

든지 다 들어준다고 하는 의미의 수인이다. 시원인(施願印), 만원인(滿願印)이라고도 한다. 손을 내리고 손바닥을 밖으로 향하게 한 모양으로 시무외인과는 반대가 된다

〈그림 4-12〉
여원인

<그림 4-13>의 지권인(智拳印)은 이(理)와 지(智), 중생과 부처, 미혹함과 깨달음이 원래는 하나라는 뜻의 수인이다. 보리인(菩提印), 각승인(覺勝印)이라고도 한다. 금강정경(金剛頂經)에 기초를 둔 것으로 양손을 가슴 앞에 올리고 집게손가락만 똑바로 세운 왼손을 오른손으로 감싸서 오른손 엄지가 왼손 집게손가락 끝에 서로 맞닿도록 한 모양이다. 우리나라에서는 화엄종의 주존불인 비로자나불만이 취하는 수인이다.

〈그림 4-13〉
지권인

<그림 4-14>의 합장인(合掌印)은 사찰에 가면 주로 볼 수 있는 수인으로서 보통 예배를 드리거나 제자와 문답(問答)할 때 취하는 수인으로, 귀명인(歸命印) 또는 일체절왕인(一切切王印)이라고도 한다. 두 손을 가슴 앞에 올리고 손바닥을 서로 맞대고 있는 모양이다.

〈그림 4-14〉
합장인

불교의 수인 중에 대표적인 것은 아미타불이 취하는 아미타정인(阿彌陀定印)이다. 이 수인은 선정인에서 약간 변형되었다. 이를 묘관찰지정인(妙觀察智定印)이라고도 한다. 손바닥을 위로 한 왼손에 오른손을 포개서 배꼽 부근에 놓고 각각 둘째 손가락을 구 부려서 그 끝이 엄지손가락에 닿게 한 모양이다. 관무량수경(觀無量壽經)에 의하

면 중생들은 성품이 서로 다르기 때문에 상, 중, 하 3등급으로 나누고 이를 다시 세분화하여 9등급으로 나누어서 각 사람에게 알맞게 설법해야만 구제할 수 있다고 한다. 이 9품에 따라 아미타불의 수인도 각각 다르다.

- 상생인(上生印)은 아미타정인과 같은 손 모양을 하고 있다.
- 중생인(中生印)은 두 손을 가슴 앞에까지 올려서 손바닥을 밖으로 향하게 한 자세이다.
- 하생인(下生印)은 오른손을 손바닥이 밖으로 향하게 하여 가슴 위까지 올리고 왼손은 아래로 내린 형상이다.

상생인, 중생인, 하생인은 손의 위치만 다를 뿐, 손가락 모양은 상·중·하생인이 똑같이 되어 있다. 다만 엄지와 맞대고 있는 손가락에 따라 상, 중, 하품으로 구분된다. 즉 엄지와 둘째손가락이 서로 맞대고 있을 때에는 상품이고, 엄지가 셋째 손가락과 맞대고 있을 때에는 중품, 그리고 엄지와 넷째 손가락이 닿아 있을 때에는 하품이 되는 것이다. 이 중에서 상품상생인은 좌상에서 많이 볼 수 있는 반면에 입상에서는 상품하생인이 일반적이다. 우리나라에서는 아미타불이 9품인을 하고 있는 예는 매우 드물며 주로 아미타정인과 항마촉지인을 하고 있다. 불교문화에서 수인은 종교적이며 제례적인 의미가 함축되어 있기에 중요한 의미를 지니고 있다. 우리나라 역사에 있어서 찬란한 불교 문화를 꽃피웠던 시대는 통일신라시대이다. 유네스코의 세계 유물 자산으로 지정 받은 경주는 불교 예술과 문화를 한 눈에 아우를 수 있다. 특히 경주 남산에는 신라 천년에 이루어지고 다듬어진 불상들이 지천에 자리 잡고 있다. 우리의 5천여 년 역사 속에 천년을 자리 잡은 신라 시대의 불심과 민중들의 애환이 불상에 그려져 있다. 초기 신라 때 다듬어진 성스럽고 엄격한 표정의 불상에서부터 신라 말기의 토속적인 자태를 드러내는 불상에 이르기까지 신라 천년을 한 눈에 볼 수 있다. 이제 경주를 가게 되면 눈을 크게 뜨고 불상의 수인과 표정 그리고 자태를 살펴보라. 그렇다면, 옛 신라인들의 아름다운 예술혼과 불교를 통해 승화시키려는 그들의 애환을 가슴으로 느낄 수 있으리라.

3) 손짓과 문화

한 미국인이 처음으로 그리스를 자동차로 여행을 하게 되었다. 그는 오랫동안 이 곳을 여행하기 원했기 때문에 짐을 차에서 내린 후 여관으로 들어섰다. 숙박비를 지불한 다음 방으로 가면서 여관 종업원에게 주먹을 쥐고 엄지를 펴 보이는(thumbs-up) 손짓을 했다. 그러자 여관 주인은 불쾌한 표정을 지으며 그 미국 관광객의 짐을 번쩍 들어 문 밖으로 내던져 버렸다. 왜 이런 어처구니없는 해프닝이 벌어졌을까? 사람들은 종종 '몸짓 언어'가 지역마다 다르기에 쉽게 오해를 불러일으킬 수 있다는 점을 깨닫지 못한다. 이 손짓은 미국과 대부분의 서부 유럽에서 '잘돼가(all right?)'라는 의미를 나타낸다. 그러나 이 제스처는 지중해 연안의 국가들, 즉 이탈리아 반도의 서쪽과 그리스에서는 상대방에 대한 모욕으로 받아들여진다.

간단히 말해, 수많은 제스처는 문화권을 달리할 때 완전히 다른 의미를 지닐 수 있다. 한 가지 더 예를 들어보자. 미국인은 'OK', '훌륭하다', '완전하다', '위대하다', '탁월하다'라는 의미를 나타낼 때 엄지와 검지로 동그라미를 만들어 보인다. 그러나 한국과 일본에서는 돈을 가리키며, 프랑스에서는 '제로' 또는 '별 볼일 없음'을 의미한다. 몰타 섬에서는 '남색(男色)'을 나타내며, 그리스에서는 외설 또는 남성이나 여성에게 통하는 어떤 모욕을 나타낸다. 미국의 손짓 언어가 다른 나라의 문화권과 특이한 상징기호로서의 문화적 기능을 하는 것을 거론하면 다음과 같다. 가운데 손가락을 내미는 것은 무례하고 성적인 모독이다. 팔꿈치에 다른 손을 가져다 대고 위로 치켜드는 것도 마찬가지이다. 사람을 부를 때 검지를 구부렸다 폈다하기도 하고 손바닥을 안쪽으로 향하게 손을 들어서 손가락을 몸 쪽으로 움직이기도 한다. 사람이나 사물을 가리킬 때 검지를 이용하는 것은 일반적이나 상황에 따라 무례한 행동이 될 수 있다. 두 손으로 목을 부여잡는 몸짓을 하면 '난 숨이 막혀'라는 의미이다. 한 손으로 상대를 가리키고 다른 한손은 전화를 받는 것처럼 얼굴 옆에 가져다 댄다. '아니오' 와 같이 부정적인 의미를 전달하기 위해 손바닥을 바깥쪽으로 해서 팔을 들고 앞뒤로 흔든다. 손을 들어 엄지와 검지를 동그랗게 만드는 것은 'OK', 검지와 중지를 V자를 만들어 손바닥 안쪽이 보이도록 하는 것은 'Victory', 엄지 손가락을 들어 올리는 몸짓은 'Top' 등을 의미하는 긍정적인 몸짓이다.

영국의 경우는 미국과 유사한 표현이지만 그 의미는 다른 경우가 있다. 손을 들어 웨이터를 부르고 계산하고자 한다면 두 손을 들어 종이위에 사인을 하는듯한 몸짓을 취한다. 검지와 중지로 코를 잡는 것은 '냄새난다'라는 의미이고 어떤 모욕의 표시이다. 손바닥이 바깥쪽으로 향하게 하여 V자를 만드는 것은 긍정적이지만 손등이 바깥을 향하도록 해서 V자를 만드는 것은 꽤 무례하고 공격적인 것이다.

유럽의 경우 프랑스에서는 손이나 손가락으로 사람을 가리키거나 부르는 것은 무례한 몸짓이다. 살짝 손을 들어 상대방이 보이도록 해야한다. 엄지와 검지로 원을 만들어 코앞에 놓고 흔드는 것은 무리 중에

취한 사람이 있다는 것이다. 미국식의 OK 사인은 프랑스에서는 수치적으로 '0'을 의미하거나 '가치가 없음'을 뜻한다. 플롯을 부는 것처럼 손짓을 한다면 '누군가가 너무 오래 이야기하고 있으며 그래서 지루하다'라는 표현이다. 또한 '그 말이 믿기 어렵다'는 의미로도 확장이 된다. 이 행동은 공식적인 자리에서 행할 수 없을 정도로 냉소적이며 무례한 행동에 속한다. 숫자를 셀 때 손바닥을 자신 쪽으로 향하게 해서 엄지손가락부터 차례대로 펴간다.

독일에서의 손짓 문화는 프랑스와 유사하지만 다른 특성을 나타내기도 한다. 여러 사람 앞에 감사함을 표시하기 위해 두 손을 맞잡고 머리 위로 높게 올린다. 이런 손짓은 일반인보다 정치인들에게서 많이 찾아볼 수 있다. 작별 인사를 할 때 손바닥을 바깥으로 향하게 해서 팔을 들고 손가락을 앞뒤로 흔든다. 수신호하는 것처럼 손을 앞뒤로 흔들면 이는 '아니오'라는 의미의 거절을 뜻한다. '조용히 하라'는 의미는 검지를 입술에 가볍게 댄다. 독일에서는 미국식의 OK 사인을 청소년층을 제외하고 잘 사용하지 않는다. 이 손짓은 장노년층에서는 무례한 몸짓이다.

포르투갈에서는 손바닥을 안쪽으로 해서 턱 아래 손가락을 대고 바깥으로 내미는 행동은 '답이 뭔지 모르겠다'는 의미이다. 엄지를 사용해서 같은 동작을 하면 어떤 것이 더 이상 존재하지 않거나 누군가가 죽었다는 뜻이다. 스페인에서는 사람을 부를 때 팔을 내밀어 손바닥을 아래로 향하게 하고 손가락을 긁는 몸짓을 한다. 러시아에서는 주먹을 들어서 흔드는 것은 '동의하지 않는다'는 것과 '화가 났다'는 것을 의미한다. 그러나 엄지손가락을 드는 것은 '찬성'의 의미를 지닌다. 손등을 바깥으로 향하게 하고 주먹을 쥔 후 새끼손가락부터 약지, 중지, 검지,

엄지 순서로 펼치면서 숫자를 세어간다. 스스로 화가 났을 때 손을 펴서 자기 이마를 친다.

이태리에서는 작별인사를 할 때 손바닥을 들어서 주먹을 폈다 접었다 하는 식으로 손가락을 위아래로 흔든다. 경례하는 것처럼 머리 앞으로 손을 올리는 것은 '당신 미쳤어'라는 의미이다. 그리스나 이집트 중지중해 인접 국가에서는 손을 뻗어서 가운데 손가락을 아래로 내리는 것은 심한 욕을 상징한다. 헝가리에서는 식사할 때 두 손을 반드시 테이블 위에 두어야한다. 체코에서는 '미쳤다', '돌았다'라는 의미로 검지를 들어 옆 이마에 대고 송곳처럼 돌린다.

요르단 및 아랍계 국가에서는 오른 손을 가슴에 대었다가 이마에 대고 다시 앞으로 내미는 전통적 인사법이 있다. 이는 '당신에게 평화가 함께 하길'이라는 의미를 가지고 있다. 레바논에서는 주먹을 쥐고 팔을 높이 드는 것은 무례한 것이다. 또한 '예'는 고개를 끄덕이는 데 반해 '아니오'는 눈썹을 치켜 올리고 고개를 쳐드는 몸짓을 한다. 그러나 사우디아라비아에서는 '아니오'의 표시는 손으로 머리 뒷쪽을 톡톡 치면서 혀를 찬다. 모로코에서는 음식을 반드시 오른손 손가락으로 먹는다.

터키에서는 손을 위로 들어 올리고 엄지손가락을 쥐어서 손을 흔들면 '맛있다'라는 표시를 하는 것이다. 음식을 거절할 때는 손을 가슴에 얹고 머리를 살짝 뒤로 젖히는 것이다. 루마니아에서는 엄지를 검지와 약지 사이에 놓고 주먹을 쥐는 것은 성적인 모욕이다. 방글라데시에서는 엄지를 드는 행위는 음란한 의미로 여겨진다. 이란에서도 이 손짓은 천박한 것으로 통용된다. 타이에서는 절대로 아이 머리를 손으로 만지면 안된다, 인간의 몸에서 가장 성스런 부분이 머리라고 생각하기 때문이다.

아랍 국가는 일상생활에서 가능한 오른손을 사용해야 한다. 먹을 때도 선물 줄 때도, 무엇을 만질 때도 그러하다. 왼손은 깨끗하지 않은 손으로 생각하기 때문이다. 따라서 왼손은 화장실에서만 사용된다. 또한 양손 검지를 나란히 내밀어 두드리는 것은 '함께 있자' 라는 의미이고 이것은 경우에 따라 동침의 유혹을 의미한다.

지중해에서 동구권역으로 떨어진 슬로베니아 세르비아 등에서는 OK 손짓은 완벽하다를 의미한다. 엄지손가락을 위로 드는 것은 히치하이킹의 경우에서 주로 사용된다. 중지와 검지 사이에 엄지를 넣고 주먹을 쥐는 손짓은 지중해 연안 국가에서처럼 무례한 손짓은 아니다. 부모가 어린아이들에게 이런 손짓을 취하면 '어떤 행위를 금한다'라는 의미로 통용된다. 이 손짓은 과테말라에서 남성의 성기를 의미하는 저질스런 손짓이지만 브라질에서는 행운을 의미하는 긍정적인 표현이다. 오스트리아에서는 말아 쥔 두 주먹으로 테이블을 살 짝 두세 번 두드리면 '행운을 빈다'라는 의미를 지닌다. 폴란드에서 손으로 목을 치는 것을 상대방에게 보이면 '함께 술마시러 가자'라는 의미이며, 친구 간에서 많이 사용한다.

페루에서는 관자놀이에 검지를 톡톡대는 것은 '미쳤다'를 나타내는 손짓이며, 이마를 두드리면 '바보 같다'라는 의미이다. 콜롬비아에서는 OK표시를 해서 그 원안에 코를 집어넣는 것은 '누군가 다른 사람이 동성애자'임을 표현하는 것이다. 손가락으로 다른 팔의 팔꿈치를 톡톡치는 것은 '누군가가 인색하다' 라는 표시이다.

회교권 국가에서 주먹을 쥐어 보이는 것은 저속한 행위이다. 멕시코에서는 손가락으로 V표시를 만들어 그 사이에 코를 대는 것은 멕시코에서는 아주 무례한 몸짓이다. 동양권의 문화적 손짓의 상징기호는 중국과 일본의 경우 유사하게 나타난다. 우리나라의 경우도 이에 해당될 수 있다고 본다. 무언가를 가리킬 때 손가락으로 가리키는 것은 하대할 때 쓰이거나 무례한 행동이다. 가능한 펼쳐진 손을 사용해야 한다. 사람을 부를 때는 손바닥을 아래로 하여 손가락을 움직인다. 일본에서는 머리를 손으로 긁적이는 것은 당혹함이나 혼란스러움을 숨기려는 몸짓이다. 엄지손가락을 손바닥 쪽으로 접은 채 네 손가락으로 누군가를 가리키는 것은 그 사람을 모욕하는 것이다. 손으로 숫자를 셀 때 엄지는 '다섯'을 의미한다. 따라서 엄지를 들게 되면 '다섯'을 상징하는 것이다. OK 손짓은 동전의 동그란 모양의 표시로 돈을 나타낸다. 계산대에서 일본인이 이런 손짓을 표현하면 '거스름돈을 동전으로 주세요'라는 뜻으로 이해할 수 있다.

제2부 기술과 분석

5장 설명의 손짓 언어 읽기
6장 질문과 청취의 손짓 언어 읽기
7장 강조와 정리의 손짓 언어 읽기
8장 손짓 언어 의사소통의 교훈

제2부 에서는 교사들이 교수-학습 상황에서 활용하는 손짓 언어의 양상을 기술하고 이들의 기호화용론적 양상을 분석하고자 한다. 교사의 손짓 언어 양상을 기술·분석하기 위해 학생들에 의한 선생님의 동작 관찰 결과 및 설문조사, 교사들의 수업 비디오 분석, 학급 참관, 동료교사들과의 면담을 통해 손짓 언어 리스트를 작성하였다. 이 리스트에는 설명시 117동작, 질문시 27동작, 청취시 15동작, 강조시 29동작, 정리시 29동작을 채집하였다. 그 중 수업 의사소통 상황에 유의미한 손동작, 즉 손짓 언어들을 5~7장에 걸쳐 기술하고 이를 분석할 것이다. 8장에서는 교사-학생 간 손짓 언어 소통에서 얻어 낸 교훈을 제시할 것이다.

설명의 손짓 언어 읽기

1. 설명 손짓의 분석 개요

이번 장에서는 교사의 설명시 손짓 언어 양상을 기술하고 이를 기호화용론적으로 분석할 것이다. 우선 동작 목록 번호를 부여함과 동시에 손짓을 기술한 설명을 제시할 것이다. 그리고 손짓 언어 설명과 병행하여 참조될 수 있는 사진 자료를 제시할 것이다. 또한 '가'항에는 손짓 언어의 발화 상황을 기술하고, '나'항에는 그에 따른 가능한 언어적 발화를 제시하였다. '다'항에는 학습자들인 학생들의 반응을 기술하였으며, '라'항에는 교사의 발화와 학생들 간의 반응 일치도를 기술하였다.

실제로 초등학교 수업 상황에서 설명시 손동작은 117개를 채집하였으나 그 중 실제 수업에서 빈도수가 많고 유의미한 손짓 언어를 33개 동작('설명-01'~'설명-33')만을 기술·분석할 것이다. 특히 학생의 반응을 기술하기 위해 손짓 동작사진을 제시하고 이 동작을 하였을 때 좋은지, 싫은지에 대한 반응과 그 이유를 적어보라고 하였다. (3~6학년 1개반씩 200명).

2. 설명 손짓의 기술·분석

설명시 손동작은 교과와 학습내용, 교사의 성별, 나이, 취향에 따라 다양하여서 학생의 반응 또한 개인의 생각과 느낌에 따라 다양하였다. 그러나 잘 알고 공부해라, 기억해라. 생각하라 등 비슷한 내용은 고학년이 기술한 문장을 기준으로 하였다. 그리고 설명시 손동작 33개에 대한 반응을 기술하였다.

[설명-01] 양손바닥 펴서 맞대고 기도하듯이 양손을 가슴에 모음 (그림 5-1)

가. 1) 대단원이나 소단원 도입 단계시 학습 목표나 학습내용을 학생에게 주지시킬 때 꼭 알아야 하는 내용들이 무엇인지 설명하며
   2) 학습문제에 의문점이 있거나 혼자 힘으로 해결하지 못할 때 어려움을 겪고 있는 아동을 격려하며 자신감을 가지고 해결하도록 할 때
   3) 학습내용이 주로 우리나라와 다른 나라와 비교하는 문제일 때 우리 것의 우월성 강조시, 또는 옛날과 오늘날을 비교할 때 옛것을 중요시하라고 설명시
   4) 교사의 설명을 아동들이 경청해 주길 바랄 때

나. 1) '오늘 배울 내용이 무엇인지 꼭 기억하라.'
   2) '잘 알아듣고 마음에 새겨두어라.'
   3) 학습 내용을 설명 후 '이것만은 꼭 알아야 한다.'

다. 1) 오늘 배울 내용이 무엇인지 꼭 기억하길 바래서 (45%)
   2) '잘 알아듣고 마음에 새겨두어라.'(36%)
   3) 학습 내용을 설명 후 '이것만은 꼭 알아야 한다'고 해서 (17%)
   4) '여기 좀 보아라'고 친절하게 말해서(2%)

라. 교사의 손짓 언어 발화와 학생의 반응이 일치하는 편이다.

〈그림 5-1〉

〈그림 5-2-1〉

〈그림 5-2-2〉

〈그림 5-3〉

[설명-02] 양손바닥을 위로 보이게 펴고 다섯 손가락만 위로 아래로 움직임 (그림 5-2-1, 그림 5-2-2)

가. 1) 분위기가 조용하고 잘 듣고 있는 중에 들은 내용을 확인시
   2) 학생의 수준을 고려하여 설명 내용을 말하도록 유노시
   3) 모둠원과 함께 문제 해결을 유도시

나. 1) 학습 내용 설명하며 말의 리듬을 맞춘다거나 학생들의 수업 분위기를 조용히 또는 북돋아주며 '이해가 되나요'. 혹은 '알아들을 수 있나요.' 등등
   2) '더 좋은 생각이 있으면 말해 봐요.'
   3) '가장 적절한 문제의 답을 찾도록 해요.'

다. 1) '설명 듣고 이해가 되나요?' 하며 친절하게 물어서(39%)

2) 이해가 안 되면 누구든지 자신 있게 물어보라고 함 (29%)

3) 아주 쉬운 것에서부터 답을 찾아 보아라고 하시니까 (21%)

4) 우리들에게 문제를 해결해 보라고 해서 (11%)

라. 학생들이 적극적인 반응을 보였으며 위협적이지 않고 편안하여 좋다는 반응이 가장 높았다.

[설명-03] 양손을 깍지 끼고 배 위에 놓음 (그림 5-3)

가. 1) 평범한 학습내용을 설명하며, 습관적으로 교사들이 많이 하는 자세.

2) 좌절 또는 부정적 태도를 자제하는 손동작으로 학습내용을 이해하기 어려운 상황일 때 걱정하지 말라는 교사의 의사전달시, 또는 솔직하게 대답하기 곤란한 문제일 때 괜찮다는 교사의 마음을 전할 때.

3) 누구나 다 아는 사실이지만 다시 체계적으로 설명시

나. 1) 학습내용 설명시 가장 편안한 자세로 '그랬단다.' 또는 '그래서……'

2) '이해 못하면 솔직하게 모른다고 해도 괜찮아.'

3) '나는 네가 무슨 말을 하거나 이해할 수 있단다.'

다. 1) 편안한 자세여서(67%)

2) 이해해 주는 것 같아서(21%)

3) 꾸중하지 않을 것 같아(12%)

라. 학생들이 좋아하는 교사의 손동작이며 위협적이지 않고 편안하여서 좋다는 반응이 가장 높았으며 교사의 발화와 학생의 반응도 거의 비슷하다.

[설명-04] 양손 팔꿈치 허리에 대고 손가락 모았다 폈다 함 (그림 5-4-1, 5-4-2)

가. 1) 학습문제에 대한 아동들의 생각이 다양할 때

2) 아동 개개인의 주장이 뚜렷하지만 하나로 통일할 필요성이

있을 때

3) 설명한 글이 비교적 길지만 줄거리는 간단하게 요약할 수 있는 문장일 때

나. 1) '모둠끼리 또는 생각이 같은 친구끼리 서로 의견을 교환해 보도록 하자.'

2) '비슷한 내용이면 하나로 모아라.'

3) '이야기의 핵심을 좁혀가라.'

다. 1) 학습문제에 대한 손동작.(43%)

2) 우리들의 의견을 말해보라는 동작(42%)

3) 기타(핵심을 좁혀라. 재미있다. 움직인다 등)15%

라. 선생님이 학습내용에 따라 움직여 주어서 좋다라는 학생의 반응이 있었다. 그러나 교사의 발화와 학생의 반응이 일치하지는 않지만 역시 밋밋한 자세보다 좋다라는 반응을 보였다.

〈그림 5-4-1〉

〈그림 5-4-2〉

[설명-05] 양손을 펴서 손가락 끝을 마주보게 하고 안에서 밖으로 뿌림 (그림 5-5-1, 5-5-2)

가. 1) 학습내용이 가치 갈등의 상황일 때

2) 사람은 저마다 생각이 다르지만 공동생활을 하며 일치를 이

룰 필요가 있는 문제 설명시

3) 자신의 생각을 있는 그대로 표현해 보도록 기회 제공시

나. 1) '모두의 생각이 다르지만 가장 좋은 해답을 찾아보자.'

2) '나만의 이익보다 공동체의 이익을 먼저 생각해 우선순위를 결정하자.'

3) '마음속으로만 중얼거리지 말고 속 시원하게 표현하라.'

다. 1) '넓게 봐라.'(64%)

2) 내용을 한 곳으로 모아보라는 것 같아(29%)

3) 기타(7%)

라. 교사의 발화와 학생의 반응이 일치하지 않음을 볼 수 있다.

〈그림 5-5-1〉

〈그림 5-5-2〉

〈그림 5-6〉

[설명-06] 양손을 책상 위에 놓고 왼손으로 오른손 등을 만짐 (그림 5-6)

가. 1) 학습 내용 설명 후 학생 의견 수렴시

2) 대부분 교사가 앉아서 설명하는 동작

3) 정보전달 학습내용 중 학생들이 이미 알고 있는 내용

나. 1) '지금 설명한 내용을 잘 알고 있구나.'

2) '학습문제에 대한 자기 생각을 정리해 보아라.'

3) '너무 쉬웠나보구나.'

다. 1) 앉아서 하니까 편안하다.(61%)

2) 재미없다.(24%)

3) 가르치기 싫은가보다.(15%)

라. 교사의 발화와 학생의 반응은 일치하지 않는 편이다.

〈그림 5-7-1〉

〈그림 5-7-2〉

[설명-07] 두 손을 비비기도 하고 합장함 (그림 5-7-1, 5-7-2)

가. 1) 학습내용 설명 후 학생의 인지도가 높을 줄 알았는데 기대에 어긋났을 때

2) 그렇다고 꾸중할 수도 없어 다시 한 번 설명하며 이번에는 꼭 알아두어라 할 때

3) '그래, 맞아. 그럴 줄 알았다니까' 하며 믿어주는 긍정적 기대 동작

나. 1) '그 봐라, 잘 들었어야 말할 수 있지.'

2) '다시 한 번 설명해 줄 테니 이번에도 모른다고 할 때는 벌을 줄 거야'

3) '나는 네가 알아들을 줄 알고 있었다.'

다. 1) '잘 듣고 알아두어라'해서 (57%)

2) '그래, 맞아.' 긍정적 기대동작(29%)

3) '잘 하길 바래' 하는 것 같아(10%)

4) 기타(4%)

라. 교사의 발화와 학생의 반응이 비슷하다.

〈그림 5-8-1〉

〈그림 5-8-2〉

〈그림 5-9〉

[설명-08] 양손 집게손가락을 가위표로 교차하여 머리 위에서 탁탁 침 (그림 5-8-1, 5-8-2)

가. 1) 학습내용과 맞지 않는 문제 제기시
2) 아동들이 잘 듣지 않고 소란한 경우
3) 이야기의 결말이 뜻대로 될 줄 알았는데 그와 반대인 경우

나. 1) '엉뚱하구나. 학습 내용과 방향이 어긋나는 문제인데……'
2) '잘 듣지 않고 있다가 갑자기 물을 때 알지 못한다면 그때는 꾸중 들어도 할 말이 없겠지요?'
3) '좋은 결과로 끝나길 바라고 있었는데 그게 그렇게 되지 않았어요.'

다. 1) '그게 아닌데' 라는 동삭이라 싫다.(45%)
2) '정신 차려' 하는 것 같아 싫다.(27%)
3) '여기 봐라' 하고 주의집중을 시켜(21%)
4) 기타(7%)

라. 교사의 발화와 학생의 반응이 상관성이 있다.

[설명-09] 서서 양손으로 책상을 잡음 (그림 5-9)

가. 1) 대단원 마무리시 학습내용을 거의 학생들이 알고 있을 때.
2) 학습지나 공부할 문제를 해결할 때.
3) 학습준비물이 없는 경우

나. 1) '되돌아보기' 나 '쉼터'를 배운 내용을 바탕으로 해보라
2) '학습지를 해봐라'
3) '공부할 문제에 대한 답을 책에다 적어라'

다. 1) '학습내용을 적어라' 해서 (54%)
2) '학습지를 해 봐라' 해서 (25%)
3) '문제에 대한 답을 책에다 적어라' 하고 말해서(21%)

라. 설명후 정리시 하는 손동작이어서 '편안하다'는 반응과 '재미가 없다' 는 반응이 나왔으나 교사의 발화와 학생의 반응은 일치하

는 편이다.

〈그림 5-10-1〉

〈그림 5-10-2〉

[설명-10] 양팔을 옆으로 펼쳐 아래서 위로 물건 들어 올리는 동작 (그림 5-10-1, 5-10-2)

가. 1) 상징과 의견을 나타내는 상징제스처(물건을 들어 올린다거나 어떤 기구 사용시, 또는 운동과 관련되는 학습내용을 설명시)

2) 단순한 내용이 아니고 복잡한 인물들과 관계가 뒤엉켰을 때 가장 좋은 해결방법을 생각해 보라고 할 때

3) 누구나 같은 방법으로 손을 흔들고, 거의 같은 속도로 손뼉을 치며, 같은 진폭으로 오라는 손짓을 하고, 같은 리듬으로 고개를 흔드는 것과 마찬가지로 학습자들에게 학습내용을 묻고 대답하는 상황을 반복할 때

나. 1) '움직인다. 그러니 준비해라. 힘이 들 걸' 하며

2) '질문에 대한 답을 생각할 때도 문제의 핵심이 무엇인지 하나에서부터 천천히 그리고 신중하게 너의 생각을 꺼내 보라'

3) '그래, 맞아. 생각이 좋구나.' 등

다. 1) 학습내용에 따라 움직인다(52%)

2) '신중하게 생각해라.'(38%)

3) '좋은 생각을 해 봐.'(10%)

라. 학습내용이 넓고, 크고, 들어 올렸다 내려놓고 등 동작으로 표현할 학습 내용 지도시 이 손동작을 해 주는 것이 효과적이라는 학생의 반응과 교사의 발화는 상관성이 있다.

[설명-11] 양손바닥 펴서 옆으로 벌렸다, 모았다, 다시 벌림 (그림 5-11-1, 5-11-2)

가. 1) 크고 작은 것의 비교 설명시.
 2) 많고, 적고의 표현을 나타낼 경우.
 3) 생각이 있고 없고 등의 학습내용일 때.

나. 1) '아주 큰 것과 작은 것의 의미에 대하여 알아보자.'
 2) 학습내용을 인지한 정보의 양을 비교할 때.
 3) '세상을 넓게, 그리고 모든 것을 주의 깊게 살펴보아라.'

다. 1) 크고 작은 것의 비교 설명한다.(45%)
 2) 많고, 적고의 표현(39%)
 3) '세상을 넓게, 주의 깊게 살펴보아라.'(13%)
 4) 기타(3%)

라. 교사의 발화와 학생의 반응이 일치한다.

〈그림 5-11-1〉

〈그림 5-11-2〉

〈그림 5-12-1〉

〈그림 5-12-2〉

[설명-12] 양손 주먹 쥐어 비켜 귀 옆으로 올렸다 폈다, 주먹 쥐고 내리기 (그림 5-12-1, 5-12-2)

가. 1) 교사의 주장을 강력하게 내세우며 시범보일 경우
2) '내 생각은 이렇다'고 자신 있게 표현해 보라고 할 때
3) '내가 주장하고 싶은 부분은 이것이다'라고 말할 때

나. 1) 교사의 주장을 시범보이며 '이렇게 하는 거란다.'
2) '내 뜻을 다른 친구에게 확실하게 전해 봐.'
3) '청중에게 너의 생각을 확실하게 전해 봐.'

다. 1) 시범보일 경우 (38%)
2) 자기주장을 시범보이며(37%)
3) '너의 생각을 확실하게 전해 봐'(25%)

라. 학생들에게 확실하게, 그리고 자신 있게 표현해보도록 격려하는 손동작이다. 이 경우 교사의 발화와 학생의 반응이 일치한다.

〈그림 5-13-1〉

〈그림 5-13-2〉

[설명-13] 양손을 반짝하며 아래서 위로 올리며 내림 (그림 5-13-1, 5-13-2)

가. 1) 동화나 교과서 문장 속의 주인공의 아름다운 마음씨를 표현하며 주인공의 생각대로 뜻이 이루어지는 내용 설명시.
   2) 저학년 교사가 학생에게 양의 많고 적음, 높고 낮음을 설명하며 그 예를 들어줄 때
   3) '큰 뜻을 품어라. 그리고 꿈과 희망을 이루어라.' 하는 정의적인 영역의 학습내용 설명시

나. 1) '옛날에 하늘과 땅에 이런 사람들이 살고 있었어요.' 등등
   2) '선녀나 천사가 하늘에서 내려오고…….'
   3) '꿈과 희망을 이루기 위해서 노력해야 될 거야.'

다. 1) 학습내용과 유사한 동작(47%)
   2) '꿈과 희망을 이루어라.'(35%)
   3) '선녀나 천사가 하늘에서 내려오고……'(11%)
   4) 기타(7%)

라. 전래동화 지도시, 저학년 담임교사가 많이 사용하는 손동작으로 교사의 발화와 학생의 반응은 거의 일치한다.

[설명-14] 양손 비켜 어깨 높이에서 손가락 폈다 오므리기와 손바닥은 아동 쪽 보이며 반짝반짝하기 (그림 5-14)

가. 문학적인 글을 읽고 난 다음에 해당 주제를 그대로 받아들이는 것이 아니라 자신의 삶과 관련지어 보기도 하고, 비판해보기도 하면서 자신의 것으로 만들어 보는 가치탐구학습 지도시

나. '청중 앞에서 하는 연설문이나 선거에 관한 학습내용 지도시 절대적으로 옳다고 생각하는 가치도 경우에 따라서는 바람직하지 않을 때가 있으며 또 다른 가치를 생각해 볼 수도 있단다.'

다. 1) 주장하는 글 설명하며(47%0

2) 웅변할 때 하는 동작 (34%)

3) 잘 모르겠다.(19%)

라. 고학년은 교과서에서 학습한 경험이 있어 반응을 보였으나 중학년은 경험이 없는 학생은 엉뚱한 반응을 보인 손동작으로 교사의 발화와 학생의 반응이 일치하지 않는다.

〈그림 5-14〉

〈그림 5-15〉

[설명-15] 양손가락 엄지 검지로 동그라미 만들고 세손가락은 붙여서 앞뒤로 흔들며 (오른손, 왼손이 따로 하기도) (그림 5-15)

가. 1) '훌륭하다'. '완전하다'. '위대하다'. 등의 학습내용 설명시

2) 설명과 질문이 동시에 일어날 경우 설명 내용을 잘 알고 있는가 확인하며, 긍정적일 때
3) 글에 나오는 여러 인물 중에서 돋보이는 주인공이 한 일을 설명시

나. 1) '사람들은 돈을 좋아하지요?'
2) '참 좋은 생각이었어요.'
3) '위대한 사람들은 역시 다르지.'
4) '맞았어, 최고야.'

다. 1) 훌륭하다. 위대하다(41%)
2) '위대한 사람들은 역시 다르지'(31%)
3) '틀림없어.' '최고야'(28%)

라. 교사의 발화와 학생의 반응이 일치한다.

[설명-16] 배 위에서 양손주먹 쥐었다 짝 펴서 아동 쪽을 향하며 내리는 동작 (그림 5-16-1, 5-16-2)

가. 1) 교과서 학습내용을 해결하기 위해 설명하는 데 활용되는 가장 대표적인 손동작
2) 설명문이나 기본적인 지식과 원리에 대한 설명시
3) 교사의 생각은 이렇다고 아동에게 알려줄 때

나. 1) '박물관에서 하는 일, 문화재 종류, 민속놀이에 대해 알아보지.'
2) '과학적 원리, 특히 소리 전달의 기본 원리에 대해 알아보자.'
3) '선생님 생각은 이런 것이야.'

다. 1) 학습내용을 설명할 때 주로 함(39%)
2) '선생님 생각은 이런 것이야' 라고 강요해서 싫다.(32%)
3) 자신 있게 자기 생각을 말하라고 할 때(25%)
4) 기타(4%)

[설명-16]의 경우 교사의 발화와 아동의 반응이 상관성이 있다.

〈그림 5-16-1〉

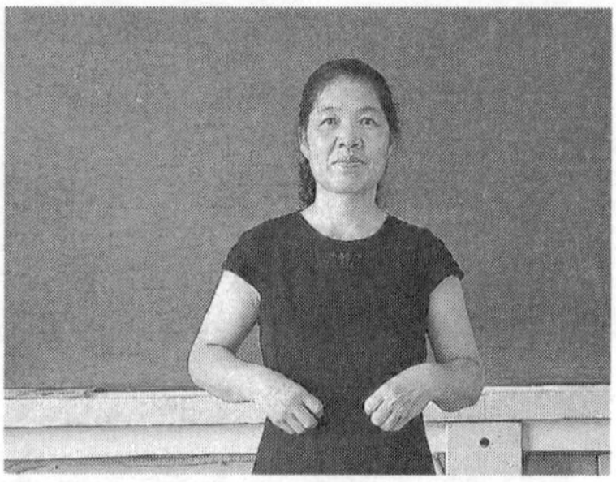

〈그림 5-16-2〉

[설명-17] 양손가락 끝이 배에서 맞닿았다가 옆으로 벌리며 다시 가슴 위치에서 팔을 쭉 펴 양손가락이 다시 맞닿음. 양 엄지손가락은 위를 향함 (그림 5-17-1, 5-17-2)

가. 1) 흩어졌다 모아지고 다시 흩어지는 내용 설명시
2) 마음이 모아졌다가 다시 분산되는 경우의 글 설명시
3) 민주주의를 설명하는 단원이나 의사결정을 필요로 하는 학습 내용일 경우

나. 1) '하나가 되려면 상대방의 의견을 수렴하도록'
2) '협동심의 중요성을 생각해 보며, 나의 이익만 생각하면 곤란하죠.'
3) '서로가 좋은 방향으로 해결하면 좋겠어요.'

다. 1) 학습내용과 어울리는 동작(62%)
2) '깊게 알고 있구나'(21%)
3) '많이 알아야 한다.'(15%)
4) 기타(4%)

라. 교사의 발화와 학생의 반응이 일치를 보이지 않고 있다.

〈그림 5-17-1〉

〈그림 5-17-2〉

[설명-18] 오른손 위에 왼손 올려놓고 교차하여 가슴에 댐 (그림 5-18)

가. 1) 아동들의 생각을 받아들이려고 하는 교사의 수용적인 자세
2) 논의하고 있는 문제를 긍정하려고 하는 여유를 보일 경우
3) 학생들의 생각을 교사 쪽으로 끌어들이려고 하는 기분을 반영할 경우

나. 1) '너희들 생각대로 말해도 좋다.'
2) '너희들 생각을 충분히 이해할 것 같다.'
3) '선생님의 생각은 이러한데 그대로 해 줄 수 없겠니?'

다. 1) '너희들 생각대로 말해도 좋다.'(46%)
2) '너희들 생각을 충분히 이해할 것 같다.'(26%)
3) 선생님의 생각과 같길 바라는 동작이라 싶다.(25%)
4) 기타(3%)

라. 교사의 발화와 학생의 반응이 상관성이 있다.

〈그림 5-18〉

〈그림 5-19〉

[설명-19] 다목적 책상을 뒤로 짚고 섬 (그림 5-19)

가. 1) 선생님들의 설명시 가장 편안한 자세

2) 설명문의 학습내용에서 문단나누기 및 중심내용 찾을 때와 문제 제시 후 해결할 시간을 줄 경우

3) 모둠별로 학습활동을 지켜보며

나. 1) '이 글은 설명문으로 금강산에 대하여 배울 것이다.'

2) '문단을 나누어 보고 중심내용을 찾아보고 문제의 핵심이 무엇인지 생각해 보아라.'

3) '어느 모둠이 문단과 중심 내용을 가장 먼저 찾아 올 것인가'

다. 1) 편안한 자세(61%)

2) 하기 싫은가보다.(34%)

3) 거만하다(5%)

라. 교사의 발화와 학생의 반응이 일치하지 않는다.

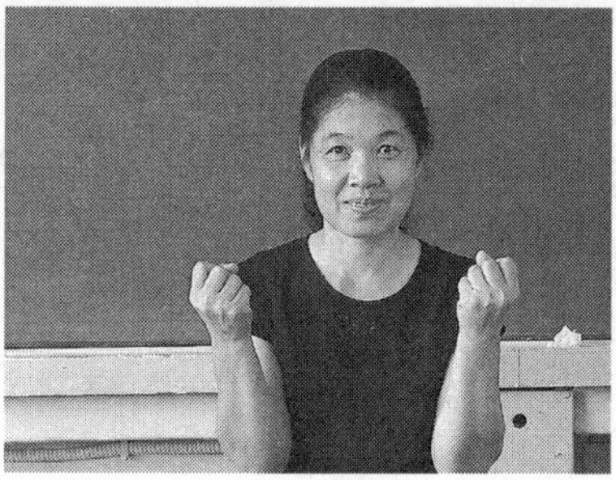

〈그림 5-20-1〉

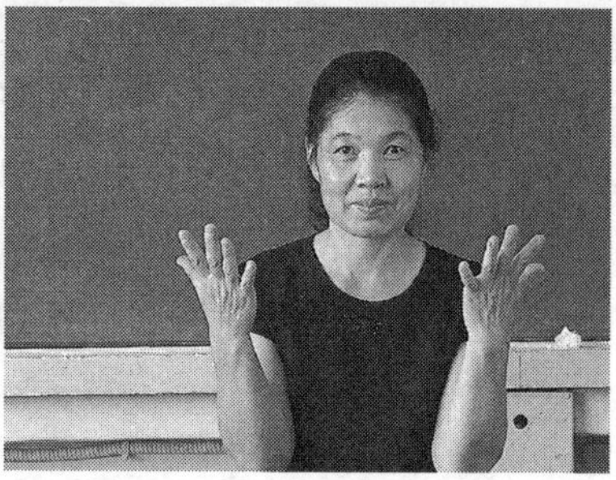

〈그림 5-20-2〉

[설명-20] 앉아서 양손 팔꿈치 허리에 대고 양손 주먹 쥐었다가 위로 쫙 폄 (그림 5-20-1, 5-20-2)

가. 1) 확고한 결단을 필요로 하는 수업상황
  2) 단원 마무리하며 가장 핵심적인 학습내용들을 발췌하여 다시 한 번 설명시
  3) 꼭 필요한 것만 공책 정리하라고 지시할 때

나. 1) '사람으로 그럴 수가? 또는 의견이 같을 수야 없지, 뭉쳐 봐.' 등
  2) '다시 한 번 학습내용들을 훑어가며 핵심내용을 기억하라.'
  3) '꼭 알아야 할 것을 기록할 것.'

다. 1) 머릿속에 잘 들어가게 설명해서(34%)
  2) 힘 있어 보여서(24%)
  3) 진지하게 설명하여(22%)
  4) 자신감이 있어서(20%)

라. 교사의 발화와 학생의 반응이 상관성이 있다.

[설명-21] 깍지 낀 손등으로 턱을 고임 (그림 5-21)

가. 1) 발표하는 아동이 설명 내용과 동떨어진 내용을 말할시
  2) 엉뚱한 대답을 들어주는 지루함

3) 그게 아니라는 신호를 보냄

나. 1) '설명 내용을 이해 못하는구나.'

2) '잘 듣지 않았으니 설명할 수 없지요?'

3) '그게 아닌데…… 다시 생각해 봐.'

다. 1) 지루하고 재미없어 싫다.(58%)

2) '그게 아닌데……' 하는 것 같아 싫다.(28%)

3) 무시하는 듯하여 싫다.(14%)

라. 교사의 발화와 학생의 반응이 상관성이 있다.

〈그림 5-21〉

[설명-22] 오른손가락 모아 위로 올리며 손가락 짝 펴 손바닥 아동쪽 보이게 해서 내림 (그림 5-22-1, 5-22-2, 5-22-3, 5-22-4)

가. 1) 교사가 자기 생각을 상세하게 또 아주 정확하게 표현하고자 하는 억제하기 어려운 욕구가 있음을 나타낼시 하는 동작

2) 다른 합리적인 의견이 나와도 자기주장을 수정하지 않을 때

3) 선생님의 생각과 일치될 대답을 원하는 경우

나. 1) 주장하는 글을 설명하며 '너희들 의견은 그렇지만 수업목표는 이것이므로 그렇게 알도록 해.'

2) '선생님 생각이 가장 옳다고 생각하는데……'.

3) '가장 정확한 사실만을 말할 수 있는 사람'은 누구?

다. 1) '바로 이거야' 하며 인정.(53%)
2) 내 생각을 자신 있게 펼치라고 해서.(34%)
3) 움직여서 좋다.(13%)

라. 교사의 발화와 학생의 반응은 일치하지 않는다.

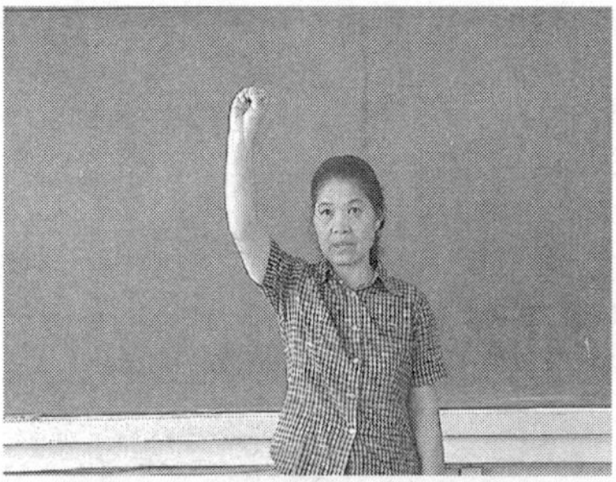

〈그림 5-22-1〉

〈그림 5-22-2〉

〈그림 5-22-3〉

〈그림 5-22-4〉

[설명-23] 오른손 집게손가락만 얼굴 높이 들고 상하좌우로 흔듦 (그림 5-23-1, 5-23-2)

가. 1) 자신감에 찬 교사가 단정적으로 말할 때
2) 이야기에 나오는 인물의 한 일이나 이야기의 흐름을 파악할 때 가장 중요한 것이 무엇인지 찾도록 할 경우
3) 교사의 독단적이고도 위압적인 면을 노골적으로 표현할 때

나. 1) '학습내용을 말하였는데 과연 그런지 다시 한 번 훑어보아라.'
    2) '이야기 글에서 가장 중요한 대상이 무엇인지 찾아보라.'
    3) 아동이 잘못하였을 때 '이때다' 하고 꾸짖으며 '그것 봐라'.

라. 1) 중요하다고 짚어주어서(48%)
    2) 긴 글이지만 중요한 것이 있음을 지적해 주는 듯(21%)
    3) 아동이 잘못하였을 때 '이때다' 하고 꾸짖으며 '그것 봐라' 해서 싫다.(20%)
    4) 나를 지적하면 어쩌나 불안해서 싫다.(11%)

라. 설명 내용을 학생에게 꼭 인지하도록 할 때나 주의집중을 시킬 때 하는 교사의 발화나 학생의 반응은 상관성이 있다.

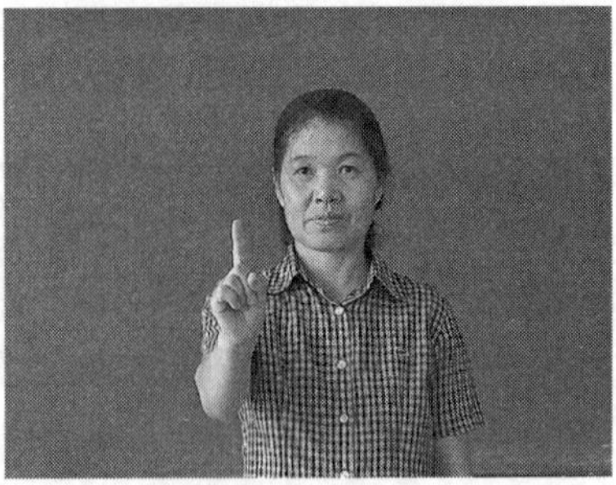
〈그림 5-23-1〉

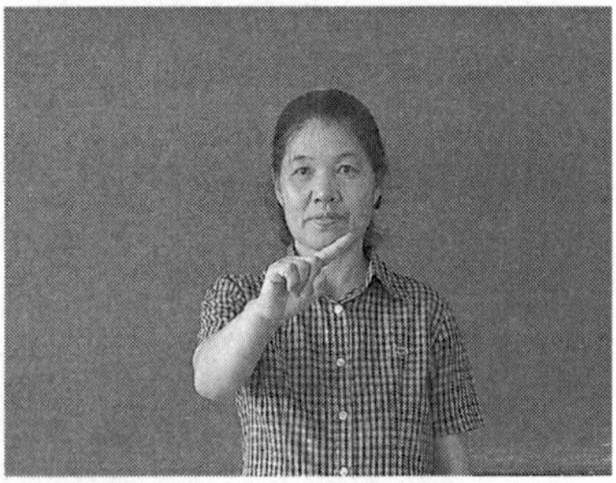
〈그림 5-23-2〉

[설명-24] 오른손은 주먹 쥐어 왼손바닥을 두드림 (그림 5-24)

가. 1) 교사의 의지가 확고할 때
    2) 필요한 내용만 골라 말하도록 유도시
    3) 누가, 무엇을 하였는지 간추려보는 학습문제 지도시

나. 1) 동기 유발시, 학습목표를 인지할 때, 분명하게 무엇을 공부해야 하는지 주지시킬 경우.
    2) '글을 읽고 내용 파악을 하여라.'
    3) '인물이 등장하는 글에서 또는 대강의 내용을 정리할 때는 누

가, 언제, 어디서, 무엇을, 어떻게, 왜? 등 6하 원칙에 의해 파악해보라.'

라. 1) 힘주어 말하니 중요하구나(51%)

2) 머리를 치며 '꼭 알아라' 하여서(32%)

3) 누가, 무엇을 하였는지 간추려보는 학습문제 지도시(17%)

라. 교사의 발화와 학생의 반응은 일치한다.

〈그림 5-24〉

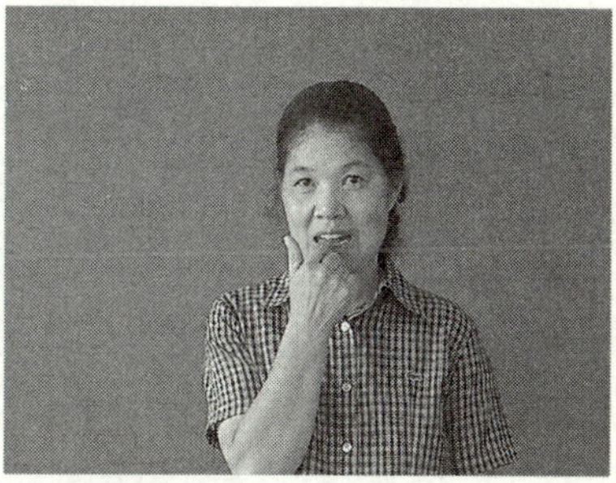

〈그림 5-25〉

[설명-25] 오른(왼)집게손가락을 입에 물며 (그림 5-25)

가. 1) 재확인을 구하고자 하는 내적 욕구를 밖으로 표출하는 행위

2) 아동의 설명이 부정적일 때

3) 말로 부정하는 대신 아님을 알리는 신호 보낼 때

나. 1) '다시 한 번 생각해 봐라.'

2) '말하기 싫다.'

3) '아니다'라고 말하고 싶은데……

다. 1) '다시 한 번 생각해 봐라'하고 기회 제공(42%)

2) 말하기 싫은 친구를 시키며 하는 동작이라 싫다.(31%)

3) '아니다'라고 말하고 싶은데……(27%)

라. 교사의 발화와 학생의 반응은 일치한다.

[설명-26] 엄지손가락을 세우고 오른쪽 왼쪽으로 번갈아가며 좌우로 움직임 (그림 5-26-1, 5-26-2)

가. 1) 여러 인물 중에서 혼자만 좋은 일을 한 경우와 모험심이 강한 내용의 글을 설명하며 주인공의 행동을 따라다니며 움직이는 동작

2) 설명하면서도 은연중에 '옳지 않아요'라는 교사의 마음을 알아주길 바라며 하는 동작

3) 역할극에서 손가락 사용시 주인공이 서로 '만났다 혹은 헤어졌다' 등을 표현할 때

나. 1) '주인공이 왜? 돋보이는가? 그 이유를 알 수 있겠네요.'

2) '너희들도 주인공처럼 할 수 있겠어요?'

3) '절정과 결말에 흥미가 있는데 어떻게 마무리할 것인가 재미있지요.'

다. 1) 여러 사람 중에서 한 사람을 택하거나 한 가지 생각으로 모아라.(43%)

2) 맞았다는 표시 같아.(34%)

3) 귀엽게 움직여서(12%)

4) 기타 (11%)

라. 교사의 발화와 학생의 반응은 일치한다.

〈그림 5-26-1〉

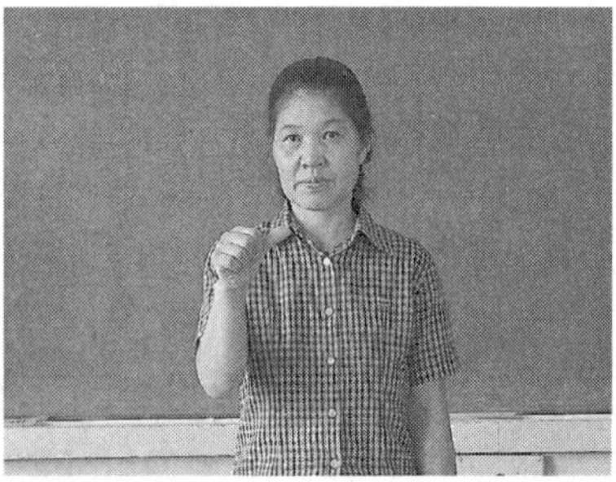

〈그림 5-26-2〉

[설명-27] 손바닥 펴서 살랑살랑 바람 불 듯 좌우로 흔들기 (그림 5-27-1, 5-27-2)

가. 1) 이야기를 듣고 인물의 마음이 어떻게 변하는지 알아보는 학습내용일 때

2) 공기의 성질, 강과 바다. 물속에 사는 식물 단원 설명시

3) 감정과 느낌을 표현하는 정서표현의 단원을 설명하며

나. 1) '이리저리 기웃거리지 말고 한 곳을 가거라. 그래야 결과가 좋단다.'

2) '공기의 이동, 강과 바다, 그리고 물속 동식물에 대하여 알아보자.'

3) '자기의 생각과 느낌을 마음대로 표현해 보라.'

다. 1) 말따리 움직인다.(67%)

2) 자기의 생각과 느낌을 마음대로 표현해 보라(33%)

라. 가벼운 손동작으로 학생의 생각을 자유롭게 표현하도록 유도하는 교사의 설명시 발화와 학생의 반응은 문장의 표현은 달라도 뜻은 거의 비슷하다.

〈그림 5-27-1〉

〈그림 5-27-2〉

[설명-28] 손바닥 위를 보이게 펴서 이리 오라는 동작 (그림 5-28)

가. 1) 교사를 똑바로 바라보기를 원하며

2) 여러 의견들을 하나로 묶을 필요성이 있는 문제 설명시

3) 아동의 일거일동을 다 알고 솔직하게 말하라고 할 때

나. 1) '여기 똑바로 보아라'

2) '선생님의 의견에 따라 주었으면 좋겠다'

3) '나는 너희들이 무슨 생각을 하고 있는지 알고 있으니 솔직하게 말해 봐.'

다. 1) '배운 내용을 내 것으로 만들어라.'(57%)

2) '너의 생각을 꺼내라.'(38%)

3) 기타(5%)

라. 교사의 발화와 학생의 반응은 비슷하다.

〈그림 5-28〉

〈그림 5-29〉

[설명-29] 왼손주먹은 밑에 오른손 주먹은 위에 번갈아 올려 놓음 (그림 5-29)

가. 1) 애국심을 강조하는 전기문일 때

2) 애국자가 될 수 있는지 확고한 신념을 말해보도록 유도시

3) 절대로 변경할 일이 아님을 재확인시.

나. 1) '나라와 자기 목숨을 바꿀 수만 있다면 얼마나 좋아요.'

2) '너희들이라면 어떻게 할 것 같아요.'

3) '애국자들은 목숨보다 나라를 구하는 일이 더 중요했단다.'

라. 1) 전기문일 때 주인공의 애국정신이나 희생정신을 설명시(42%)

2) 덕을 쌓아라 혹은 굳은 의지를 본받으라는 내용시(31%)

3) 핵심내용에 힘주어 설명시(22%)

4) 기타(5%)

라. 설명하려는 학습 내용을 힘주어 말할 때 하는 교사의 발화시 하는 손동작과 학생의 반응은 상관성이 있다.

[설명-30] 얼굴 높이에서 손뼉을 침 (그림 5-30)

가. 1) 설명한 후 잘 알아들었는지 확인하며

2) 느낌을 살려 동시나 시를 낭송할 때 운율에 맞추어

3) 글을 읽을 때 띄어 읽을 곳과 쉴 곳을 손뼉으로 나타내며

나. 1) '잘 들었지요.'

2) '시에 담겨진 마음을 생각하며 시를 읽어봅시다.'

3) '띄어 읽을 곳에서는 한번, 쉬어야 할 곳에서는 두 번의 손뼉을 쳐보아라.'

다. 1) '여기 보며 잘 들으라' 하는 듯(37%)

2) 주의집중이나 내용에 따라(31%)

3) 생각을 정리하며(28%)

4) 기타(4%)

라. 교사의 발화나 학생의 반응은 일치한다.

〈그림 5-30〉

〈그림 5-31〉

[설명-31] 왼손 가위한 엄지손가락을 오른손 집게손가락이 건드림 (그림 5-31)

가. 1) 옛것과 오늘날의 비교가 가능한 문제 지도시
2) 장점과 단점 중 그래도 장점이 우위일 경우의 문제 조사시
3) 주인공의 성격을 파악할 때

나. 1) '우리나라의 명절과 이에 따른 민속놀이를 알아보고 그 소중함과 가치를 알아보자.'
2) '교통 통신의 발달이 인간 생활에 어떠한 영향을 미치는가 조사해보자.'
3) '글쓴이의 생각과 내 생각을 비교해보자.'

다. 1) 좋은 점과 나쁜 점을 설명시(46%)
2) 긍정과 부정이 함께 있을 때 어느 쪽을 선택할까 망설임(32%)
3) 내 생각과 책의 내용 비교해보자고 할 때(20%)
4) 기타(2%)

라. 마치 손가락 끝이 설명하려는 학습내용의 목표물인 양 건드려가며 설명하려는 교사의 발화나 학생의 반응은 거의 비슷하나 학생의 표현력이 좀 부족하다.

[설명-32] 오른손 주먹 쥐어 입 가까이 댔다 떼었다 마이크 흉내를 냄 (그림 5-32)

가. 1) 자신 없어 머뭇거리는 아동에게 다시 설명시
2) 작은 목소리로 말하는 아동을 격려하며
3) 틀려도 좋으니 큰소리로 말하도록 지시할 때

나. 1) '이번에는 알아듣고 꼭 말해야 한다.'
2) '자신의 생각을 큰소리로 말해 봐라'
3) '틀려도 괜찮아.'

다. 1) '할까? 말까' 하는 친구를 보고 (47%)
2) 작은 목소리로 말하는 아동을 보고 (38%)
3) '틀려도 좋아' (15%)

라. 자신 있게 발표하라는 교사의 의도가 담긴 발화내용이나 학생의

반응이 일치한다.

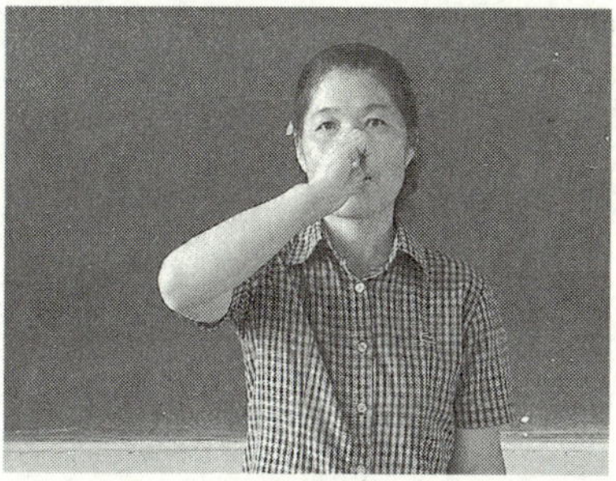

〈그림 5-32〉

〈그림 5-33-1〉

〈그림 5-33-2〉

〈그림 5-33-3〉

[설명-33] 왼손바닥을 배 위에 댔다가 아래로 곡선 그리며 위로 올라갔다 오른쪽 아래로 내림 (5-33-1, 5-33-2, 5-33-3)

가. 1) 무언극으로 표현하거나 역할놀이의 학습내용일 때
 2) 주위의 대상, 장소와 사람들의 방향을 아주 정확하게 표현시
 3) 학습내용이 대상이나 장소에 따라 수시로 변할 때

나. 1) '극본의 경우 배역의 움직임에 따라 움직여라.'
 2) '내용과 동작을 유사하게 표현해보라.'
 3) '밋밋한 표현보다 몸짓언어로도 표현해보도록 하라.'

다. 1) 해님다님에서 동아줄 타고 하늘로 올라갈 때 하는 동작으로

가슴이 조마조마하다가 손이 아래로 내려오면 안심이 되어 좋다.(35%)

2) 천천히 위로 올라갔다가 내려오라고 할 때나, 용궁에서 물위로 올라오는 표현을 할 때 함(32%)

3) 주인공 흉내를 내며(22%)

4) 기타(11%)

라. 학습내용에 따라 교사가 취하는 동작으로 주로 극본에 나오는 주인공이 처한 상황을 설명시 하는 동작으로 학생이 반응하고 있는 것으로 보아 거의 비슷하다.

3. 분석 결과 및 시사점

위와 같이 설명시 교사의 손동작은 학습내용과 거의 일치하여 손의 움직임을 형상화하고 있음을 알 수 있다. 이를 테면 교재의 내용에 '하늘이 높다'는 문장이 나올 때 이를 표현하거나 이와 같은 의미를 나타낼 때 손을 높이 들어 하늘을 형상화하는 도상적 몸짓이 주를 이룬다. 그럼에도 불구하고 학습자들에 의해 인지도가 낮은 손짓 언어들은 [설명-04], [설명-05], [설명-06], [설명-08], [설명-14], [설명-17], [설명-19], [설명-22] 들이다. 이 손짓 언어들은 교사의 언어적 발화와 비언어적 손동작, 즉 손짓 언어의 인지적 일치가 보장되지 않음을 학생의 반응을 통해 나타내 주고 있다.

이 결과를 토대로 놓고 보면 학생들에게 선호되고 인지될 수 있는 설명시 손짓 언어 개발이 중요하다고 판단된다. 설명시 교사 손짓 언어는 설명하는 내용과 도상성을 이루는 손짓이 대부분이라는 사실이다. 설명의 내용에 따라 다양한 손짓 언어들이 표현되며, 반면에 동일한 손짓 언어인데도 상이한 언어적 발화가 표현될 수 있다. 이러한 손짓 언어 표현의 다의적 해석 때문에 교사들은 학습자들이 이해할 수 있는 손짓 언어를 구사해야 한다. 뿐만 아니라 이 장의 손짓 언어 기술에서 얻을 수 있는 시사점은 같은 내용의 구두적 정보를 전달할 때, 정보의 내용에 맞는 도상적 손짓 언어를 사용할 경우 효율적인 의사소통을 보장받을 수 있을 수 있다는 점이다. 교사들은 교재의 내용을 형상화하는 몸짓 언어들의 내용을 개발하고 이를 수업 현장에 도입하여 사용할 줄 아는 능력을 배양해야 할 것이다.

질문과 청취의 손짓 언어 읽기

1. 질문과 청취 손짓의 분석 개요

교사가 학급 전체에게 질문하는 경우의 손동작은 설명시 손동작보다 다양하지 않았다. 습관적으로 익힌 손동작이 무의식 중에 발화되어 학생을 당황하게 한다거나 학생이 거부반응을 보이는 경우도 있었다. 질문시 손동작은 학생의 생각을 자유롭게 표현하게 할 수도 있으며 말하고 싶은 욕구를 억제하게 할 수도 있는 중요한 손동작이다. 학생들이 선호하는 손동작을 인식하는 것은 학생-교사 의사소통을 위해 매우 중요하다. 질문시 손동작은 교사가 학생 전체를 대상으로 행하는 질문과 개인 한사람, 한사람에게 하는 손동작은 차이가 있다.

질문시 교사들이 수행하는 손동작은 모두 27개를 채집하였으며, 이 중 교사들에 의해 사용 빈도수가 많은 20개 손동작 ('질문-01'부터, '질문-20'까지)만을 기술할 것이다.

교사의 청취시 손동작은 학생의 말하기 능력과 표현력을 길러줄 수 있으며 발표력 신장의 기회를 제공해 줄 수 있다. 질문 손동작과 마찬가지로 청취시 손동작의 유형도 설명 손동작보다 다양하지가 않았다. 청취시 손동작은 10동작('청취-01'부터, '청취-10')만을 상황과 이에 해당하는 언어적 발화로 구분하여 기술하였다.

따라서 이번 장에서는 교사에 의한 질문 및 청취시 손짓 언어의 양상을 기술하고 이를 기호화용론적으로 분석할 것이다. 5장에서 수행했던 바와 같이 우선 동작 목록 번호를 부여함과 동시에 손짓을 기술한 설명을 제시할 것이다. 이 설명과 병행하여 참조될 수 있는 사진 자료를 제시할 것이다. 또한 '가'항에는 손짓 언어의 발화 상황을 기술하고, '나'항에는 그에 따른 가능한 언어적 발화를 제시하였다. '다'항에는 학습자들인 학생들의 반응을 기술하였으며, '라'항에는 교사의 발화와 학생들 간의 반응 일치도를 기술하였다.

2. 질문 손짓의 기술·분석

교사의 질문시 손동작에 대한 학생의 '좋다' '싫다'의 반응은 비교적 뚜렷하게 나타났다. 편안하며, 부드럽고, 다정하게 지명해 주기를 선호하는 학생들이 대부분이었다. 수업 상황에서 질문시 손짓 언어에 대한 기호화용론적 분석과 기술은 다음과 같다.('질문-01'부터, '질문-20까지)

[질문-01] 양손 펴서 배 위에서 밖으로 펼침 (그림 6-1, 6-2)

가. 1) 잘 듣고 있는 아동을 시킬 때 그 아동은 대답을 잘 할 거라는 믿음이 갈 때 그 아동을 향하여

2) 학생의 입장을 고려하고 의견을 존중하려는 경우

나. 1) '순이는 듣는 태도가 바르네. 잘 들었을 것 같은데 한번 해 볼래?'

2) '부드럽고 자연스럽게 영이는 알고 있을 것 같은데 한번 해

볼래?'

다. 1) 부드럽고 자연스럽게 말해 주어서 말이 잘 나온다.(55%)

2) 손을 돌리면서 다정하게 질문하여 말이 잘 나온다.(45%)

라. 상관성-1) 교사의 발화와 학생의 반응이 상관성이 있다.

〈그림 6-1-1〉

〈그림 6-1-2〉

[질문-02] 오른 (왼)집게 손가락으로 학생을 가리킴 (그림 6-2)

가. 1) 장난친다거나 학습태도가 바르지 못한 아동을 지적하며 대답 못할 경우 꾸짖을 목적으로.

2) 습관적으로.

나. 1) '듣는 태도가 나쁘니 알 수 있을까?' 라는 생각으로 지명하며, '너 해 봐?'

2) '얼굴 표정을 보고 할 수 있나? 없나?'를 살펴가며, '길동이 해 봐.'

다. 1) '정신 차려서 말해라' 하는 것 같아 좋다.(45%)

2) 갑자기 '너 해봐'하면 말이 나오지 않아서 싫다.(36%)

3) 나를 바라보고 시켜서 좋다.(19%)

라. 교사의 발화와 학생의 반응이 일치하지 않는다.

〈그림 6-2〉 〈그림 6-3〉

[질문-03] 양팔을 뒤로 하여 뒷짐을 짐 (그림 6-3)

가. 1) 학습문제가 정의적인 영역이라 분위기가 차분할 경우
　2) 동작 없는 교사의 질문 방법

나. 1) 자연스럽고 편안한 마음으로 '순이가 말해 볼래?'
　2) 부담 없이 여럿을 향하여 '누가 해 볼 사람?'

다. 1) 자연스럽고 편안하다.(56%)
　2) '여럿을 향하여 누가 해 볼 사람?' 하니까 부담 없어 좋다.(41%)
　3) 아무나 시켜서 싫다.(3%)

라. 교사의 발화와 학생의 반응이 일치한다.

[질문-04] 오른(왼)손 팔목 굽히고 집게손가락을 펴 듦 (그림 6-4)

가. 1) 내용이 쉬우면 학습부진아를 그와 반대로 가리키며 질문시
　2) 갑자기 설명 내용 듣고 있는지 확인시

나. 1) '대답해 봐라, 잘 할 수 있을 것 같다.'
　2) 사람을 지목하고 눈을 마주치며 집게손가락으로 가리키며 지목하고 '해 봐라.'

다. 1) 잘하는 사람만 하라는 것 같다.(39%)
　2) 웃으며 부드럽게 하여서 좋다.(36%)

3) 답이 한가지라는 암시인 것 같다.(16%)

4) 기타(9%)

라. 교사의 발화와 학생의 반응이 일치한다.

〈그림 6-4〉

〈그림 6-5〉

[질문-05] 차려 자세로 책상을 짚음 (그림 6-5)

가. 1) 아동 활동이 없고 교사의 설명이 끝난 후 아동을 향하여

2) 누구나 대답할 수 있는 일상적인 질문시

나. 1) '누가 설명 내용을 간추려 볼래?'

2) '모두 할 수 있을 것 같은데?' 하며 대답하길 기다리며

다. 1) 안정감이 있어 말이 잘 나온다.(39%)

2) 누구나 대답할 수 있도록 기회를 준다,(31%)

3) '골고루 바라 봐야지' 하는 생각이 든다.(23%)

4) 지루한 느낌이 든다.(7%)

라. 교사의 발화와 학생의 반응이 일치하지 않는다.

[질문-06] 오른(왼) 주먹 쥐어 비켜 들고 손가락을 펼침? (그림 6-6-1, 6-6-2)

가. 1) 가장 많은 교사의 질문시 하는 동작.

2) 모두 자신 있게 말하길 바라며

나. 1) '팔을 올리며 영이가 해볼래?'

2) '분명한 대답을 하길 바래'

다. 1) 모두 자신 있게 말하길 바라는 것 같다.(41%)

2) '팔을 올리며 해 볼래?' 하니까 겁나서 싫다.(31%)

3) 자신 있는 사람만 하라는 것 같다(19%)

4) 기타(9%)

라. 교사의 발화와 학생의 반응이 상관성이 있다.

〈그림 6-6-1〉

〈그림 6-6-2〉

[질문-07] 오른(왼)손바닥 배 위치에서 옆으로 가며 아래위로 움직임(그림 6-7-1, 6-7-2)

가. 1) 보통 때보다 공개수업시 의도적으로 질문시 하는 동작

2) 대답에 대한 긍정, 부정까지 아래위로 움직여 가며

나. 1) 설명하고, 시범보이고, 질문시 아마 모두 잘 알고 있을 것이라는 기대감에서 '철수, 일어나서 해봐라.'

2) 친절하고 다정하게 지명하며 기회를 주고 '해 봐라.'

다. 1) 친절하고 다정하다.(39%)

2) 고루에게 질문의 기회를 준다.(37%)

3) 편안하여 말이 잘 나온다.(24%)

라. 교사의 발화와 학생의 반응이 상관성이 있다.

〈그림 6-7-1〉

〈그림 6-7-2〉

[질문-08] 오른(왼) 검지를 관자놀이에 짚었다 볼을 짚음 (그림 6-8-1, 6-8-2)

가. 1) 잘하는 아동에게 너는 영리하니까 대답을 근사하게 할 수 있을 것이라는 믿음 갖고 질문시

나. 1) '너는 영리하니까 민주가 해 봐라.'

2) '민주는 분명히 잘 알고 있을 것 같으니 해 봐라.'

다. 1) 깊이 생각해서 대답하라고 하는 것 같아서(48%)

2) 어려운 답인 것 같아 머뭇거려진다.(33%)

3) 누구나 생각할 기회를 준다.(19%)

라. 교사의 발화와 학생의 반응이 일치하지 않는다.

〈그림 6-8-1〉

〈그림 6-8-2〉

[질문-09] 오른 손 검지를 머리에 댐 (그림 6-9)

가. 1) 잘 들었으니까 모두 알고 있을 것 같은 상태일 때
  2) 질문의도를 두세 번 설명해 주고 모두 질문에 참여하길 바라며

나. 1) 친절하게 웃으며 '가장 잘 들은 순이가 말해 봐요.'
  2) 조리 있게 누가 말해주길 기다리며 '잘 생각해보고 말해라.'

다. 1) 잘 생각해서 대답하라고 한다.(33%)
  2) 답이 머릿속에 있다는 것 같다.(31%)
  3) 오늘 배운 내용을 말하라고 하는 것 같아서 어렵지 않다.(25%)
  4) 나는 잘할 거라는 믿음을 준다.(11%)

라. 교사의 발화와 학생의 반응이 상관성이 있다.

〈그림 6-9〉

〈그림 6-10〉

[질문-10] 오른(왼)손으로 볼펜 집어 듦 (그림 6-10)

가. 1) 문제를 제시한 후 정리한 상황을 말해보라고 할 때
  2) '내가 생각하지 못할 답이면 적어라'는 뜻을 전달할 경우
  3) 손에 볼펜이나 연필을 잡고 있으면 무의식적으로 돌려가며

나. 1) '개나리 모둠의 정리한 내용을 잘 듣고 자기 모둠이 정리한 내용과 비교해 봐요.'

2) '네가 정리한 내용을 말해 볼래?' 하며 대답해 주길 바라며

다. 1) '네가 정리한 내용을 말해 볼래?' 하며 대답해 주길 바라며 (48)

2) 부드럽고 자연스럽다.(31%)

3) '이것이 무엇이냐'고 묻는 것 같다.(14%)

4) 기타(7%)

라. 교사의 발화와 학생의 반응이 상관성이 있다.

[질문-11] 오른 집게손가락과 가운데손가락으로 V를 그림 (그림 6-11)

가. 이 질문에 대답한다면 아주 잘하는 사람임을 공개적으로 알려주며

나. 1) '이 문제의 답을 말하는 사람이 역시 최고야!'

2) '잘 할 수 있을 것 같다.'

3) '이 질문에 대답할 수 있는 사람은 잘 들은 거야.'

다. 1) 선생님 마음에 쏙 드는 답을 말하라는 것 같다.(56%)

2) 모두 잘하리라 믿는 것 같다.(34%)

3) 인정해 주는 것이다.(10%)

라. 교사의 발화와 학생의 반응이 일치한다.

〈그림 6-11〉

〈그림 6-12〉

[질문-12] 양손 가슴 위에서 합장 (그림 6-12)

가. 1) 학습 분위기가 차분하고 태도가 마음에 들었을 때
　　2) 내 말에 자신 있게 대답하리라 기대하며

나. 1) '선생님은 너희들이 잘 들어서 대답하리라 믿고 싶어.'
　　2) '깜짝 놀라게 해다오.'
　　3) '누구나 할 수 있는 문제야.'

다. 1) 내 대답이 맞길 바라는 마음(44%)
　　2) '깜짝 놀라게 해다오.'(36%)
　　3) '누구나 할 수 있어. 잘 생각해 봐.'(20%)

라. 교사의 발화와 학생의 반응이 일치한다.

[질문-13] 왼손이 오른손 감싸 포개 배에 댐 (그림 6-13)

가. 1) 질문하고 답할 것을 기다려줄 경우.
　　2) 특정한 주제에 대하여 전문가 집단에서 배워온 내용을 발표시킬 때.

나. 1) '너도 할 수 있어, 해 봐라.'
　　2) '모둠원끼리 조사 정리한 것을 모둠장이 발표해 보아라.'

다. 1) 생각할 기회를 준다.(41%)
　　2) 잘 생각해 봐. '금방 알 수 있어'라는 믿음을 준다.(31%)
　　3) 마음이 편안하다.(28%)

라. 교사의 발화와 학생의 반응이 일치한다.

〈그림 6-13〉

〈그림 6-14〉

[질문-14] 오른손을 왼손 등에 올려놓고, 그와 반대로도 함 (그림 6-14)

가. 1) 주어진 문제를 다양한 방법으로 해결하도록 방법을 안내하고 해결의 시간이 흐른 뒤 아동 사이를 돌아다니며.

2) 잘못할 학생의 답을 기다려주며

나. 1) '나비 모둠과 개나리 모둠은 잘하고 있구나. 다른 모둠에서 말해볼래.'

2) '잘 생각해 봐라.'

다. 1) 잘못해도 끝까지 들어주려는 태도가 좋다.(38%)

2) 잘할 수 있게 용기를 준다.(35%)

3) '정답을 말할 것 같다'라는 믿음을 준다.(27%)

라. 교사의 발화의 의미를 학생의 잘 인식하고 있다.

[질문 15] 양손가락 펴서 가슴 위에서 손목끼리 교차하며 누가 해 볼래? (그림 6-15)

가. 1) 어떤 점이 같고 어떤 점이 다른지 서로 비교하는 학습내용일 때

2) 그게 아닌데 하고 다시 해 볼 것을 바라는 경우

나. 1) '잘 듣고 자기 생각과 다를 때는 질문을 하도록'

2) '그럴까? 잘 생각해 봐.'

다. 1) '틀려도 좋으니 자신 있게 말해보라'는 것 같다.(51%)

2) '정답만 말하라'는 것 같다.(26%)

3) '잘못 할 사람은 말하지 말라'는 것 같다.(23%)

라. 교사의 발화와 학생의 반응이 일치하지 않은 것 같으나 의미상으로는 비슷하다.

〈그림 6-15〉

〈그림 6-16〉

[질문-16] 왼(오른)손은 책상 짚고 오른(왼)손으로 턱을 고임 (그림 6-16)

가. 1) 아동 나름대로 분석. 비판하는 과정을 통해 가치를 새구성해 보는 학습 유형시 교사가 학생의 의견을 수렴하겠다는 경우

2) 학습내용 정리할 시간을 주기 전에 다시 학습문제를 재확인할 경우

나. 1) '자신의 삶과 관련지어 보기도 하고 비판해 보기도 하면서 자신의 것으로 만든 대답을 해봐라.'

2) '잘하는 학생에게 기다려주라'고 말한다.

다. 1) '누가 해도 상관없어' 하는 것 같아서 하기 싫다.(51%)

2) '누구나 해보라'고 기다려준다.(29%)

3) 시시하다는 생각이 든다.(14%)

4) 보나마나라는 표정(6%)

라. 교사의 발화와 학생의 반응이 일치한다.

[질문-17] 오른손 주먹 쥐어 어깨 높이에서 손가락을 펼치고 다시 주먹 쥠 (6-17-1, 6-17-2)

가. 1) 정답을 요구하기보다는 문제를 여러 각도에서 보고 독창성을 요구하는 문제 제시 후 질문시

2) 주인공에 대하여 평가하거나, 주제에 대하여 이야기할 때

나. 1) '자기만의 아이디어를 산출해 보세요.'
2) '다른 방법은 없을까 잘 생각해 보세요.'
다. 1) '힘내라.'(46%)
2) 좋은 생각이 나오길 바라며(34%)
3) '자신 있게 말하라'고(15%)
4) '틀렸다'고 하실 것 같다.(5%)
라. 교사의 발화와 학생의 반응은 문장으로 보면 일치하지 않은 듯하나 의미상으로는 일치한다.

〈그림 6-17-1〉

〈그림 6-17-2〉

[질문-18] 볼펜 잡은 왼손을 오른 팔꿈치에 대며 오른손은 주먹 쥐었다 펼침 (6-18-1, 6-18-2)

가. 1) 시나 이야기를 읽으면서 글의 주제나 인물 등에 대해 다양한 반응이 나올 수 있는 경우에 학습내용에 따라 손동작과 볼펜으로 바꾸어 가며 리듬을 맞추는 경우.
나. 1) '그래서 어떻게 되었어요?'
2) '참 잘 되었구나.' 혹은 '안 되었구나.'
3) '다시 한 번 생각해 봐라.'
다. 1) 확실한 답을 요구하는 것 같아 머뭇거려진다.(39%)
2) 주먹으로 책상을 칠 것 같아 싫다.(27%)

3) '잘 생각해 봐라.'(24%)

4) 틀린 답은 '안 돼'라고 말하는 것 같다.(10%)

라. 교사의 발화와 학생의 반응이 일치하지 않다.

〈그림 6-18-1〉

〈그림 6-18-2〉

[질문-19] 지명자 앞에서 머리 쓰다듬으며 해 봐 (그림 6-19)

가. 학습지진아나 부진아에게, 혹은 아주 학습태도가 좋은 아동에게 다가가서 자신감을 심어주고 싶을 때

나. 1) '한번 해 보렴. 너는 아주 잘하니까.'

2) '네 생각대로 말해도 좋아.'

다. 1) '한번 해 보렴.' 하고 기회를 준다.(44%)

2) '네 생각대로 말해도 좋아'라는 믿음을 준다.(42%)

3) '잘 생각해서 말해 볼래?' 라는 용기를 준다.(14%)

라. 교사의 발화와 학생의 반응이 일치한다.

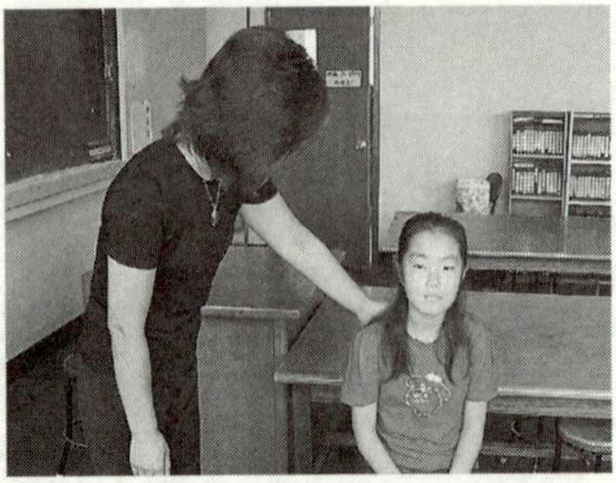

〈그림 6-19〉

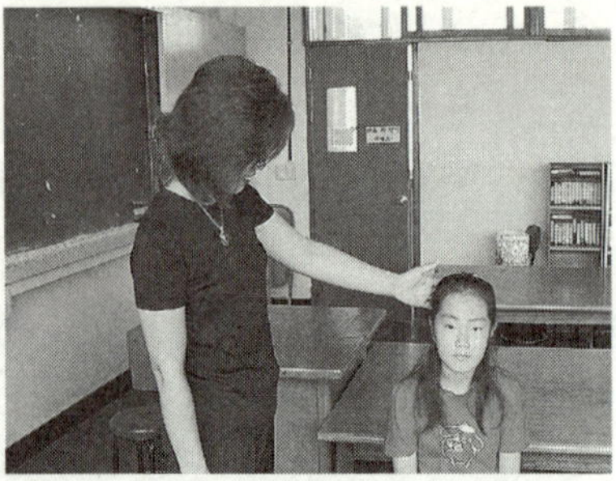

〈그림 6-20〉

[질문-20] 학생 앞에서 등에 손을 얹고 해 봐 (그림 6-20)

가. 1) 나는 아직도 문제를 해결하지 못하였는데 하며 걱정하고 있는 아동에게 한 만큼만 해보라며
   2) 발표력이 부족한 학생에게 질문할 경우

나. 1) '네가 알고 있는 만큼만 말해도 괜찮아.'
   2) '너도 한번 해 볼래?'

다. 1) '네가 알고 있는 만큼만 말해도 괜찮아'라고 용기를 준다.(51%)
   2) '너도 한번 해 볼래?' 다정하게 물어서 좋다.(29%)
   3) 인정해 주어 기분이 좋으며 말하고 싶다.(20%)

라. 교사의 발화와 학생의 반응이 일치한다.

3. 청취 손짓의 기술 · 분석

교사의 수업 상황에서 청취시 손동작 역시 '좋다', '싫다'의 학생의 반응이 뚜렷하였으며 학생이 말하였을 때 교사가 그 학생을 바라보며 끝까지 잘 들어주기를 선호하였다. 그리고 잘못된 대답을 하더라도 꾸

중하지 말고 다정하게 지도해 주기를 바라는 마음이 잘 나타났다.('청취-01'부터, '청취-10'까지)

[청취-01] 양손 깍지 끼어 배 위에 놓았다 박수를 침 (그림 6-21-1, 6-21-2)

가. 1) 학생의 발표를 끝까지 기다려 주는 경우
  2) 부족한 학생에게 천천히 말할 기회 제공시

나. 1) '너도 잘 할 수 있어요. 한번 해 봐요.'
  2) '너의 생각대로 끝까지 해 봐요.'

다. 1) 말하길 기대하며 기다려 주며 격려해 주어서(38%)
  2) 나에게 잘할 수 있다고 믿음을 주어서(37%)
  3) 내가 잘하길 바라는 표정을 지어(25%)

라. 교사의 발화와 학생의 반응이 일치한다.

〈그림 6-21-1〉

〈그림 6-21-2〉

[청취-02] 미소짓고 오른 엄지손가락을 펴듦 (그림 6-21)

가. 1) 기대 이상으로 잘하리라 생각하며 말하는 학생을 보고
  2) '너는 역시 잘할 것이야 한번 해 볼래.'

나. 1) '너도 잘하는구나.'
  2) '역시, 잘해요.'

다. 1) 내가 최고라는 믿음을 주는 표정이어서(43%)

2) '너도 잘할 것이야' 라는 믿음이 보여서(38%)

3) '너도 잘하는구나' 하는 눈빛이어서(19%)

라. 교사의 발화와 학생의 반응이 일치한다.

〈그림 6-22〉

〈그림 6-23〉

[청취-03] 양손 엄지손가락 펴 좌우로 가슴 높이에서 흔듦 (그림 6-23)

가. 아주 잘해서 더 이상 교사의 보충이 필요 없을시

나. 1) '똑 소리 나게 잘하였어요.'

2) '그럼, 그렇지. 용기를 가져 봐.'

다. 1) '역시 최고야!' 라는 표정이어서 (46%)

2) '참 잘한다'고 인정해 주는 느낌이 들어서(37%)

3) '너도 말할 수 있다'는 용기를 주는 눈빛이어서(17%)

라. 교사의 발화와 학생의 반응이 일치한다.

[청취-04] 양손을 합장함 (그림 6-24)

가. 1) '나는 네가 잘하리라 믿는다.'

2) '평소에도 학습태도가 마음에 들었으니까.'

나. 1) '그러면 그렇지요. 참, 잘 하네요.'

2) '누구든지 자기 생각을 자신 있게 말해야지요.'

다. 1) 내가 잘하길 기도해 주어서(36%)

2) '그러면 그렇지요.' 라고 칭찬해 주는 얼굴 표정이어서(32%)

3) '누구든지 자기 생각을 자신 있게 말해보라'고 기회를 주는 느낌이어서(19%)

4) 믿어주어서(13%)

라. 교사의 발화와 학생의 반응이 일치한다.

〈그림 6-24〉

〈그림 6-25〉

[청취-05] 두 손을 꼭 잡고 기뻐하는 동작 (그림 6-25)

가. 오랜만에 일어서서 발표한 아동일 경우

나. 1) '그래, 너도 잘 할 수 있어.'

2) '잘 어울리는 대답을 해 봐라.'

다. 1) 나를 알아주는 눈빛(39%)

2) '나도 잘 할 수 있어' 라는 용기 주는 것 같아서(36%)

3) 잘 어울리는 대답을 할 거라고 격려를 해 주는 것 같아서(25%)

라. 교사의 발화와 학생의 반응이 일치한다.

[청취-06] 책상을 치는 동작 (그림 6-26-1, 6-26-2)

가. 1) 듣지 않고 있는 아동이 많을 때 잘 들으라는 질책으로

2) 작은 목소리로 말하였을 경우

나. 1) '다른 친구의 말을 잘 들어야 해요.'

2) '이 다음은 더 큰 목소리로 하면 좋겠다.'

다. 1) '아주 잘 한다'고 장단 쳐 주어서 말이 잘 나온다.(58%)

2) '내 말이 맞았다'고 책상 쳐서 좋다.(24%)

3) '큰소리로 말하면 좋겠다'는 느낌을 받아서 싫다.(18%)

라. 교사의 발화와 학생의 반응이 일치하지 않는다.

〈그림 6-26-1〉

〈그림 6-26-2〉

[청취-07] 오른손 집게손가락을 펴 가슴 높이에서 안으로 밖으로 움직임 (그림 6-27)

가. 아동의 발표내용이 말하듯이 매끄러울 때 박자를 맞추며

나. '처음서부터 끝까지 참 잘하였어요.'

다. 1) 맞을 때는 돌리고 틀리면 멈추면서 내 말에 장단을 맞추어 주는 것 같아(36%)

2) '잘한다'고 칭찬하는 것 같아서(34%)

3) '발표를 잘하고 있다'라는 표정인 것 같아서 (26%)

4) 틀리면 꾸중할 것 같아서(4%)

라. 교사의 발화와 학생의 반응이 일치하지 않는다.

〈그림 6-27〉

〈그림 6-28〉

[청취-08] 오른손 엄지손가락과 집게손가락으로 동그라미 만들어 높이 들고 흔듦 (그림 6-28)

가. 1) 문제 발견, 아이디어 생성, 적용하기 등의 절차를 거치는 상황에서

2) 정리한 것을 아주 잘했을 경우

나. 1) '그래, 어쩌면 그렇게 잘 알고 있어요.'

2) '너를 믿고 싶어요.'

다. 1) '내가 잘했다'는 느낌을 받아서(36%)

2) '맞았다'고 칭찬해 줄 것 같아서(33%)

3) 내가 말하는 것이 옳다는 것 같아서(31%)

라. 교사의 발화와 학생의 반응이 일치한다.

[청취-09] 양손 마주잡고 아래위로 흔듦 (그림 6-29)

가. 어쩌다 한번 발표하였지만 기대 이상으로 잘 하였을 때

나. 1) '그렇게 잘하면서 왜 평소에는 하지 않았어요?'

2) '그것 봐라, 너도 잘 할 수 있어요.'

다. 1) 엄마 같아서 편안하다.(36%)

2) 무섭지 않아서(32%)

3) 용기를 주어서(32%)

라. 교사의 발화와 학생의 반응을 기술한 문장 상으로 보아 의미는 일치한다.

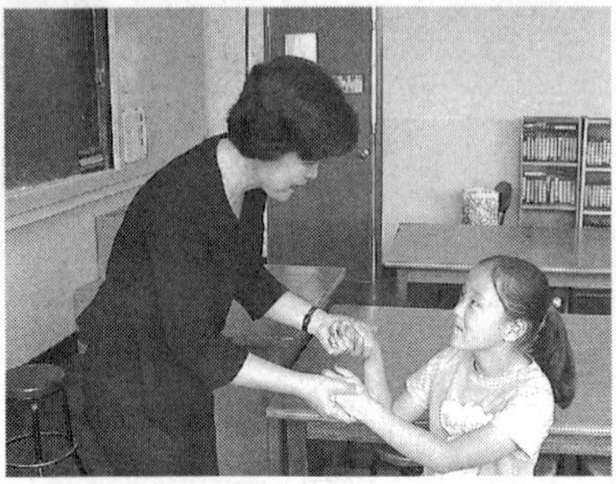

〈그림 6-29〉

〈그림 6-30〉

[청취-10] 두 손으로 가볍게 안음 (그림 6-30)

가. 학습부진아나 내성적인 아동이 학습내용과 비슷하게 한마디만 해도.

나. 1) '순이, 정말 잘하네. 다음 번에도 그렇게 해 봐라.'

2) '너도 잘 할 수 있어요.'

다. 1) 못해도 끝까지 들어주어서(37%)

2) 편안해서(32%)

3) 열심히 하라고 용기 주는 것 같아서(31%)

라. 교사의 발화와 학생의 반응이 일치한다.

4. 분석 결과 및 시사점

교사-학생 간 의사소통에서 설명시 담화 상황이 가장 많이 대두되며, 그 다음 빈번하게 일어날 수 있는 담화 상황은 질문과 답변 그리고 청취 행위일 것이다. 그러나 교사의 측면에서는 답변은 설명의 범주에 속하므로 이번 장에서는 질문과 청취 손짓을 기술하고 분석하였다. 교사의 질문 및 청취 손짓 언어에 대한 학생들의 반응은 질문시 손짓 언어의 경우 [질문-02], [질문-05], [질문-08], [질문-15], [질문-18] 그리고 청취시 손짓 언어의 경우는 [청취-06], [청취-07]이 학생들에게 낮은 인지도를 보인다. 이는 교사의 언어적 발화와 비언어적 손동작 즉 손짓 언어의 인지적 일치가 보장되지 않기 때문이다.

이 결과를 토대로 학생들에게 선호되고 인지될 수 있는 손짓 언어 개발이 중요하다고 판단된다. 질문 및 청취시 교사 손짓 언어 기술에서 괄목할만한 현상은 질문의 손동작은 다양하나 청취의 손동작은 단조롭고 그 숫자 또한 제한되어 있다는 사실이다. 물론 청취할 때 특별 동작을 취한다는 것은 어려울 수 있지만 주의 깊게 그리고 학생들 답변이나 발표를 관심 있게 경청한다는 제스처는 중요한 의사소통 행위라고 판단된다. 따라서 현장의 교수자들은 특히 초등학교의 경우 청취의 손동작 개발은 더욱 중요한 과제가 아닐 수 없다. 또한 간과할 수 없는 것은 손짓 언어와 함께 따스한 시선, 자세, 몸짓 등이 연동되어야 교사-학생 간 효율적인 의사소통을 보장 받을 수 있을 것이다.

강조와 정리의 손짓 언어 읽기

1. 강조와 정리 손짓의 분석 개요

교사들이 교수-학습 상황에서 활용하는 모든 손동작은 말을 하는 것과 아주 밀착되어 있다. 또한 활발하게 말하고 있는 사람의 손을 보면 가만히 있을 때가 거의 없으며 말의 '음악'을 지휘라도 하듯이 가볍게 흔들거나 재빠르게 움직이거나 위아래로 오르내린다. 손동작이 단순히 말에 박자를 맞추는 것이 아니라 "내가 강조하고자 하는 것은 이것이고, 이것이며, 이것입니다" 라고 말한다. 동시에 손의 모양은 "내가 강조하고자 하는 것은 이것이고, 이것이며, 이것입니다. 그리고 이러한 기분으로 나는 이러한 점을 강조합니다"라고 말한다. 강조시 손동작을 보면 자신의 생각을 상대방에게 이해시키려고 하는 손바닥을 옆으로 세우는 동작, 물건을 강하게 붙잡는 동작, 단단하게 쥔 동작으로 허공을 치는 동작, 학생에게 찬동을 요망하는 동작, 확고한 결단을 내리는 동작 등이 있다. 여기서는 빈도수가 많은 15개 손짓동작('강조- 01'부터, '강조-15'까지)만을 기술할 것이다.

동작이 제스처가 되고 제스처가 메시지를 보내는 방법이라면 교수-학습 상황에서 손동작의 중요성을 생각하지 않을 수 없다. 그리고 학습 내용을 이해하기 쉽게 전달하려는 갖가지 방법들이나 학습한 내용을 모든 학생이 자기 나름대로 인지할 수 있는 정리 손동작 또한 중요하다고 본다. 교사가 가장 많이 하는 동작으로 흉내로 신호를 전달하는 모방 제스처다. 모방 제스처는 학습내용에 맞는 사람, 사물, 또는 동작을 될 수 있는 대로 정확하게 복사하는 것을 말한다. 능숙한 모방 제스처는 그것을 처음 보는 사람도 그것이 무엇을 나타내는가를 금방 인식할 수 있다. 수업시간에 배운 내용을 능숙한 손동작과 함께 정리해 줄 수 있다면 정보화 시대에 사는 학생들에게 도움이 될 것이다. 정리시 손동작도 빈도수가 많은 15개 동작('정리-01'부터 '정리-15'까지)만 기술하였다

2. 강조 손짓의 기술·분석

마당별 대단원의 개관에서 대단원의 주요 학습목표나 학습내용 및 활동에 대한 강조나, 수업 상황에서 중요한 학습내용이나 기본원리에 대한 강조시에도 교사의 손동작은 중요하다. 언어적인 강조만 하였을 경우와, 언어와 손동작을 함께 한 학습내용의 인지도는 확실하게 다르다. 예를 들어 첫째 마당의 학습목표와 소단원별 핵심내용은 언어로만 지도하고, 둘째 마당의 학습목표와 핵심내용은 언어와 손동작과 병행하여 지도한 후 얼마나 인지하고 있는 정보량을 조사하면 학생들은 손동작과 함께 한 정보를 더 잘 기억한다. 효과적인 강조 동작도 교사가 익혀 둘 필요성이 있다고 본다. 강조시 손동작에 대한 학생의 반응은 다음과 같다.

[강조-01] 양손(오른손) 주먹 쥐어 안으로 잡아 당겼다 앞으로 펼침 (그림 7-1-1, 7-1-2)

가. 1) 이야기할 때 어떤 부분을 강조시
2) 통제해야 할 때를 강조시
3) 기분을 전하는 가장 명료한 메시지

나. 1) '선생님이 요약하는 박물관의 필요성과 중요 기능, 박물관의 종류에 대해서는 꼭 알아두면 좋겠다.'
2) '속담 속에 숨어 있는 깊은 뜻을 새겨두거라.'
3) '이것이 가장 중요한 내용이라고 생각하니 기억해두라.'

다. 1) 꼭 알아두면 좋겠다고 힘주어 말해서(29%)
2) 주먹 안에 배운 내용 잡아두라고 해서(26%)
3) 이것이 가장 중요한 내용이라고 기억하라고 해서 좋다.(23%)
4) 핵심 내용만 추리면 좋다고 해서(22%)

라. 교사의 발화와 학생의 반응이 일치한다.

〈그림 7-1-1〉

〈그림 7-1-2〉

[강조-02] 오른 (왼)손 눈 옆으로 올려 엄지, 집게 동그라미 세 손가락은 붙여 반쯤 구부리고 귀 옆에서 꼭 알아야 한다며 앞으로 두 번 뿌림(손가락 동그라미) (그림 7-2-1, 7-2-2)

가. 다른 내용은 기억하지 못해도 좋으니 이것만을 꼭 기억해두어야 한다며 학습내용의 줄거리 간추리며

나. 1) '역사 속 유물과 유적을 통해 우리 선조들의 뛰어난 과학성만은 알아 본받으려고 노력해야 한다.'

2) '가장 핵심적인 내용을 말해봐라.'

다. 1) '학습내용 기억하라.'(36%)

2) '중요하니 알아두어라.'(33%)

3) '핵심적인 내용을 간추려 말해봐라.'(31%)

라. 교사의 발화와 학생의 반응이 상관성이 있다.

〈그림 7-2-1〉

〈그림 7-2-2〉

[강조-03] 오른손 주먹 살짝 쥐고 왼손은 오른손 팔꿈치에 대고 주먹 꼭 쥐었다 손가락 펴 학습자를 향해 손가락 펴 내림 (그림 7-3-1, 7-3-2)

가. 자신의 생각을 상대방에게 이해시키려고 한다는 것을 강조

나. 1) '오늘 배운 내용을 모두 꼭 잊지 않도록……'

2) '중요한 부분을 꼭 알고 있어라.'

다. 1) '선생님이 말하는 것을 잘 들어라.'(35%)

2) '오늘 배운 내용을 모두 꼭 잊지 않도록'(34%)

3) '중요한 부분을 꼭 알고 있어라'(31%)

라. 교사의 발화와 학생의 반응이 일치한다.

〈그림 7-3-1〉

〈그림 7-3-2〉

[강조-04] 오른 엄지, 집게손가락으로 게발 만들어 보이며 세 손가락은 붙임 (그림 7-4)

가. 1) 무엇인가를 찾아내려고 하는 동작

2) 말의 정확성 그 자체보다는 정확성을 추구하는 기분을 나타낸 다.

나. 1) '철새들은 왜 때가 되면 장거리 여행을 할까? 그 이유를 밝혀 보자.'

2) '공기가 없으면 살 수가 없다고 하지만 날마다 고마움을 생각하며 살고 있는 사람은 얼마나 될 것인가?'

3) '핵심 내용을 게 발처럼 붙잡아라.'

4) '요점 정리를 잘해야 한다.'

다. 1) '집게로 집고 있어라.'(34%)

2) '잘 알아야 한다.'(33%)

3) '요점정리를 잘해야 한다.'(33%)

라. 교사의 발화와 학생의 반응이 상관성이 있다.

〈그림 7-4〉

〈그림 7-5〉

[강조-05] 왼손바닥을 오른손 세워 탁 탁 침(손칼 동작) (그림 7-5)

가. 오늘 배운 내용 중에서 가장 중요한 내용임을 강조하며.

나. 1) '여러 가지 내용 중 가장 핵심적인 것 이외에는 버려라.'
  2) '중요한 내용이니 꼭 알고 있어라.'
  3) '머릿속에 잊지 말고 담아두어라.'
  4) '여길 주목해라.'

라. 1) '여러 가지 내용 중 가장 핵심적인 것 이외에는 버려라.'(37%)
  2) '중요한 내용이니 꼭 알고 있어라.'(31%)
  3) '머릿속에 잊지 말고 담아두어라.'(27%)
  4) '여길 주목해라.'(5%)

라. 교사의 발화와 학생의 반응이 일치한다.

[강조-06] 양손가락을 편 상태에서 양팔을 교차함 (손가위 동작)(그림 7-6)

가. 1) '오늘 배운 학습내용을 요약하여 뼈대만 알아두어라.'
  2) '긴 글의 줄거리를 요약할 경우.'

나. 1) '필요 없는 부분을 잘라내는 요령도 터득하라.'
  2) '문단의 중심내용만 찾아라.'
  3) '모두 다 알 수는 없단다.'

다. 1) '오늘 배운 학습내용을 요약하여 뼈대만 알아두어라.'(34%)

2) '필요 없는 부분을 잘라내는 요령도 터득하라.'(33%)

3) '중요하니 잊지 말기를 바란다.'(33%)

라. 교사의 발화와 학생의 반응이 일치한다.

〈그림 7-6〉

〈그림 7-7〉

[강조-07] 오른손 주먹 쥐어 올림 (공중펀치) (그림 7-7)

가. 1) 교사의 생각에 아동들의 생각을 일치시키려고 하는 동작으로 교사 생각이 아동 생각일 거라고 믿으며 중요내용을 다시 한 번 말해준다.

2) 학습문제 해결에 필수적인 항목을 강조하며

나. 1) '오늘 배운 것이 이 손안에 모아져 있다.'

2) '확실하게 알고 있어야 해.'

다. 1) '오늘 배운 중요한 내용을 꼭 기억하도록'(40%)

2) '확실하게 알고 있어야 해.'(31%)

3) '내 생각을 꼭 잡아라.'(29%)

라. 교사의 발화와 학생의 반응이 상관성이 있다.

[강조-08] 집게손가락 세우기 (그림 7-8)

가. 1) 핵심적인 내용이나 인물을 찾아 요약 정리시

2) 여러 상황에서 문제에 잘 맞는 해결방법을 찾을 경우

나. 1) '핵심내용과 보조내용을 찾고 여러 등장인물 중 핵심인물을 찾아라.'

2) '바로 그것이야'

3) '중요한 내용 한 가지만이라도 확실하게 알아라.'

다. 1) '핵심적인 내용이 무엇인지 알아야 한다.'(39%)

2) '바로 이것이지. 시험문제야' 하며(32%)

3) '중요한 내용 한 가지만이라도 확실하게 알아라.'(29%)

라. 교사의 발화와 학생의 반응이 일치한다.

〈그림 7-8〉

〈그림 7-9-1〉

〈그림 7-9-2〉

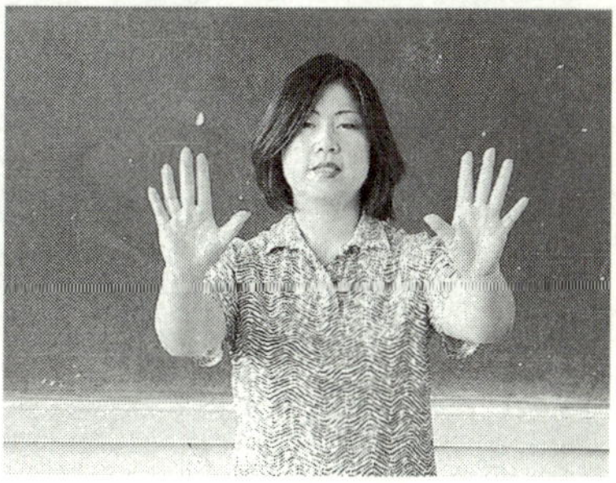

〈그림 7-9-3〉

[강조-09] 양손가락을 펼쳐 앞으로 내밀었다가 손바닥을 돌렸다 다시 물건 끌어안듯 손바닥 마주보게 하는 동작 (그림 7-9-1, 7-9-2, 7-9-3)

가. 1) 이야기 속의 인물이 되어 자신의 생각을 작품 속에 이입시켜 수용하고 흥미를 가질 수 있는 계기가 되도록 강조하고 싶을 경우

2) 주로 정의적인 문장지도시 학습내용과 어울리는 강조시 손동작

나. 1) '바위나리와 아기별'처럼 친구와의 우정을 느낄 수 있는 사람이 되었으면 좋겠다.'

2) '넓게 생각해 봐. 그리고 중요한 내용이니 찾아 기억해 둬.'

다. 1) '중요한 내용이니 알아두어라.'(38%)

2) '넓게 생각해 봐, 그 다음 무엇이지?'(33%)

3) '꼭, 꼭 약속하자'고 말해서.(29%)

라. 교사의 발화와 학생의 반응이 상관성이 있다.

〈그림 7-10-1〉

〈그림 7-10-2〉

〈그림 7-10-3〉

〈그림 7-10-4〉

[강조-10] 오른손 엄지손가락과 새끼손가락은 펴고 나머지 손가락은 굽혀 돌림 (그림 7-10-1, 7-10-2, 7-10-3, 7-10-4)

가. 1) 우리 문화와 다른 나라의 문화에 대해 배우고 우리 것에 대해 특히 인지시키고 싶을 경우

2) 가장 중요한 것을 엄지, 가운데 세 손가락은 중간 정도 중요한 내용이고 새끼손가락은 배운 내용 중 덜 중요한 내용임을 암시하며

나. 1) '가장 중요한 것을 꼭 기억하세요.'

2) '우리 문화재 중 석굴암을 비롯하여 종묘, 팔만대장경, 창덕궁, 수원성이 세계 문화유산으로 지정되었다. 세계 문화유산으로 지정된 우리 문화재를 통해 우리 문화의 우수성을 알며 우리 문화 유적에 관심을 가져야 한다.'

다. 1) '가장 중요한 것을 꼭 기억하고 실천하여라.'(42%)

2) '관심을 가져야 한다.'(34%)

3) '으뜸임을 강조해서'(24%)

라. 교사의 발화와 학생의 반응이 상관성이 있다.

〈그림 7-11〉

[강조-11] 왼손바닥을 오른 집게손가락과 가운데 손가락으로 번갈아 두드림 (그림 7-11)

가. 1) 학습방법에 대해 구체적으로 안내해 주며 단순히 '문단을 나누라'라고 지시만 하는 것이 아니라 문단을 나누는 방법을 명시적으로 제시해 주며

2) 학습 활동과 직접 관련되지 않은 것을 배제함으로써 학습의 효율을 높일 수 있는 경우의 교수-학습 상황에서

나. 1) '전체를 부분으로 나눈 뒤, 이 부분들을 순서대로 나누어 보아라.'

2) '아무리 긴 문장도 문단과 문단 사이를 여러 가지 방법으로 구분 할 수 있다. 새 문단이 시작될 때는 첫째 칸을 한 칸 띄운다.' 등

3) '중요한 내용이니 꼭 기억해라.'

4) '왜 강조하는지 알겠어요?'

다. 1) 여러 번 말해주며 강조해서(35%)

2) 중요한 내용을 찾으라는 것 같아서(24%)

3) '왜 강조하는지 알겠어요?'라고 물어서(22%)

4) 생각하는 기회를 주어서(19%)

라. 교사의 발화와 학생의 반응이 일치하지 않는다.

[강조-12] 오른손 들고 엄지부터 차례로 꼽아감 (그림 7-12)

가. 1) 교사나 친구들과 함께 해결해야 할 문제를 확인하고, 문제 해결 방법을 찾아 문제를 해결하고 이를 일반화하는 활동을 강조할 때.
  2) 문제 진단 및 확인 절차를 설명하며 가설을 세울 때.
  3) 문제 해결 방법을 탐색할 때.

나. 1) '주어진 조건의 내용을 차례로 생각해라.'
  2) '주어진 문제에서 불충분한 조건과 필요한 조건을 찾아내라.'
  3) '여러 가지 해결 방법 중에서 가장 합당한 조건부터 찾도록.'
  4) '이번 시간에 배운 내용을 중요한 것부터 차례대로 말해봐라.'

다. 1) 내용을 차례로 꼽아가서(43%)
  2) 기억을 더듬게 해서(34%)
  3) 여러 가지 내용을 생각나게 해서(13%)
  4) '이번 시간에 배운 내용을 중요한 것부터 차례대로 말해보라' 해서(10%)

라. 교사의 발화와 학생의 반응이 일치한다.

〈그림 7-12〉

〈그림 7-13〉

[강조-13] 양손 가운데손가락으로 머리 짚음 (그림 7-13)

가. 1) 창의성을 요구하는 학습 상황에서 문제해결을 위한 다양한

아이디어를 떠올릴 필요성을 강조하며.

2) 발전학습 문제를 주며.

나. 1) '머릿속에 무궁무진한 생각들을 모두 활용해서 문제를 해결해 보도록 하라.'

2) '중요한 내용은 여러 번 읽어보고 요약 정리해 둘 필요가 있다.'

다. 1) 깊은 생각하게 자극해서(38%)

2) 머릿속에서 생각들을 정리하는 데 도움을 주어서(34%)

3) 중요한 내용을 머릿속에 정리해 둘 것을 강조해서(28%)

라. 교사의 발화와 학생의 반응이 일치한다.

[강조-14] 오른손 주먹쥐어 이마 가운데를 건드림 (그림 7-14)

가. 1) '이번 시간에 배운 내용들이 여러 가지가 있지만 머릿속에 꼭 넣어 두고 실천해야 할 것?'은 하며

2) 핵심내용을 다시 되짚어 설명하며.

나. 1) '지금 배운 것들을 머릿속에 잘 입력시켜 놓아라.'

2) '깊이 생각해보고 묻는 말에 맞는 답을 하도록.'

다. 1) 머리를 치는 것 같아 무섭다.(33%)

2) 핵심내용을 다시 되짚어 설명하여 좋다.(31%)

3) '지금 배운 것들을 머릿속에 잘 입력시켜 놓아라'(26%)

4) 더 잘 하도록 격려하셔서(10%)

라. 교사의 발화와 학생의 반응이 일치하지 않는다.

〈그림 7-15〉

〈그림 7-16〉

[강조-15] 오른 집게손가락으로 볼 짚어감 (그림 7-15)

가. 1) 작품에 대한 개인적 반응의 표현을 강조.

2) 질문에서 요구하는 답을 찾아 신중하게 말하도록.

나. 1) 이 작품에서 무엇을 배워야 하나요?

2) '과연 그럴까? 다시 한 번 생각해 볼래?'

다. 1) 우리들이 알고 있는 것을 정리할 기회를 주어서(44%)

2) 할 수 있을 것 같다는 믿음을 주어서(29%)

3) 편안한 마음으로 생각을 떠올릴 수 있게 해서(27%)

라. 교사의 발화와 학생의 반응이 일치하지 않는다.

3. 정리 손짓의 기술·분석

수업의 마무리 단계에서 학습목표에 도달한 정도를 평가하며 배운 학습 내용을 매시간 확인하고 정리해 주어야 한다는 것은 누구나 알고 있지만 그리 쉬운 일도 아니다. 7차 교과서를 보면 각 마당을 '두 개의 소단원'과 '한 걸음 더'로 구성하여 마당 또는 소단원 내에서 '도입→

원리→적용→발전' 학습이, 마당별로 보충 학습과 심화 학습이 유기적으로 이루어지도록 구성되었다. 그리고 '한 걸음 더'는 '되돌아보기'와 '더 나아가기'의 학습 과제(공통 과제형, 선택 과제형)를 활용하여 학생의 흥미, 태도, 능력에 맞는 수준별 학습을 하도록 구성되었다. 그렇기 때문에 정리도 수준별로 하지 않으면 안 되어서 이 경우 상위권에 속하는 학생과 학습지진아나 학습부진아에게 하는 정리방법은 당연히 차이가 있다. 언어로만 해도 이해하는 수준이 있는가 하면 언어와 손동작을 병행해야 이해가 되는 학생이 있어서 이때에도 교육적으로 의미가 있는 교사의 정리시 손동작은 필요하다고 본다. 정리시 교사의 손동작('정리-01'부터, '정리-15'까지)에 대한 학생의 반응을 기술해 본다.

[정리-01] 양손으로 책상 짚음 (그림 7-16)

가. 가장 많은 교사들의 마무리 동작으로 학습유형에 따라 정리.

나. 1) '학습문제가 뭐지? 그래서, 그 다음은……'
   2) '오늘 배운 내용을 잘 알아두어라.'

다. 1) 편안해서.(52%)
   2) '학습문제가 뭐지? 그래서, 그 다음은……'하며 생각할 기회를 주어서(27%)
   3) 불안하지 않아 기억이 난다.(21%)

라. 교사의 발화와 학생의 반응이 상관성이 있다.

〈그림 7-16〉

〈그림 7-17〉

[정리-02] 왼손 들어 손가락 펴고 오른손 집게손가락으로 왼 엄지손가락부터 짚어감 (그림 7-17)

가. 각 교과 학습내용에 따라 알아야 할 핵심요소가 여러 개가 있을 시.

나. 1) '탈춤은 우리 조상들이 즐긴 춤의 하나로 탈춤을 통해 당시 조상들의 생활 모습, 슬기, 지혜, 놀이, 문화적인 면을 알 수 있다.'

2) '처음부터 배운 내용을 다시 한 번 말해주겠다.'

다. 1) 처음부터 배운 내용을 다시 한 번 말해주어서(37%)

2) 중요한 것부터 차례대로 꼽아주어서(32%)

3) 배운 내용 생각할 기회를 주어서(31%)

라. 교사의 발화와 학생의 반응이 상관성이 있다.

[정리-03] 왼손 들어 손가락 펴고 오른손 집게손가락으로 왼손 엄지손가락부터 꼽아감 (그림 7-18)

가. 1) 모둠별로 소주제 해결 문제가 다를 경우 문제를 해결하여 전원에게 모둠장이 발표한 내용을 정리할 때.

2) 책에 대한 재미있는 기록에 대해 알아볼 경우.

가장 큰 책은 무엇이고, 가장 오랫동안 만든 책은 무엇이며,

가장 큰 도서관은 어디에 있고, 가장 많은 나이에 작가가 된 사람은 누구며, 가장 많은 작품을 쓴 사람은 누구고, 가장 오랫동안 빌려 간 책은 이 책이야 와 같은 내용정리시.

나. 1) '차분하게 차례대로 정리를 잘 하였구나.'

2) '확실하게 정리 잘하는구나.'

다. 1) 차분하게 차례대로 꼽아주어서(39%)

2) 머릿속에서 생각이 잘 나온다.(31%)

3) 확실하게 마무리를 하는 것 같아서(30%)

라. 교사의 발화와 학생의 반응이 일치한다.

〈그림 7-18〉

〈그림 7-19〉

[정리-04] 왼손가락 펴서 들고 오른손은 왼손 팔꿈치 바치고 왼손 엄지부터 차례로 꼽음 (손바닥은 학습자를 향해) (그림 7-19)

가. 1) 순서대로 정리한 것을 보면서 내용을 간추려 보는 경우

2) 정리한 내용을 보면서 글의 줄거리를 간추려 볼 경우

나. 1) '그 다음은 뭐지?'

2) '애들아, 가장 중요한 것부터 말해보자.'

다. 1) 순서대로 내용을 간추려 보게 해서(45%)

2) '그 다음은 뭐지?' 하고 자극해 주어서(31%)

3) 우리들의 생각을 인정해주어서(24%)

라. 교사의 발화와 학생의 반응이 상관성이 있다.

[정리-05] 오른손 주먹 쥐었다가 오른손 새끼손가락부터 차례로 폄 (그림 7-20)

가. 학습단계를 거꾸로 거슬려 올라가며

나. 1) 정리→전개→도입→학습문제 확인 순서로 새끼손가락을 펴며

2) 배운 내용을 다시 한 번 생각해 보자.

다. 1) 도입→전개→정리→ 순서로 새끼손가락을 펴며 마무리해 주어서(61%)

2) 배운 내용을 다시 한 번 생각해 보는 기회를 주어서(29%)

3) '배운 내용을 잊지 말라'고 하는 것 같아서(10%)

라. 교사의 발화와 학생의 반응이 일치한다.

〈그림 7-20〉

〈그림 7-21〉

[정리-06] 양손을 벌려 손바닥을 위를 보이게 하고 아래위로 오르내림 (그림 7-21)

가. 아동에게 무엇인가 문제점이나 불명확한 것이 발견되어 명확한 답을 찾아보라고 하는 동작

나. 1) '그래, 그럴까'하며 한마디할 때마다 손을 오르내림.

2) '나라면 어떻게 하였을까?'

3) '다음 말이 궁금하구나.'

다. 1) '배운 것을 생각해 봐'하고 바라는 것 같아서(44%)
2) '정확한 답을 찾아보라'고 하며 기회를 주어서(21%)
3) 말한 내용을 인정해 주어서(20%)
4) 대답에 박자를 맞춰주어서(15%)

라. 교사의 발화와 학생의 반응이 일치하지 않는다.

[정리-07] 오른 집게손가락으로 오른쪽 귀 구멍을 가리킴 (그림 7-22)

가. 잘 들었나 듣지 않았나 평가해가며 잘못 이해한 부분에서 다시 설명시

나. 1) '귀담아들었어야 하는 데 듣지 않았구나. 지금이라도 꼭 알아두세요.'
2) '또 뭐가 있을까? 곰곰이 생각해 봐.'

다. 1) '또 뭐가 있을까?' 하고 생각할 기회를 주어서(38%)
2) 잘 들었나 듣지 않았나 확인하는 것 같아(27%)
3) '배운 것은 잘 들었어야 기억이 나지?' 하며 잘 들을 것을 바래서(24%)
4) 듣지 않았다고 꾸중하는 것 같아서(11%)

라. 교사의 발화와 학생의 반응이 상관성이 있다.

〈그림 7-22〉

〈그림 7-23〉

[정리-08] 양손가락을 펴서 자기 자신을 가리킴 (그림 7-23)

가. 1) 마무리 시간이 되면 아동들의 학습태도가 풀어지는데 그 때.

나. 1) '자. 여기 보세요. 오늘 배운 내용을 정리해 줄 것이니 잘 들어라.'

2) '오늘 배운 내용을 다시 한 번 말해보고 마칠 거예요.'

다. 1) '선생님과 같이 정리해 보자' 하고 친절을 베풀어서(54%)

2) 요약 정리해 주어서 좋다.(36%)

3) 기타(10%)

라. 교사의 발화와 학생의 반응이 상관성이 있다.

[정리-09] 양손바닥 치며 포개서 꼭 짐 (그림 7-24)

가. 아동들이 학습문제를 해결하는 과정에서 적극적인 태도를 보였을 경우

나. 1) '이번 시간에 공부한 것을 모두 잘 알고 있어서 기뻐요.'

2) '이제 된 것 같구나.'

3) '이번 시간에 참 잘하였어요.'

다. 1) 오늘 배운 것을 잊지 말라고 하신다.(36%)

2) '아주 잘했다'고 기뻐하신다.(33%)

3) '참 잘하였다'고 칭찬을 해 주셔서(31%)

라. 교사의 발화와 학생의 반응이 상관성이 있다.

〈그림 7-24〉

〈그림 7-25-1〉

〈그림 7-25-2〉

[정리-10] 왼손 등을 오른손으로 만지며, 그와 반대로 손을 서로 바꿈 (그림 7-25-1, 7-25-2)

가. 소집단별로 조사해 온 내용에 대한 상호 교수가 끝난 다음 조사하여 기록한 내용을 서로 돌려가며 정리할 때 소집단별로 발표가 끝날 때마다 손의 위치를 바꾼다.

나. 1) '잘하네. 그래서 그렇다면 너의 모둠 생각도 같구나.'
  2) '오늘 배운 내용을 모두 알고 있구나.'

다. 1) 잘못할까 봐 불안한 표정이다.(38%)
  2) 잘하길 바라는 표정(33%)
  3) 다음 사람을 기다려 주려고 애쓰는 표정(18%)
  4) 기타(11%)

라. 교사의 발화와 학생의 반응이 일치하지 않는다.

〈그림 7-26〉

[정리-11] 손등으로 칠판의 문제 짚음 (그림 7-26)

가. 1) 핵심 판서한 칠판의 문제를 손등으로 짚어가며 아동들에게 답을 하나하나 들어가며

2) 다시 생각할 수 있는 기회를 줄 경우.

나. 1) '이것은, 그 다음은……' 하며 묻고 답을 들으며.

2) '그 다음은 뭐지?'

3) '짚어줄 때 잘 해.'

다. 1) 배운 내용 정리할 기회를 주어서(42%)

2) '이것은, 그 다음은……' 하며 묻고 답을 들어 주어 좋다. (34%)

3) 마무리 잘 해 주어서(24%)

라. 교사의 발화와 학생의 반응이 상관성 있다.

[정리-12] 가르침대를 돌림 (그림 7-27)

가. 1) 아동들의 시선을 가르침대로 이동시켜놓고 주의집중 상태에서 학습내용을 정리 확인하며 한번 말할 때마다 한 번씩 가르침대를 돌린다

2) 말의 리듬과 밀착되어 하는 손동작.

나. 1) '이번 시간에 배운 내용을 정리해보자.'

2) '배운 내용 정신 차리고 정리해 봐.'

다. 1) 가르침대를 돌리며 말해서 좋다.(32%)

2) '배운 내용 정신 차리고 정리해 봐'라고 강조하여서(29%)

3) 못하면 어쩌나 걱정이 되어 불안하다.(27%)

4) 다시 기억하게 해 준다.(12%)

라. 교사의 발화와 아동의 반응이 일치한다.

〈그림 7-27〉

〈그림 7-28〉

[정리-13] 오른손 주먹 쥐어 듦 (그림 7-28)

가. 꼭 알아야 할 부분에서 주먹 쥐어 들어 보인다.

나. 1) '시험문제에 잘 나오는 문제다.'

2) '이번 시간에 배운 것은 꼭 알아두어라.'

3) '그때 그때 해결하는 거야.'

다. 1) 꼭 알아야 할 부분에서 주먹 쥐어 들어 보여 좋다.(46%)

2) '중요하니 잘 기억해두라'고 해서(31%)

3) '못하는 사람 알아서 해'라고 하여서(23%)

라. 교사의 발화와 아동의 반응이 일치한다.

[정리-14] 칠판 문제에 분필로 줄을 그음 (그림 7-29)

가. 학습목표와 학습내용을 확인하며 색분필로 밑줄을 그으며 평가와 정리를 함께

나. 1) '이번 시간에 배운 것 가운데 가장 중요한 것은……' 하며.

2) '요점만 찾아 정리해 보자.'

다. 1) 무엇을 배웠는지를 안다.(53%)

2) 요점정리가 된다.(38%)

3) 공책정리에 도움이 된다.(9%)

라. 교사의 발화와 학생의 반응이 일치한다.

〈그림 7-19〉

〈그림 7-20〉

[정리-15] 양손을 깍지 끼어 손등 위에 턱을 받침 (그림 5-15)

가. 앉아서 학습자를 지명한 후 정리하게 하고 들어주며.

나. 1) 턱으로 긍정(잘 들었네), 부정(잘 모르면 어떻게 해)을 나타내며.

2) '그래, 오늘 배운 내용 정리해 보자.'

다. 1) 생각하는 것을 기다려 주어서(49%)

2) 턱으로 긍정(잘 들었네), 부정(잘 모르면 어떻게 해)을 확인해서(38%)

3) 빨리 말하라고 재촉하지 않아서(13%)

라. 교사의 발화와 학생의 반응이 상관성이 있다.

4. 분석 결과 및 시사점

교사-학생 간 의사소통에서 강조의 손짓과 정리시 손짓은 비슷한 손짓 동작으로 이루어지며, 학생들에게 인지되는 것도 언어적 발화와의 관련성 속에서 이루어진다. 특히 강조시 손동작은 정치인의 선거 유세시 웅변을 모습을 상상해 보면 이해가 빠를 수 있다. 이를 테면 자신의 생각을 이해시키려고 하는 손바닥을 옆으로 세우는 동작, 물건을 강하게 붙잡는 동작, 단단하게 쥔 동작으로 허공을 치는 동작, 학생에게 찬동을 요망하는 동작, 확고한 결단을 내리는 동작 등이 있다. 이 장에서 제시된 설명의 15개 동작 중 [강조-11], [강조-14], [강조-15]는 학습자들에게 인지도가 현저히 떨어지는 것으로 조사되었다. 이런 손짓 언어들은 언어적 발화를 고려하여 수정되어야 할 것이다.

정리시 동작은 주로 수업의 마무리 단계에서 관찰될 수 있다. 특이한 점은 [정리-02]와 [정리-03] 동작은 유사한 표현 형태를 띤다. 그러나 실제로 손가락을 '짚는 것'과 '꼽는 것'의 차이가 드러난다. 특히 [정리-10]은 학습자로부터 언어적 발화와 비언어적 손짓 기호의 일치나 유사성이 인식되지 않는다. 따라서 [정리-10]은 수정되어야 할 것이다.

손짓 언어 의사소통의 교훈

지금까지 5, 6, 7장에 걸쳐 수업시 손동작에 대해 담화 유형별, 즉 설명·질문·청취·강조·정리 유형으로 분류하여 제시하였다. 이번 장에서는 이런 조사를 수행하면서 얻어낸 동료 교사들의 반응을 정리할 것이다. 1절에서는 교사의 비언어적 의사소통 행위에 대하여 학생들이 관찰한 내용을 보고 교사들의 반응을 기술할 것이다. 2절에서는 본 연구의 핵심 내용, 즉 비언어 의사소통이 수업 효과에 영향을 준다는 내용을 보고 교사들의 반응을 정리할 것이다.[19] 3절에서는 비언어 의사소통에 관한 교사들의 인식도 조사결과를 기술하였으며, 4장에서는 교사-학생 간 비언어 의사소통 연구 결과에서 얻어낼 수 있는 교훈을 제시하였다.

1. 학생의 관찰 내용에 대한 교사 반응

교수-학습 상황에서 학생들은 담임교사가 환하게 미소 지으며 격려와 용기를 주는 부드러운 눈짓, 학습내용과 어울리는 적절한 손동작을

19) 연구자가 근무하는 시 소재지 N초등학교 교사 40명, 인근 학교 시 소재지 H학교 교사 16명, S학교 교사 13명, 군 소재지 12명의 교사에게 설문조사한 내용을 근거로 한 것이다.

하면 수업 효과가 극대화될 것이라는 가정 하에 본 연구가 기획되었다. 이에 따라 실제로 담임교사들의 손짓에 대하여 학생들의 반응을 정리한 것이 4, 5, 6장의 '다'항이다. 이와 같은 학생의 담임 손동작 관찰 내용에 대한 교사들은 어떤 생각을 하고 있는지 알아보겠다.

"내 손동작이 어떤 것인지 오늘 아동들의 설문지를 보고 알았다. 나도 모르고 있었는데 아동들은 나의 눈짓, 얼굴표정, 손짓에 대해 담임보다 더 많이 알고 있었다는 사실에 놀랐으며 혹시 상처받은 학생이 있다면 잘못을 용서받고 싶었다……. 학습 내용에 따라 설명할 때 손동작은 다양하며 동작과 함께 설명하는 것이 말로만 설명하는 것보다 효과적이라는 것을 느낄 수가 있었다."(30대 후반 남교사 3명, 3학년 담임 여교사 5명)

교사 자신도 모르는 사이에 비교육적인 의사소통 행위를 했다고 인정하며 바람직한 손동작을 하겠다는 의지도 보인다. 그리고 역시 설명시 손동작의 필요성도 나타나 있다.

"교수-학습 시간에 어떤 손동작이 유익한지 한 번도 생각한 일이 없었는데 교사의 비언어적 행위에도 신경을 써야 되겠다고 생각하였다……. 교사의 비언어적인 유형에 따라 학생들의 눈빛이 달라지기도 하고 듣기 · 말하기 활동에 차이가 있음도 알았다. 의도적으로 실시해야 할 필요성을 갖는다."(50대 초반 3학년 여교사 4명, 남교사 3명)

이 반응에서 보면 몸짓 언어의 필요성은 알고 있으나 말과 같이 쉽지 않음이 나타나 있으며 교사와 학생의 상호작용을 교과서 위주의 강의수업이 대부분이었을 것 같다는 인상을 받는다. 그리고 담임 반 학생들의 반응에서 요청시 뒷짐을 지거나 집게손가락으로 가리킨다고 반응한 것으로 보아 요청시 의미 있는 손동작에 대한 생각이 없었던 것으로 미루어 짐작한다.

"내 눈짓, 얼굴표정, 손짓을 어떤 것인지 알게 되었다. 상처받지 않도록 조심하겠다. 학습지진아나 학습 부진아는 교사의 비언어적인 행위에 영향을 더 민감하게 받는데 본인은 지금까지 손동작의 중요성에 대하여 생각해본 일이었다. 여러 번 설명해도 이해하지 못하는 특수반 학생에게 특히 설명시, 요청시 손동작의 중요성에 대하여 깊이 생각해보겠다."(50대 초반 특수반 남교사 2명)

이 교사는 3년 동안 특수반 담임을 하며 학습 지진아와 학습 부진아도 정상 학생과 똑같은 수업방법으로 가르쳤음을 시인하였으며 비언어적 의사소통에 관한 참고서적을 구입할 정도로 관심을 보였다. 학습력이 떨어지는 학생일수록 교사의 몸짓 언어는 많은 영향을 끼친다. 설명할 때도 가장 쉬운 언어와 손짓, 몸짓, 눈짓 등으로 이해하기 쉽게 교사-학생 상호작용을 해야 하며 요청할 때, 청취하고 강조, 정리할 때도 접촉 동작을 필요로 한다.

"언어는 표면적이지만 생각과 감정까지 전달하는 효과가 있는 영역이 바로 비언어적 의사소통 행위가 아닐까? 라는 생각을 해 보았다. 학생의 반응을 끝까지 들어 줄 수 있는 교사가 되어야 한다는 사실은 알면서도 그렇지 못하였음을 시인하며 노력하겠다."(30대 후반인 여교사 4명, 40대 초반인 남교사 3명, 50대 여교사 1명)

이런 반응을 보이는 교사들의 공통적인 생각이 언어적 의사소통의 중요성은 가끔 생각하지만 비언어적 의사소통의 중요성에 대해서는 거의 생각하지 않고 수업상황에 임한다고 하였다. 우리 반 학생들이 나의 몸짓 언어에 대한 관찰내용을 보고 얼굴표정, 눈짓, 손동작도 중요한 의사소통의 부분임을 알았다고 한다. 대부분 교사들도 언어적 의사소통에 더 많은 비중을 두고 수업한다는 사실을 알 수 있다.

"무심코 한 손동작으로 오해하고 있으면 어쩌나? 하는 걱정과 함께, 학생 앞에 집게손가락으로 힘주어 가리키는 손짓은 하지 말아야 하겠다. 학습내용과 손동작을 하는 것이 더 잘 기억된다는 학생들의 반응을 수용하겠다. 요청시 나의 손동작에 대한 반응을 보고 '과연 그렇겠구나' 하는 생각이 들었다."(30대 중반 5학년 담임 여교사 5명)

고학년은 교사의 얼굴표정, 눈짓, 손동작에 무관심한 줄 알았는데 학생들의 반응을 보면 그렇지 않다. 학습 내용에 어울리는 여러 가지 몸짓 언어를 동반한 수업시간이 지루하지 않고 공부하고 싶다는 반응은 어느 학년이나 공통점임을 알 수 있다.

"나의 손동작의 유형이 어떤 것인지 알게 되어 그나마 다행이다. 교수-학습 상황에서 교사의 손동작만 보고도 선생님의 마음을 알 수 있겠구나 하는 생각이 들었다. 개념 이해 문제나 학습 내용이 비교적 이해하기 복잡한 문제일수록 적절한 손동작과 함께라면 이해하는 데 도움을 줄 수 있겠다. 정리하는 방법도 터득해야 할 것 같다."(30대 후반 6학년 담임 여교사 6명)

무심코 한 손동작에서 학생의 표정이 변할 때마다 잘못을 알게 된다. 6학년 학생들은 교사의 몸짓에서 마음속까지 읽을 수 있으므로 언어와 비언어적인 행위가 일치하도록 조심해야 하겠다.

"학습내용을 인지하는 데 도움이 되는 몸짓 언어가 있음을 알게 되었다. 습관이 되지 않아서 처음에는 어색하였으나 학생들의 학습태도가 좋고, 주의집중력이 지속되고, 알고 있는 만큼만 말해도 불안하지 않도록 보듬어주는 몸짓 언어 동작은 필요하다."(40대 초반 1학년 여교사 4명, 남교사 2명)

5~6학년을 여러 해 담임하다 처음 1학년을 담임하였는데 고학년 같이 교과서 위주로 지도하였다고 한다. 그런데 수업시간에 교사의 말은 듣지 않고 옆 친구와 이야기하고 장난을 치는 학생들이 대부분이어서 이상하게 생각하다가 설문내용을 보고 왜 학습 태도가 소란하고 듣지 않는 학생이 많은지 알게 되었다. 의도적으로 몸짓 언어를 사용한 결과 효과적임을 알았다고 한다. 특히 1학년은 접촉 동작과 함께 손 유희 중심의 학습 방법을 적용하면 효과적일 것이다.

"교사 몸짓 언어의 중요성을 생각해보는 기회를 가져보았으며 학습 내용을 설명할 때 적절한 손동작과 함께여야 하겠다."(4, 5, 6학년 교사 대부분)

고학년이기 때문에 교사의 언어적 발화의 의미를 이해하지만 언어만으로 하는 수업 상황보다 학습 내용에 따라 적절한 교사의 몸짓 언어와 함께라면 학습 분위기가 활발하다. 이해의 난이도 때문에 싫증나서, 수업상황에서 벗어나려고 하는 모습이 보일 때 교사의 몸짓 언어로 수업 분위기를 모으는 방법을 연구해야 할 것 같다.

"긍정적으로 받아들이는가? 아니면 부정적으로 인정해주는가를 학생들은 선생님의 몸짓만 보고도 곧 알 수 있다고 한다. 그런데 나는 한 번도 학생들의 몸짓을 생각해 본 일이 없다. 왜 발표를 하지 않는가? 저 학생의 심리적 상태가 어떤 것인지 염두에 두고 수업하지 못하였다."(1, 2, 3학년을 담임하는 교사들의 공통된 반응)

이런 반응을 보이는 까닭은 학생에게 칭찬과 꾸짖는 언어는 발화하며 곧 교사의 의도를 파악하여 그 순간만 지나면 잊게 된다. 그러나 언어와 몸짓 언어가 일치하지 않을 때는 교사의 몸짓 언어에서 진심을 읽게 되는 경우가 많다. 겉으로는 나도 예쁘다고 하면서 화난 얼굴이며 시선은 다른 학생을 바라본다는 사실에서 학생들은 상처받는다. 저학년이기 때문에 특히 교사가 신경을 써야 할 부분이고 학생의 반응에서 교사는 심리상태까지 파악하며 상호작용을 해야 한다.

"언어도 중요하지만 비언어적인 의사소통 행위가 더 중요하구나 하는 생각을 하였으며 학생들이 좋아하는 손동작을 사용하도록 노력할 것이다."(40~50대 1학년 여교사 5명, 남교사 1명, 50대 2학년 여교사 2명)

이 반응은 1~6학년 남녀 교사 중에서 40대 후반인 교사와 50대 교사들의 반응에서 두드러진다. 교사와 학생의 상호작용을 언어로만 하였을 가능성이 교육 경력에서 찾아볼 수 있다. 생각과 같이 몸짓 언어가 쉽게 행위로 나타나지 않는다는 사실을 경력이 있는 교사 자신이 더 잘 알고 있었다. 교과서에는 그림이나 삽화자료가 많다. 이 자료들은 언어만으로 지도하는 것보다 몸짓으로 표현하며, 인물의 얼굴 표정, 눈짓, 자세에서 학습 내용을 예측해 볼 수도 있다.

"몸짓 언어와 말하기와의 관계가 있을 것 같다. 내가 웃으며 가르치면 학생들의 얼굴 표정도 밝고, 내가 화내면 학생들의 얼굴 표정도 침울한 것을 보더라도 교사의 몸짓이 얼마나 중요한지 알 것 같다. 교사의 비언어적 행위로 인해 학생은 자신감, 적극적인 말하기, 학습에 대한 관심과 흥미를 갖게 할 수도 있고 그와 반대일 수도 있음을 알고는 있었다. 그렇지만 학생들의 반응이 이렇게 솔직할 줄은 미처 몰랐었다."(1~6학년 교사 모두 연령과 경력에 관계없이 같은 반응)

몸짓 언어와 말하기와의 상관성은 높다. 교수-학습 상황이 활발하고 역동적이며 학생 모두 관심 보이는 수업과 그렇지 못한 수업상황에서 학생들의 학습 태도는 차이가 많다. 교사의 몸짓에서 즐겁고 신나게 가르치는지, 하기 싫어 억지로 가르치고 있는지 교사는 염두에 두고 수업하지 않지만 학생들은 금방 알아본다. 학생들은 말을 하지 않고 있을 뿐 교사들의 겉과 속을 정확하게 꿰뚫어 보고 있다. 교사의 요청할 때와 청취하는 태도에서 학생들은 말하기를 자신 있게 할 수도 있고 머뭇거리게 할 수도 있다. 적극적인 말하기, 긍정적인 수업태도가 되도록 교사들은 노력해야 한다고 생각한다.

"고학년이라고 조용히, 그리고 위엄 있게 움직이지 않고 수업해도 괜찮은 줄 알았다. 수업을 하다 보면 관심과 흥미를 잃는데 그 이유를 알 것 같다. 이때는 몸짓 언어만큼 수업분위기를 바꾸는 방법도 없다는 생각을 해본다."(5~6학년 남녀 교사)

이런 반응을 보이는 이유는 고학년에서 교사의 몸짓 언어는 별로 중요하지 않고 언어만 사용해도 잘 알아듣는다고 판단하였기 때문이다. 그러나 몸짓 언어 없이 40분 수업은 불가능하다. 고학년도 10분은 가만히 앉아 참을 수 있지만 그 이상은 수업 태도가 흐트러지며 눈은 반쯤 감기고 어두운 표정으로 아주 조용하거나 그와 반대로 소란한 학습 분위기일 수 있다. 이때 교사는 학습 내용과 관계있건 없건 몸짓으로 긴장과 재미없음을 풀어줄 수 있어야 한다. 요즈음 정보화 기자재 활용에 능숙한 학생들은 엉덩이가 들썩거려서 한 시간 동안 의자에 앉아 있을 수 없다. 상황에 맞는 몸짓을 해야 하는 이유는 교사들이 더 잘 알고 있을 것이다.

"교사의 의도와는 상관없는 동작 때문에 오해하지 않았나 하는 생각도 든다. 그래서 '동작도 연구해 볼 가치가 있다'라고 생각하였다."(50대 1학년 여교사 5명, 남교사 2명)

1학년 대부분 교사의 준언어와 몸짓에 대하여 민감한 반응을 보인다.

목소리의 톤, 음성에 따라 표정이 밝기도 어둡기도 하다. 칭찬하다 꾸중들을 학생을 발견하면 정반대의 행위를 하게 될 경우 교사의 어느 행위가 옳고 그른지 분별하기 어렵기 때문에 교사의 몸짓 언어는 일관성이 있어야 한다. 웃으며 칭찬하다 갑자기 찡그리고 화난 모습을 하면 칭찬 받는 학생은 어리둥절하게 된다.

"요청 손동작을 잘못하면 학생의 마음에 상처를 줄 수도 있음을 미처 몰랐었다. 말하기 활동에 자신감을 줄 수 있는 손동작에 대한 연구가 필요하다고 본다."(40대 3학년 여교사 6명)

교사의 손동작에 따라 상처받는 일은 교사-학생 상호작용에서 빈번하게 발생할 수 있다. 그것 못해 하며 손가락을 짝 펴며 학생 앞에 힘주어 내밀면 말문이 막혀 고개를 떨구고 눈만 깜빡거린다. 자신이 없이 앉아 있는 학생에게 가까이 가서 다정하게 말하면 머리, 등, 어깨에 살짝 손을 얹고 '너도 한번 말해 봐' 이렇게 말하는 경우와는 차이점이 많다. 습관이 되지 않으면 결코 쉬운 일이 아니다.

"교사의 비언어적 의사소통 유형들이 아주 많음을 알게 되었다. 그리고 나도 이론적 공부를 해야 되겠다."(50대 여교사 4명, 남교사 1명)

대부분 30년의 경력을 가진 교사들의 공통된 반응이다. 이런 반응을 보인 이유는 교과서, 칠판, 분필만 가지고 수업하던 때는 가능할지 모르나 그렇게 재미없게 수업하면 학습 분위기가 엉망이어서 제대로 수업을 할 수 없게 된다. 수업상황에 적절한 비언어적 의사소통 유형과 활용방법에 대하여 연구해 볼 가치가 충분하다.

"비언어적인 의사소통 유형 때문에 말하기를 못하였을 것 같다고 생각하였다. 학생들의 발표를 끝까지 들어줄 수 있는 느긋함이 있어야하겠다. 학습내용과 어울리는 손동작을 하면 고개를 끄덕이거나 교사에게 주의집중을 잘 하는 것 같다. 나의 눈과, 손과 얼굴표정과 몸짓들을 누구보다도 잘 알 것 같은 학생들에게 비춰진 내 모습은 어떤 것일까 퍽 궁금하였는데 이 반응을 보니 손동작에 관심을 가져야 하겠다."(1~6학년 교사들의 공통적인 반응)

유교문화의 영향을 받고 자란 50~60대 교사들에게 비언어적 의사소통 유형을 적절하게 사용하며 교수-학습 상황을 전개하라고 해도 잘 안 된다. 이론적으로 누구나 알고 있으나 몸짓 언어는 배우고 익혀 습관화되어야 저절로 발화와 함께 몸짓을 하는 것이지 어느 날 갑자기 해야겠다고 해서 되는 것은 아니다. 교사만 몸짓 언어를 익히는 것이 아니라 지금 학생들에게 몸짓 언어교육은 꼭 필요하다. 공동생활에서 대인 의사소통 관계가 원만하여 성공적인 삶을 영위할 수 있게 된다.

"학생들도 차려 자세로 몸짓 언어 없이 설명하는 것 보다 적당한 몸짓 언어를 사용하며 수업해 주면 흥미를 갖게 됨을 실험해 보았다. 또한 주의집중 태도가 달라짐을 한눈에 볼 수 있었다."(설문에 응한 모든 교사의 반응)

교수-학습 과정에서 학생들의 고개 끄덕임, 눈짓, 활발한 대답, 주의집중 상태를 파악해 보면 수업 상화의 흐름을 알 수 있다. 학생과의 피드백을 통하여 교사 자신은 교수-학습 전개를 제대로 하고 있는지 스스로 평가할 수 있다.

"교사의 몸짓 언어는 학생들의 동기유발 자료로도 깊은 관련이 있다고 생각하였으며 학생의 반응을 인정한다. 묻고 대답하는 것도 잠시뿐 학생들은 움직이며 장난을 친다거나 집중하지 않았다. 교사는 그저 여기 보라고만 아였지, 관심과 흥미를 잃은 이유에 대해서는 생각조차 하지 않았는데 우리 반 학생들의 설문지를 보고 왜 그랬는지 조금은 알

것 같아 미안하다."(30~40대 여교사 4명)

이 반응은 교사 대부분이 날마다 느끼는 사실이다. 조용한 분위기를 역동적인 분위기로, 소란한 분위기를 주의집중이 되게 하는 방법도 역시 교사의 몸짓 언어다. 교사의 눈과, 손과 얼굴 표정과 움직임들을 학생들은 교사보다 더 잘 알고 있다. 이 반응을 보니 교사가 언어적 의사소통에 많은 비중을 두고 수업했음을 알 수 있다.

"율동하는 것 같이 움직이는 선생님을 보면 공부시간이 재미있다는 학생의 반응을 보며 역시 연예인과 같아야 한다는 생각이 들었다. 초등학생 담임은 초등학생과 같은 수준이 되거나 엄마 같은 접촉 동작이 필요하다고 생각한다."(1~2학년 50대 여교사 6명)

이 반응에 응답한 내용을 보면 1~2학년 남교사와 여교사, 저학년과 고학년 교사의 차이점을 발견할 수 있다. 저학년 학생들은 가정에서와 같이 교사가 엄마처럼 접촉해 주기를 바란다. 남자교사는 접촉 동작을 여자교사만큼 하지 못한다. 무조건 접촉 동작이 모든 사람에게 꼭 필요한 것은 아니다. 대학생을 칭찬해 주는 방법으로 머리를 쓰다듬어 주는 동작은 어딘가 좀 어색하기 때문이다. 그러나 수업 상황에 적절한 몸짓 언어는 꼭 필요함을 알 수 있다. 1~2학년 담임을 여러 해 동안 맡은 경력이 있는 50대 4명의 교사는 나도 모르는 사이에 언어적 발화와 함께 율동 하는 것 같은 몸짓을 하게 된다고 반응하였다.

"교사의 몸짓 언어만 보고도 나를 좋아하나, 싫어하나를 금방 알 수 있으며 실력이 있는지, 잘 가르치는 방법을 알고 있는지를 알 수 있다는 학생들의 반응에 대해 공감한다. 그러나 알면서도 익숙하지 않아서 잘 되지 않으면 어쩐지 쑥스럽다는 생각이 든다."(5~6학년 30대 여교사 3명)

5~6학년을 담임하고 있는 교사들의 반응이다. 이 반응에서 보면 평소에 몸짓 언어 사용을 하지 않는 교사임을 알 수 있다. 언어적인 의사소통도 중요하지만 비언어적인 의사소통 행위의 중요성에 대해 알아볼 필요가 있다고 본다.

이상은 1,000명의 학생들이 담임교사를 관찰한 내용을 보고 81명 담임교사의 반응을 기술한 것이다. 교사들의 비언어적 의사소통에 대한 생각과 태도는 연령과 교육 경력, 담임 학년에 따라 차이는 있으나 언어와 함께 맞는 교사의 비언어적 의사소통 행위가 꼭 필요하며 이에 대한 관심을 보였다. 그리고 지금까지 본인의 비언어적 의사소통 행위로 인해 상처받은 학생들에게 반성하는 기회를 갖게 되어 다행이라는 반응을 하였다.

2. 비언어 의사소통에 대한 동료교사 반응

이 절에서는 본 연구의 핵심 내용 즉 비언어 의사소통이 수업 효과에 영향을 준다는 연구 수행의 내용을 보고 교사들의 반응을 정리할 것이다.

첫째, 교수-학습 상황에서 학습내용을 설명할 때 손동작은 다양하며 교사에 따라 여러 가지 유형이다. 몸짓을 하지 않는 수업보다 몸짓 언어와 함께한 수업은 차이가 있다. 설명할 때 손동작으로 어느 손동작이 효과적인지 분별하기 어려우나 학생의 발달정도와 교과내용에 따라 잘 어울리는 손동작을 해야 될 것이다. 교사의 몸짓 언어에 따라 학생의 학습 내용에 대한 관심과 흥미 정도가 다르다는 사실은 수업시간에 학생들의 반응을 살펴보면 알 수 있다. 개념 이해 문제나 학습문제의 난이도가 있을 때일수록 몸짓 언어와 함께 설명한다면 이해에 도움이 된다는 것도 알게 되었다.

둘째, 요청할 때 손동작 때문에 학생들은 발표력이 왕성하기도 그와 반대인 경우도 있지 않았나 하는 반성의 기회를 갖게 되었다. 손가락으로 학생을 가리키며 큰소리로 또는 부정적인 얼굴 표정을 짓고 요청을 하였다면 말문이 막혀서 겁을 먹어서, 또는 무시한다는 느낌을 받아서 말하기를 거부하였을지도 모른다. 어떻게 손동작을 해야 발표력이 있거나 없는 학생들에게 도움을 줄 수 있나를 교사들은 연구할 가치가 있음을 알았다. 특히 학습 지진아, 학습 부진아에게 요청하는 손동작은 그 학생에게 마음의 상처를 줄 수도 있다. 학생의 입장을 고려하여 정중하게, 그리고 깊이 생각해 볼 수 있도록 여유롭게, 부정보다 긍정적인 손동작을 해야겠다.

셋째, 학생이 잘 하거나 잘못하거나 끝까지 들어주는 교사야 말로 성공할 수 있는 교사라고 생각한다. 학생 개개인의 수준 차는 모두 다르다. 상위권 학생의 수준에 맞추어 항상 요청하고 대답한 것에 대한 평가를 했기 때문에 부족한 면이 있는 학생들에게 말할 기회를 주지 않았다는 반성을 해 본다. 7차 교육과정은 수준별 교육과정이다. 개인차를 인정하며 학생수준에 맞는 요청과 대답을 한다는 것을 인정해야 한다. 그리고 청취시도 교사는 끝까지 들어주며 보충하고 심화 발전 단계에까지 이끌어가야 한다. 지금까지는 상위권 학생의 요청에 대한 발표를 들었을 때는 미소 짓고 잘한다고 칭찬의 말과 함께 한 청취 태도와 학습력이 부족한 학생에게 요청한 발표를 들었을 때의 청취 태도가 일치하였나 반성해 볼 필요가 있다.

넷째, 교사들이 교수-학습 상황에서 활용하는 모든 손동작은 말을 하는 것과 아주 밀착되어 있음을 알 수 있다. 1~2학년을 담임하면서 교사의 몸짓 언어는 필수적이란 생각을 많이 하였다. 수업 상황을 재미있게 이끌어 가는 교사는 손동작이 가만히 있을 때가 거의 없으며 가볍게 흔들거나 재빠르게 움직이거나 위아래로 오르내린다. 손동작이 단순히 말에 박자를 맞추는 것이 아니라 교사가 학습내용을 설명하면서 강조하고자 하는 것을 나타낸다. 학생들은 교사의 손동작을 바라보면서 중요한지, 그렇지 않은지를 곧 알 수 있다. 교사 자신은 그 사실을 모르지만 강조할 때 힘이 들어가 있음을 학생은 알게 된다. 강조할 내용에서 책상을 쾅 쾅 두드리기, 발 구르기, 어떤 구호와 함께 손동작하며 외치기, 주먹을 힘껏 쥐었다 강조할 내용과 함께 앞으로 세게 펼치거나, 엄지와 집게손가락으로 권총신호를 하면 학생들은 아주 즐거워하며 교사가 시키지 않아도 한 번 더 위와 같은 손동작을 해보며 강조 학습내용을 익히게 된다. 여러 가지 비언어적 의사소통 행위에 대한 교사의 관심이 있어야 한다고 본다.

다섯째, 동작이 제스처가 되고 제스처가 메시지를 보내는 방법이면 교수-학습 상황에서 손동작의 중요성을 생각하지 않을 수 없다. 그리고 학습내용을 이해하기 쉽게 전달하려는 갖가지 방법들이나 학습한 내용을 모든 학생이 자기 나름대로 인지할 수 있는 정리 손동작 또한 중요하다고 본다. 학습내용 정리는 평가와 함께 꼭 이루어져야 하며 이 단계에서 얼마나 알고 있는가 평가와 함께 보충, 심화, 발전학습을 해서 수준차를 좁혀야 한다.

교사들은 설명시, 요청시, 청취시, 강조시, 정리시 손동작을 할 때 학생들의 반응에 대해 깊은 관심을 보였으며 바람직한 손동작과 그렇지 못한 손동작이 있음을 인정하였다. 그리고 학생들에게 인정과 격려와 동기유발이 되는 손동작은 물론 학습 내용에 적절한 손동작을 해서 이해하는 데 최대한 도움을 주도록 실제 수업상황에서 활용해 보겠다고 하였다.

3. 비언어 의사소통에 관한 교사의 인식

이 절에서는 교수-학습 상황에서 교사들이 얼마만큼 비언어적 발화를 필요로 하고 있는지 그리고 비언어 의사소통을 어떻게 인식하고 있는지에 대한 인식도 조사결과를 정리할 것이다. 설문지 분석은 각 문항에 대한 교사들의 응답 경향을 살펴보는 것에 초점을 두어 하위 척도별 응답자수에 따른 백분율을 알아보는 것으로 이루어 졌다.

아래 [표 8-1]에서 보는 바와 같이 교사 200명을 대상으로 한 설문에서 응답한 교사는 133(66.5%)명이다. 설문에 응답한 인원 분포는 남교사 27명, 여교사 106명, 20대 교사가 14명(15.0%), 30~40대 교사가 61명(45.8%), 50~60대 교사가 58명(43.65%)이었다.

[표 8-1] 설문에 응답한 교사의 연령

응답 내용	남	여
20대	0	14
30~40대	12	49
계	27	106

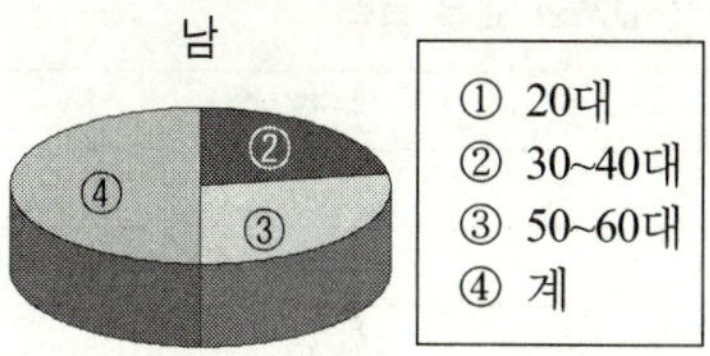

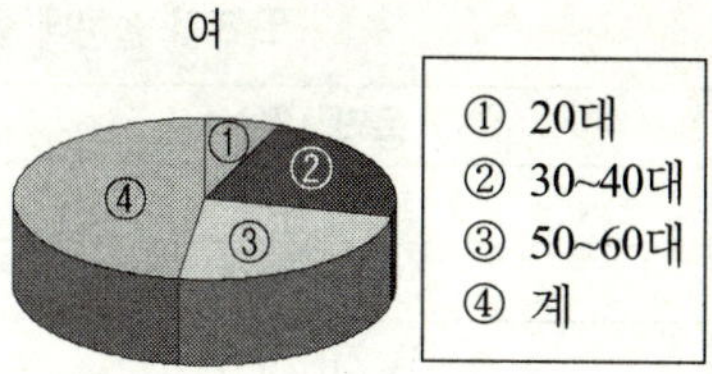

아래 [표 8-2]는 설문에 응답한 교사들의 근무소재지이다. 설문에 응답한 133명 중 121명의 근무소재지는 시이다. 군(읍, 면)소재지, 벽지학교 교사들에게 설문 의뢰자 수는 67명이었으나 응답 결과는 12명이었다. 그 이유는 학년말 정리와 인사이동 시기에 설문지를 발송하였기에 인사이동 해당지역에서 회수율이 저조했다고 볼 수 있다.

[표 8-2] 설문에 응답한 교사의 근무 소재지

근 무 지	남	여
군(읍, 면)	4	8
시	23	98

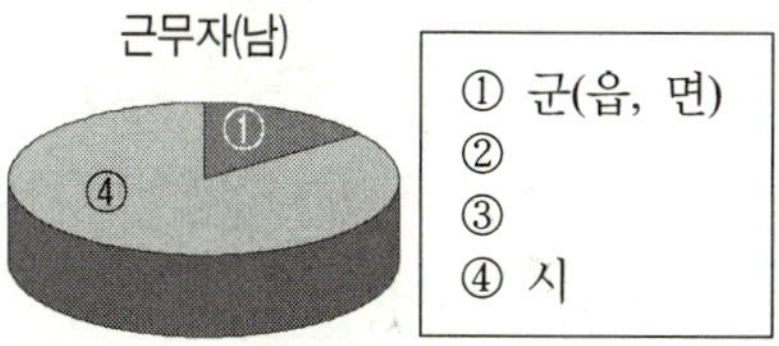

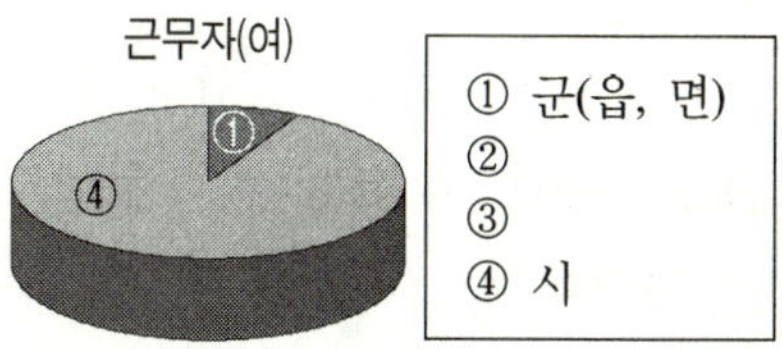

[표 8-3]은 설문에 응답한 교사들의 교육 경력이다. 20년에서 30년 사이가 79명(59.4%)으로 가장 많았으며 10년 이내의 교사도 34명(25.5%)이다.

[표 8-3] 설문에 응답한 교사의 교육 경력

응답 내용	응답자수
1) 5~10년	34
2) 11~20년	46
3) 21~30년	33
4) 30~40년	20

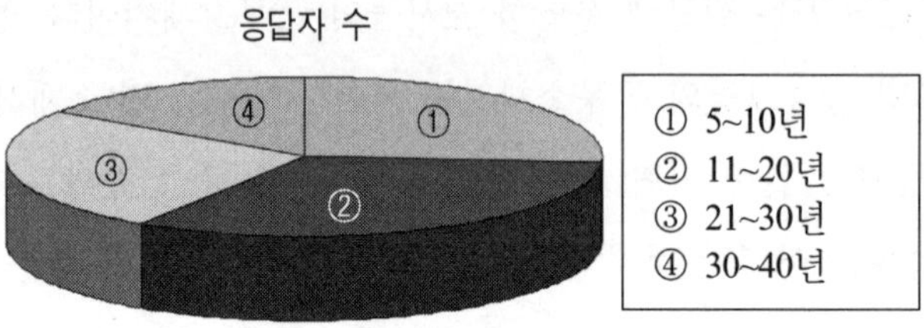

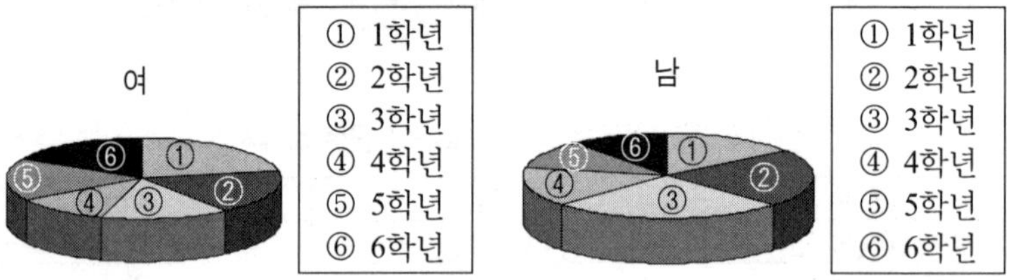

[표 8-4]는 설문에 응답한 교사의 담임 학년이다. 1~2학년 교사 52명(39.0%)과 3~4학년 교사 39명(29.3%), 5~6학년 교사 42명(31.5%)이다. 각 학년 고루 설문지를 받아보고 교사들의 비언어적 의사소통의 의미에 대한 의견과 손동작 연구 결과를 기술하는 데 도움이 되었다.

[표 8-4] 설문에 응답한 교사의 담임 학년

담임 학년	남	여
1학년	4	23
2학년	6	19
3학년	7	16
4학년	4	12
5학년	3	18
6학년	3	18

[표 8-5]는 수업시 의사소통의 수단에 관한 물음이다. 의사소통은 우리가 주어진 상황에서 메시지를 교환하고 해석하는 과정으로 끊임없이 움직이고 변화하기 때문에 역동적이다. 상징을 사용하여 생각을 전달하는 의사소통이야말로 인간다움의 핵심이다. 의사소통은 사람들과 더불어 살아갈 수 있게 하는 데 필수 불가결한 것이며 세상을 보는 데 있어 언어가 어떤 영향을 끼치는가는 전적으로 학문적 문제만은 아니다. 언어는 문자 그대로 알고 있는 세계를 형상화시켜 주는 아주 막강한 도구이다. 사람들의 행위에 영향을 끼치기도 하고, 어떤 항목을 이쪽 아니면 저쪽으로 기술하는 양극적인 체계를 구성하기도 한다. 그러나 언어적 의사소통만으로 메시지의 교환이 충분하게 되었다고는 할 수 없다. 송신자의 메시지가 수신자에게 실제로 해석되어야 한다. 따라서 해석요소로 의사소통이 발생하는 상황의 중요성을 빼놓을 수 없다. 메시지의 교환과 해석 과정에서 비언어적 의사소통 행위가 이용되거나 언어와 어우러져 이용되는 과정으로 규정하여 음성에 의한 메시지를 제외한 메시지를 전달하는데 사용되는 모든 행위를 비언어적 의사소통이라고 한다. [표 8-5]에서 보면 97명(72.9%)이 언어적 의사소통에 더 많

은 비중을 두고 수업함을 알 수 있다. 그래도 젊은 세대의 교사들은 광고 문화 접촉과 정보매체의 영향을 받아 40~50대 교사보다 비언어적 의사소통 행위를 많이 사용하고 있었다.

[표 8-5] 언어적 의사소통에 더 많은 비중을 두고 수업한다.

응답내용	응답자수
1) 전혀 아니다.	12
2) 대체로 아니다.	24
3) 대체로 그렇다.	67
4) 매우 그렇다	30

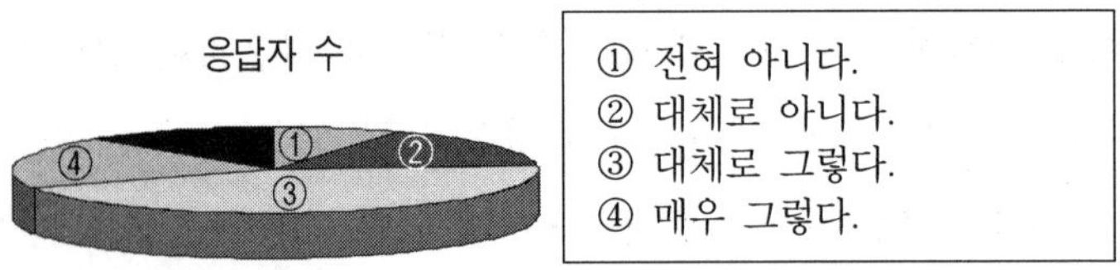

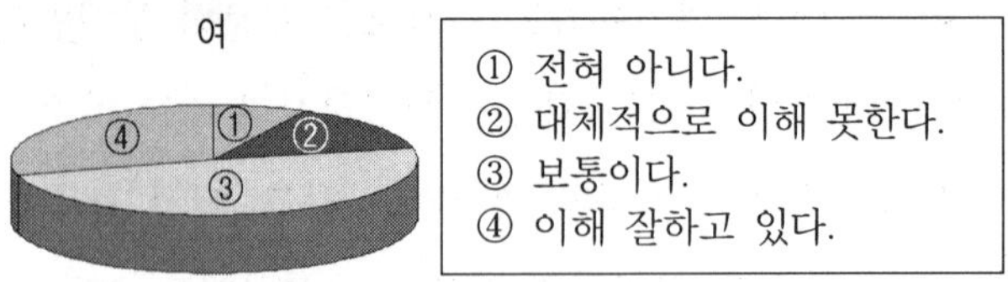

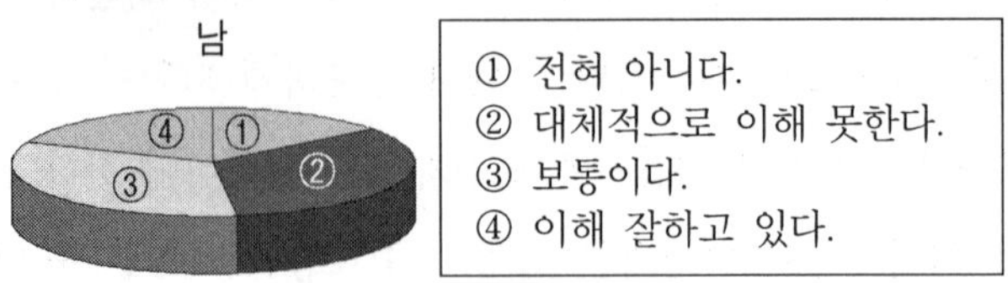

[표 8-6]에서는 비언어적 의사소통의 개념 정의에 대하여 이해하고 있는 정도를 알아본 내용이다. 20대와 30대 교사는 비언어적 의사소통

개념 정의에 대해서 비교적 이해하고 있었고 83명(62.4%), 비언어적 의사소통 개념에 대해 이해를 못하는 교사도 36명(18.0%)이다. 대체적으로 비언어적 의사소통 개념은 이해하면서도 실제 수업 상황에 행위로 표현하는 교사는 많지 않았음을 응답결과에서 알 수 있었다.

[표 8-6] 비언어적 의사소통의 개념을 이해한다

응답 내용	남	여
전혀 아니다.	4	8
대체로 이해 못한다.	9	15
보통이다.	9	52
이해 잘 하고 있다.	5	31

[표 8-7]은 비언어적 의사소통 행위가 수업상황에서 꼭 필요한가에 대한 응답 내용이다. 비언어적 의사소통 행위가 수업 상황에서 "필요하다.", "꼭 필요하다."라고 응답한 교사는 123명(93.1%)이며 "필요하지 않다"라고 응답한 교사는 10명(7.5%)이다. 언어적 의사소통에 중점을 두고 수업하면서도 비언어적 의사소통 행위가 수업 상황에서 필요하다고 응답한 것을 보면 몸에 익숙하지 않아서, 하고 싶어도 발화와 동시에 표현이 되지 않는다는 사실을 알 수 있다.

[표 8-7] 비언어적 의사소통 행위가 수업상황에서 필요하다.

응답 내용	남	여
전혀 아니다.	0	0
대체로 필요하지 않다.	3	7
필요하다.	15	43
꼭 필요하다.	9	56

여

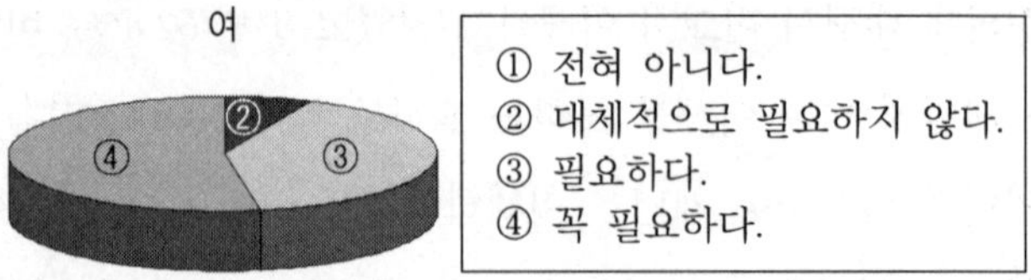

남

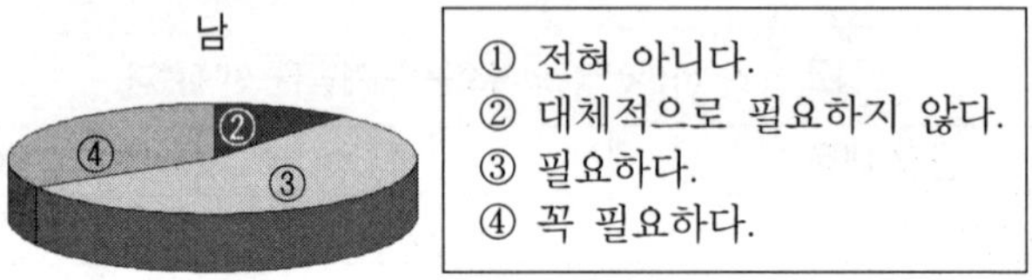

[표 8-8]은 수업상황에서 '비언어적 의사소통'의 행위 중 어느 요소가 가장 중요하다고 생각하는지에 대한 응답 내용이다. 학생들은 담임교사 관찰에서 교사의 무표정한 얼굴보다 환하고 밝게, 생글생글 웃는 얼굴일 때 공부하고 싶고 말하기도 잘된다는 응답을 보였는데 교사 역시 얼굴 표정이 가장 중요한 비언어적 의사소통 행위 요소라는 응답을 보였다. 사람들은 대부분 가장 먼저 얼굴에서 그 사람의 이미지를 발견하는 공통점을 가지고 있다. 얼굴 표정은 그 무엇으로도 가릴 수 없기 때문일 것이다. 얼굴 표정 44명(33.0%), 손동작은 36명(27.0%), 준언어 29명(21.8%), 시선 24명(18.0%)으로 4항목 골고루 중요하다고 응답하였다. 이것은 교사의 몸짓 언어가 중요하다는 것을 의미한다. 교사의 환하고 밝은 얼굴, 부드럽고 온화하게 그리고 생동감 있는 음성으로, 학습 내용에 어울리는 손동작을 하며 교수-학습 상황을 전개한다면 역동적일 것이다.

[표 8-8] 수업 상황에서 '비언어적 의사소통' 의 행위 중 어느 요소가 가장 중요하다고 생각하나요?

응답 내용	응답자 수
1) 손동작	36
2) 얼굴 표정	44
3) 시선	24
4) 준언어	29

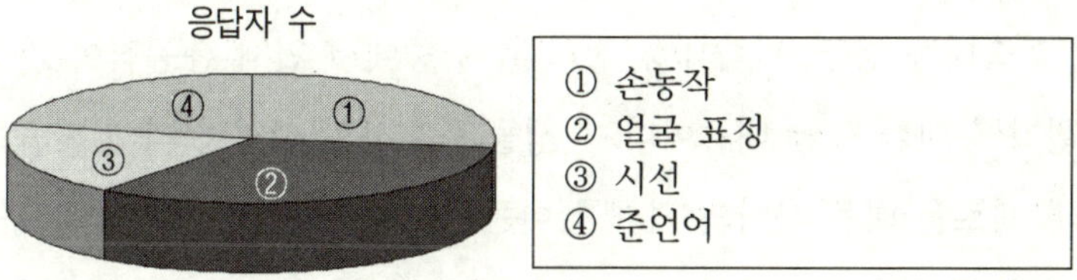

[표 8-9]에서는 수업상황에서 손동작을 적절하게 하는가에 대한 교사들의 응답 내용이다. 교사들은 수업상황에서 손동작을 "전혀 하지 않는다."와 "대체적으로 하지 않는다."라고 응답한 교사는 54명(40.6%)이며 "보통이다."와 "잘한다."라고 응답한 교사는 79명(59.3%)이다. 54명(40.6%)에 해당하는 교사는 50대 교사로 중요성은 알고 있지만 학습내용에 어울리는 손동작을 자유롭게 하는 것이 좀 어색하여 손동작을 하지 않는 교사와 고학년을 담임하여 별로 필요성을 느끼지 못하여 손동작을 하지 않았다고 생각한다.

[표 8-9] 선생님은 수업상황에서 손동작을 적절하게 한다.

응답 내용	응답자수
1) 전혀 하지 않는다.	16
2) 대체적으로 하지 않는다.	38
3) 보통으로 한다.	45
4) 잘한다.	34

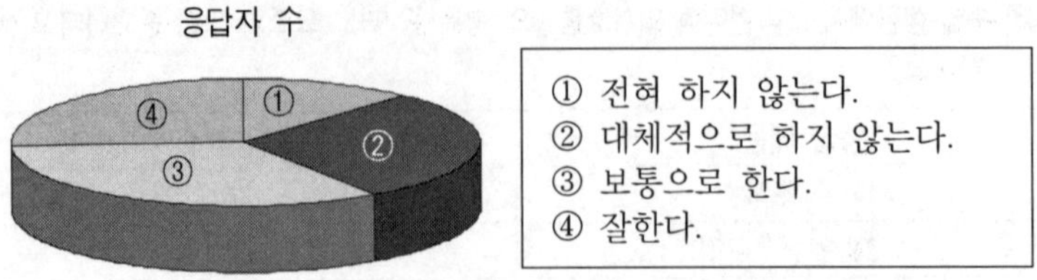

[표 8-10]은 손동작이 설명, 질문, 학생의 말을 들어 줄 때나 듣고난 후, 학습내용 강조, 학습내용 정리할 때 중에서 언제 손동작이 가장 필요한가에 대한 응답 내용이다. 학생들은 교사의 설명에 의해 학습한 내용과 새로운 내용 사이의 관계를 아는 것이 중요하다. 교사들은 수업상황에서 설명시 손동작이 60명(45.1%), 강조시 손동작이 45명(33.8%), 정리시 손동작이 13명(9.7%), 청취시 손동작이 8명(6.5%), 요청시 손동작 7명(5.2%)순으로 손동작이 중요하다고 응답하였다. 역시 학습문제나 학습내용을 설명하며 손동작은 꼭 필요하다고 본다. 사고가 형성되지 않은 학생들에게 개념이나 원리를 학년 수준, 개개인의 수준에 맞는 언어와 함께 손동작으로 이해하는데 도움을 주며, 보충 · 강조 · 규정화하는 등 교사가 꼭 해야 할 행위라고 생각한다. 학생들이 새로운 내용을 학습하는데 교사의 설명이 중요하고, 그 설명을 학생들이 이해하는데 손동작이 필요함을 교사들도 알고 있었다.

[표 8-10] 손동작은 설명, 질문, 학생의 말을 들어 줄 때나 듣고 난 후, 학습내용 강조, 학습내용 정리할 때 중에서 언제 손동작이 가장 필요한가?

응답 내용	응답자수
1) 설명시	60
2) 요청시	7
3) 청취시	8
4) 강조시	45
5) 정리시	13

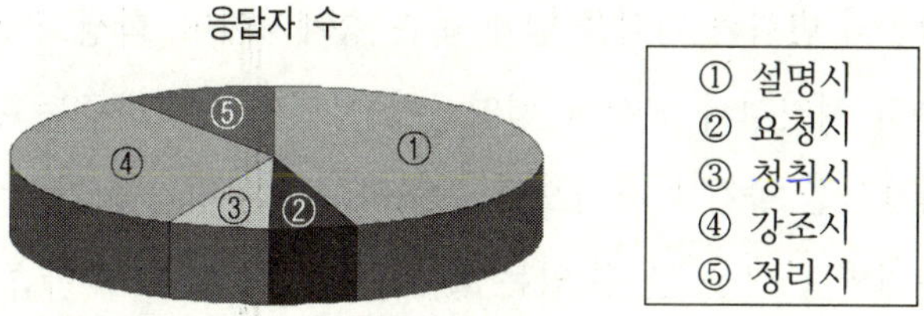

[표 8-11]은 "비언어적 의사소통 교수-학습 방법 개발의 필요성이 있다."라는 물음에 "필요하다."라고 응답한 교사는 77명(57.8%)이고, "꼭 필요하다."라고 반응한 교사는 48명(36.0%)이다. 125(93.0%)이 비언어적 의사소통 교수학습 방법 개발의 필요성이 있다고 응답하였다.

[표 8-11] 비언어적 의사소통 교수-학습 방법 개발의 필요성이 있다.

응답 내용	응답자수
1) 필요하지 않다.	3
2) 대체로 필요하지 않다.	5
3) 필요하다.	77
4) 꼭 필요하다.	48

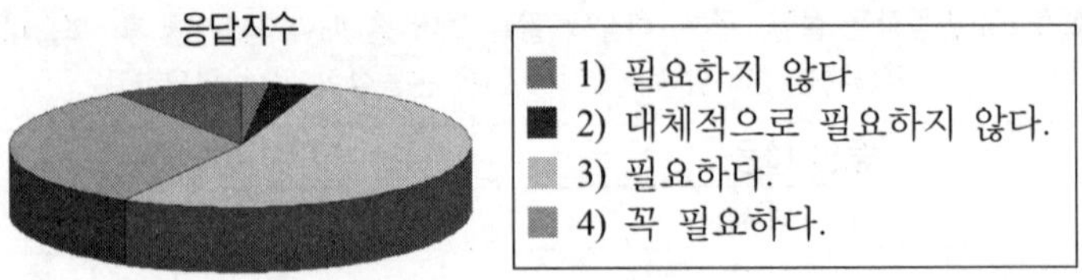

비언어적 의사소통은 교사-학생 간 상호작용에서 언어적인 것만큼 중요하다. 교사는 아직 태도나 사고가 형성되지 않은 학생들에게 바람직한 행동의 변화와 지식을 얻게 하는 통제자이며, 학생 활동을 결정하고 그들의 책임성과 교사의 책임성이 무엇인지 알려주는 관리자이다. 또한 학생들을 즐겁게 수업으로 유도하려는 사명감을 가져야 한다. 교사를 흥미와 관심을 끌 수 있는 즐거운 방법으로 교수-학습 시간을 전개해야 하며 학습내용에 적절한 학습 자료를 제시하는 방법을 알 필요도 있다. 학생들은 그렇게 하는 교사를 기대하고 그런 교사를 더 오래 기억하게 된다.

교사의 언어적 행위의 중요한 기능은 학생의 인식론적 학습을 향상시켜 주고 비언어적 행위의 중요한 기능은 교사와 학생 사이를 가깝게 해주며 정감적 관계를 맺게 한다. 교사-학생 사이에 정감이 증가되면 학생은 학습을 향한 열정을 가질 수 있게 된다. 효율적 의사소통은 교사-학생 사이의 피드백을 증가시키고 따라서 학생들은 정감적 인식적 학습이 되는 것이다. 긍정적인 감동이 있으면, 인식적인 학습이 증가되며 교사의 비언어적인 의사소통 행위는 학생에게 의미를 전달한다. 교사가 수업 상황에서 언어적 · 비언어적 행위를 함께 보여주면서 즐겁고 신나는 다양한 방법으로 안내한다면 학생들은 수업 시간을 기다릴 것이며, 그와 반대인 교사라면 그 시간뿐만 아니라 그 교과까지 싫어하게 됨을 알 수 있다. 학생들이 특정한 교과를 좋아하는 것도 그 교과 시간만 되면 교사의 얼굴 표정이 밝고 명랑하며, 눈 맞춤과 신체접촉이 빈번하고 칭찬과 격려를 했기 때문에 교사와 교과까지 좋아하는 학생도 있다. 학생의 비언어적인 태도도 교사에게 의미를 전달한다. 늘 하품을 하는 학생은 지겹거나 피곤한 경우이다. 교사는 학생이 단순히 지겨워하는지를 혹은 교사가 그를 지겨워하게 하여 잠이 쏟아지게 하는지를 검토하고 해결 방법을 결정할 수 있어야 한다.

학생들이 눈만 깜빡거리고 지루하다는 몸짓을 보이면 그 이유를 빨리 알아서 학생들의 상황을 정확하게 판단하는 능력과 직관의 힘을 이용하는 재치도 터득해야한다. 또한 학습내용을 이해 못하겠다는 표정을 읽어 설명하는 방법을 터득하고 요청에 대한 거부반응이나 머뭇거림, 말하려 하지 않는 경우가 무엇인지 곰곰이 관찰하여 적절한 대처방안을 수립하는 것도 교사의 몫이다.

교사의 무심한 행위 하나가 학생들에게 상처를 줄 수도 있다. 학생의 몸짓들과 제스처들은 분명히 각각에 대응되는 의미를 지니는 것이지만 그 의미를 교사는 알아 낼 수 없다. 교사들은 교육적으로 의미 있는 손동작을 사용하기 위해 비언어적 의사소통 교수법에 대해 예민한 관심을 갖는 것이 필요하다.

4. 비언어 의사소통의 교훈

우리는 아침에 깨어나 다시 잠자리에 들기까지 수많은 동작을 행하며 삶을 영위하고 있다는 사실을 잘 알지 못한다. 지나치게 언어에 중점을 두기 때문에 동작 · 자세 · 표정이 자기를 말하고 있다는 것을 흔히 잊기 쉬운 것이다. 수업을 이끌고 교사-학생 간 의사소통에 참여하는 교사도 마찬가지다. 교수-학습 상황에서 교사의 몸짓 언어가 얼마나 중요한지를 깨닫지 못하고 교과서 내용만 언어로 가르치면 되는 줄 알고 있다. 교사의 몸짓 언어가 수업을 원활하게 그리고 좀더 알아듣기 쉽고 관심과 흥미를 불러일으킬 수도 있다는 사실을 전혀 염두에 두지 않고 언어만으로 수업을 진행한다.

사실 이 책 2부 연구의 목적은 인간관계를 충분히 이해하고, 인간행동에 관한 예측성을 높이는 것이다. 이는 곧 교사가 학생에 대한 이해도가 높아짐을 의미한다. 왜냐하면 학생의 동작 의미를 이해하는 것은 그 학생이 안고 있는 문제를 통찰하는 것이고, 행위의 이면을 이해하는 것이다. 그럼으로써 이전에는 질문의 답변을 못한다고, 주의집중하지 않고 떠들기만 한다고, 공격하고, 꾸지람하고, 무시하고 말하기에 대한 불안심리를 안겨주었던 일에 대해 반성할 수 있었다.

교사는 수업시간에 학습내용을 설명하며, 질문하고 학생 질문을 들어주며, 중요한 학습 내용이라고 꼭 알아두도록 강조한다. 뿐만 아니라 정리단계에서도 수없이 많이 손을 움직였다고 말할 수는 있지만 손가락을 어떤 형태로 만들었는지는 기억하지 못한다. 그러나 학생들은 우리 교사들의 몸짓을 보았고 그들의 뇌는 우리의 언어를 기록했다. 다만 우리는 그러한 동작을 분석할 필요가 없었던 것이다.

교육과정이 여러 번 개정된다고 해서, 정보화시대가 도래했다고 해서 우리나라 사람들의 사고방식이나 생긴 모습 뿌리 깊이 내려있는 우리 문화를 뒤바꾸어 놓을 수는 없을 것이다. 배우지 않아도 알게 되는 타고난 동작이나, 성장 기간의 어느 시점에서 자기의 신체를 알아감에 따라서 무의식중에 획득하는 발견 동작, 알지 못하는 사이에 상대방의 행위를 모방하는 동화 동작, 배우지 않으면 안 되는 훈련 동작, 유전적 계승, 자기 발견, 사회적 동화, 계획된 훈련에 의해 각종 방법으로 획득하는 혼합된 동작을 통해 우리는 자세-움직임-자세-움직임의 연쇄로 동작을 익힌다. 그리고 교사는 어떤 방법이 예의바른가와 그 '방법'이나 올바른 절차는 가르쳐주지만, 왜 그렇게 해야 하는가는 말해주지 않는다. 학생들이 이에 대한 질문을 해도 교사는 알지 못한다. 우리는 동작을 모방에 의해서 획득하며, 남에게 전해준다. 그러므로 아무도 그 기원을 모른 채 행동한다. 동작이 공식적으로 가르쳐지는 것이 아니라 남이 하는 것을 보고 알지 못하는 사이에 같은 동작을 하기 때문이다. 동작은 바로 세대를 통과하며 변형되고 단순하게 되기도 하며, 역사적인 시간의 흐름에 따라 혼합동작의 형태를 띠기도 한다. 이 혼합된 동작을 교수-학습 상황에서 언어적인 것과 비언어적인 것을 적절하게 활용하면 수업의 효율성을 높일 수 있음을 이 연구를 통해 알 수 있었다.

사실 비언어적 의사소통의 중요성을 알고 있으면서도, 손동작과 여러 제스처를 사용한 학습 내용이 학생들의 관심과 흥미와 정보인지도에 도움이 된다는 사실을 알면서도 여러 이유 때문에 하지 않은 것뿐이라고 반문할 것이다. 그런데 모든 교사가 다양한 비언어적 의사소통의 유형과 그 효과성을 염두에 두고 학습 지도를 한다면 다음과 같은 몇 가지를 기대효과를 가정해도 좋을 것이다.

첫째, 교수-학습 상황에서 설명시 손동작은 학습 내용에 따라 다양하게 이루어질 수 있다. 학생들이 인지를 높이는 손짓 언어를 개발한다면 영상기호가 학습자들의 인지에 도움 주는 것과 마찬가지로 꼭 알아야 할 핵심요소를 손짓 언어를 통해 전달 오래 기억하게 하는 데 도움이 될 것이다.

둘째, 질문시 손동작, 청취시 손동작, 강조시 손동작, 정리시 손동작들을 학년과 학생의 수준차를 고려하여 개발한다면 학습자들이 수업활동에 적극적으로 임하는 태도를 가질 것이며 어려운 교과 내용의 수업에도 관심과 흥미를 갖게 될 것이다.

셋째, 초등학교 교과서를 집필하거나 보조 교재를 만들 때 비언어적 삽화자료들을 활용할 수 있다. 삽화나 그림을 포함한 영상자료들을 활용하여 수업한다면 자연스럽게 한국인의 비언어적 문화를 이해할 수 있다.

넷째, 희노애락의 표현을 적절한 때와 장소에 맞게만 해도 예절바른 학생으로, 상황판단을 할 수 있는 문화인의 소질을 길러주는 것이라 생각한다.

다섯째, 첨단 테크놀로지에 의해 학생들의 가치관마저 변화되고 있는 요즈음 교사들이 비언어적 측면도 관심을 갖고 학생들이 교사로부터 좋은 예절만 배운다면 친구 사이에서나 장래 사회인이 되어 대인관계가 원만할 것이라 믿는다.

여섯째, 말없이 동작만으로도 자기의 생각과 감정을 자신 있게 표현해본다면 현대사회를 살고 있는 학생들의 스트레스를 다소나마 풀어줄 수 있지 않나하는 생각도 해 본다.

일곱째, 이기주의, 개인주의로 변하는 이 때 상대방의 감정을 몸동작에서 읽어 적절하게 반응한다면 충동적이며, 공격적인 행동을 자제하고 서로가 조금씩 양보하려는 마음이 생기지 않을까 하는 생각도 든다.

여덟째, 때와 장소에 맞는 언행일치가 얼마나 어려운가를 우리는 알 수 있는데 유교적인 문화권에서 익힌 무표정하고 감정 없고 고집스러운 동작들 때문에, 상대방의 언어와 몸동작이 일치하지 않아서, 상대방을 오해하고, 불신하고, 미워한 일이 종종 있음을 인정하며 고치려는 자세를 갖게 할 수도 있다.

학생들은 교사의 얼굴표정, 눈빛과 갖가지 손동작을 보고 선생님의 눈먼 영역과 감춰진 영역을 나보다 더 잘 알고 있다.

교사와 학생 간 상호작용을 통해서 감춰진 영역을 줄이고 나 자신에 대한 정보를 증가시켜 넓혀 자유로운 행동의 영역을 넓혀 가야 한다. 의사소통시 화날 때의 찡그림이라든지, 알아듣지 못했을 때의 표정 · 눈빛 · 웃음 등은 모두가 중요한 의미를 전달하는 비언어적 의사소통이며, 더구나 의미가 단어에 있지 않고 단어를 사용하는 사람에 의존한다는 사실을 생각할 때 비언어적 중요성은 더욱 부각된다.

이 글에서는 교사들이 수업상황에서 주로 사용하는 설명시, 질문시, 청취시, 강조시, 정리시 손동작에 대한 양상분석과 학생들의 반응, 교사의 발화와 학생의 반응을 분석해 보고 상관성이 있는지를 살펴보았다. 학생들은 설명시 교사가 학습내용과 어울리는 손동작과 질문하고 들어주며, 강조하고 정리해 줄 때, 적절한 손동작을 병행하여 지도해 주길 바라고 있다. 본 연구를 통해 본 연구자들은 교사-학생 간 비언어적 의사소통의 의미와 가치를 인식했으며 교사의 손동작도 교육적으로 여러 가지 기능을 하고 있음을 알게 되었다. 나아가 좀 더 많은 비언어적 데이터 즉 교사들의 시선 · 자세 · 고개 끄덕임 · 표정 등에 대한 자료 수집이 필요하며 언어와 같이 비언어적 소통 기재를 표준화하는 작업도 필요하다고 본다. 어떤 학습 내용에 어떤 손짓을 사용하고 어떤 시선과 표정을 짓느냐에 따라 학습 효과의 차이를 밝힐 수 있는 후속적인 연구를 기대하며 글을 맺는다.

■참고문헌

권종분. 1998. 외국어 습득에 있어서 신체 언어 능력의 중요성 및 문화와 제스처의 관계. 외국어교육연구1. 서울대외국어교육연구회.

권종분. 2003. 프랑스어 학습자의 언어·비언어적 의사소통 전략관찰 및 분석. 프랑스 문화연구 8. 한국프랑스문화학회

기호학 연대. 2002. 기호학으로 세상읽기. 소명출판.

김영순. 1999가. 다중 문화 교육을 위한 동작 분석 방안. 이중언어학 16. 이중언어학회.

김영순. 1999나. 언어기호로서의 인간 동작. 언어과학연구 16. 언어과학회.

김영순. 2000가. 한국인 손동작의 의미와 화용. 한국어의미학 6. 한국어의미학회.

김영순. 2000나. 감탄사를 수반한 독일인 신체언어 읽기. 독어학 2. 한국독어학회.

김영순. 2001가. 신체언어 커뮤니케이션의 기호학. 커뮤니케이션북스.

김영순. 2001나. Discourse-functional Interpretation of the Word Order Variation. 현대문법연구 24. 현대문법학회.

김영순. 2001다. 손짓 기호로 광고 텍스트 읽기. 기호학연구 10. 한국기호학회.

김영순. 2002가. 비언어적 외설의 의사소통적 가치. 독어학 5. 한국독어학회.

김영순. 2002나. 몸 기호 갈등을 통한 영화 텍스트 읽기. 기호학연구 12. 한국기호학회.

김영순. 2002다. 신체언어연구의 생태학적 관점. 현대문법연구 29. 현대문법학회.

김영순. 2003. 손짓 언어의 기호화용론. 언어과학 24. 언어과학회.

김영순·김정은. 2006. 신체 특성과 신체 접촉의 기호화용론적 구조. 한국언어문화 29. 한국언어문화학회.

김영순·윤봉식. 2003. 중등학교 디지털 문화교육을 위한 표정 사전 제작 설계 방안. 중등교육연구 51-1. 경북대 중등교육연구소.

김영순·이미정. 2006. 여성 잡지 텍스트에 나타난 여성 몸의 기술 양상과 구조적

메커니즘. 텍스트언어학20. 텍스트언어학회.
김영순·임지룡. 2002. 몸짓 의사소통적 한국어 교수법 모형. 이중언어학 20. 이중언어학회.
김우룡·장소원. 2004. 비언어적 커뮤니케이션론. 나남출판.
김정연 외. 1997. 대상에 따른 영아의 언어적, 비언어적 상호작용 분석. 서울대 대학원 석사학위 논문.
김진우. 1994. 언어와 의사소통. 서울 한신문화사.
김쾌상. 1990. 육체의 언어학. 서울 일월서각.
김현국. 1990. 커뮤니케이션 유형과 학교조직 건강의 관계. 충북대 대학원 석사학위 논문.
남전우. 1992. 아동이 지각한 담임교사의 지도성 유형가 불안과의 관계 연구. 한국교원대학교 대학원 석사학위 논문.
박순희. 1992. 교사의 비언어적 행동에 대한 아동의 지각차와 학습태도 및 학업성취와의 관계에 관한 문화기술적 연구. 한국교원대 대학원 석사학위 논문.
박정현. 1998. 교사의 수용적인 의사소통이 아동의 학습습관에 미치는 영향. 계명대 교육대학원 석사학위 논문.
성광수 외. 2003. 몸과 몸짓문화와 리얼리티. 소명출판.
송한선. 1985. 비언어적 행위에 있어서 문화패턴 비교: 한·미 간을 중심으로. 한국외국어대 석사학위 논문.
여유나. 1993. 한국문화와 미국문화의 비언어적 행위에 관한 비교연구. 계명대 석사학위 논문.
오석영. 1997. 설교에 있어서 비언어적 커뮤니케이션의 효과성에 관한 연구. 목원대 신학대학원 석사학위 논문.
유재화. 1992. 교사의 의사소통 유형이 학생의 학업성취와 학습태도에 미치는 영향. 한국교원대 대학원 석사학위 논문.
이상윤. 1995. 한·독인의 비언어적 의사소통 유형에 관한 연구. 한남대 출판부.
이석주. 2000. 신체언어와 의사전달. 국어교육 101호. 국어교육학회.
이주섭. 2005. 듣기·말하기 교육에서의 비언어적 표현 지도 방안. 청람어문교육 31. 청람어문교육학회
임지룡·김영순. 1999. 의미작용과 기호작용의 통합. 현대문법연구 18. 현대문법학회.

임지룡·김영순. 2000가. 담화매체의 기호 체계에 관하여. 독일어문학 11. 독일어문학회

임지룡·김영순. 2000나. 신체언어와 일상언어 표현의 의사소통적 상관성. 언어과학 17. 언어과학회.

임지룡·김영순·김연화. 2002가. 교사 손동작의 의사소통적 상호작용. 중등교육연구 49. 경북대 중등교육연구소.

김연화. 2002. 비언어적 의사소통의 의미와 교육적 기능에 관한 연구. 청주교대 석사학위 논문.

정성호. 1985. 비언어적 의사소통에 관한 연구. 부산대 석사학위 논문.

조현용. 2003. 비언어적 행위 관련 한국어 관용표현 교육 연구. 한국어 교육 14. 1호. 국제한국어교육학회.

최광선. 2000. 몸짓을 읽으면 사람이 재미있다. 일빛.

최윤희. 1999. 비언어 커뮤니케이션. 커뮤니케이션북스.

추계자. 1998. 비언어적 요소인 한·독 신체언어 기호의 비교분석. 독일어문학 7. 독일어문학회.

추계자. 2005. 의사소통 수단으로서 비언어적 인사형태. 독어학. 독어교육 32. 한국독어독문학교육학회

황명자, 이경희. 2004. 교사의 비언어적 행동에 대한 초등학생의 경험과 선호도에 관한 연구. 교육발전연구 20. 경희대 교육발전연구원

홍희광. 1994. 비언어적 의사소통 행위에 관한 연구. 국민대 대학원 박사학위 논문.

Argyle, M. (1979). Körpersprache und Kommunikation. Parderborn: Jungfermann.

Armstrong, D. E., Stoke, W. C. & Wilcox, S. E. (1995). Gesture and the Nature of Language. Cambridge: Cambridge University Press. (김영순·백혜정·이준석 역. 2001, 몸짓과 언어 본성, 한국문화사).

Askew, S. (Ed.)(2000). Feedback for learning. London: Routledge Falmer

Bandura, A. (1986). Social foundations of thought and action: A social cognitive theory. Englewood Cliggs, NI: Prentice-Hall.

Bandura, A. (1989a). Human agency in social cognitive theory. American

Psychologist, 44, 1175-1184.

Barthes, R. (1978). Lecon. Paris: Seuil.

Berlo, D. K. (1960). The process of communication. New York: Holt, Ricehart & Winston.

Birdwhistell, R. L. (1970). Kinesics and Context: essay on body motion communication. Philadelphia:University of Philadelphia Press.

Birdwhistell, R. L. (1973). Kinesics and Context: essay on body motion communication. Harmondsworth: Penguin.

Bolinger, D. (1972). Degree words. The Hague: Mouton.

Burling, R. (1993). Primate Calls, Human Language, and Nonverbal Communication. Current Anthropology 34(1): 25-53.

Cappella, J. N. (1987). Interpersonal communication: Definitions and fundamental question. In C. R. Berger & C. H. Chaffee(Eds.), Handbook of communication science(pp. 184-238). Newbury Park, CA: Sage.

Clark, W. E. (1963). The Antecedents of Man. New York: H & R.

Clark, H. H. (1994). Discourse in production. In M.. A. Gernsbacher(Ed.), Handbook of psycholinguistics(pp. 985-1021). Sandiego, CA: Academic Press.

Cobley, P. (1994). Semiotics. Richard Osborne.

Corballis, M. C. (1991). The lopsided Ape: Evolution of the generative Mind. Oxford Univ. Press.

Cranach, M. v., Foppa, K., Lepenies, W. & Ploog, D. (eds.). (1979). Human Ethology: Claims and Limits of a New Discipline. Cambridge: Cambridge University Press.

Edelman, G. M. (1992). Bright Air, brilliant Fire: on the Matter of Mind. New York: Basic Books.

Eibl-Eibesfeldt, I. (1979). Ritual and Ritualization from a Biological Perspective. In: Cranach et al.: 1-55 and 81-83.

Eibl-Eibesfeldt, I. (1987). Grundriß der vergleichenden Verhaltensforschung:

Ethologie. München: Piper.

Ekman, P & W. V. Friesen. (1978). The Facial Action Coding System. Palo Alto, CA: Consulting Psychologists' Press.

Erlenkamp, S. (1993). Syntaktische Kategorien und lexikalische Klassen: Typologische Aspekte der Deutschen Gebärdensprache. München: Lincom.

Giles, T. & Street, R. L (1994) communicator characteristics and behavior. In M. L. Knapp & G.; R Miller(Eds.), Handbook of interpersonal communication(pp. 103-161). Thousand Oaks, CA:Sage.

Givens, D. (1986). The big and the small : toward a paleontology of gesture. Sign Language Studies 51: 145-170.

Hetherington, E. M & Stanley-Hagan, M. M. (1995). Parenting in divorced and remarried families. In M.H. Bornstein(Ed.), Handbook of parenting, Vol.3: Status and social conditions of parenting (pp. 233-254). Mahwah, NJ: Erlbaum.

Hewes, D. E. & Planalp, S. (1987). Cognitive interpersonal communication research: Some thoughts on criteria. Communication Yearbook, 18, 162-179.

Hills, P. J. (1976). The Self Teaching Process in Higher Education. Croom Helm. London.

Hills, P. J. (1986). Teaching, Learning, and Communication. Croom Helm. London(장상호 역. 1987. 교수, 학습 그리고 의사소통. 교육과학사).

Huxley, J. S. (1966). A Discussion on Ritualization of Behavior in Animals and Man. Philosophical Transactions of the Royal Society of London. Series B 251: 247-526.

Lyons. J. (1981). Language and Linguisics. Cambridge: Univ. press.

Jenkins, L. (2000). Biolinguistics : Explaining the biology of language. Cambridge: Cambridge University Press.

Kendon, A. (1975). Gesticulation, speech, and the gesture theory of language origins. Sign Language Studies 9: 349-373.

Kendon, A. (1980). Sign language of the woman fo Yirendumu. Sign Language Studies 27: 101-112.

Kendon, A. (1991). Some Considerations for a Theory of Language Origins. Man 26: 199-221.

Key, Mary Ritchie. (1975). Paralanguage and Kinesics. Metuchen, N.J.: Scarecrow.

Kien, J. (1992). Temporal segmentation in the motor system, symbolization, and the evolution of language. Paper presented at the Annual Meeting of the Language Origin Society, Cambridge, UK.

Knapp, M. L. (1980). Essential of Nonverbal Communication. Holt. Rinehart and Winston.

Knapp, M. L. & Judith A. Hall. (1992). Nonverbal Communication in Human Interaction. 3rd ed. Orlando: Harcourt.

Kuschel, R. (1973). The silent inventor : the creation of a sign language by the only deaf-mute on a Polynesian island. Sign Language Studies 3: 1-28.

Laitman, J. (1985). Evolution of the hominid upper respiratory tract: the fossil evidence. In P. V. Tobias (ed.), Hominid evolution: past, present and future. Ner YorkL Alan R. Liss.

Lakoff, G. (1987). Women, Fire and Dangerous Things: What Categories Reveal about the Mind. Chicago and London: The University of Chicago Press.

Lakoff, G. & M. Johnson. (1980). Metaphors We Live by. Chicago and London: the University of Chicago Press.

Liebermann, P. (1991). Uniquely Human. Cambridge, MA: Harvard Univ. Press.

Liebermann, P. & E. S. Crelin. (1971). On the Speech of Neanderthal Man. Linguistic Inquiry 2: 203-222.

Lorens, K. (1978). Vergleichende Verhaltensforschung. Wien, New York: Springer.

McClave, E. (1991). Ph. D. dissertation, Georgetown University, Linguistics.
McNeill, D. (1985). So you think gestures are nonverbal. Psychological Review 92: 350-371.
McNeill, D. (1992). Hand and Mind: what gestures reveal about thought. University of Chicago Press.
Metts, S. & Bowers, J. W. (1994). Emotion in interpersonal communication. In. M. L. Knapp & G. R. Miller(Eds.), Handbook of interpersonal communication (pp. 508-541). Thousand Oaks, CA: Sage.
Morris, C. W. (1938). Foundations of the Theory of Signs (= Foundations of the Unity of Science: Towards an International Encyclopedia of Unified Science, vol. 1.2). Chicago: Univ. Press. - Dt. in Morris, C. W. 1972.
Morris, D. (1985). Bodywatching. London: Cape.
Müller, H. M. (1990). Sprache und Evolution: Grundlagen der Evolution und Ansätze einer evolutionstheoretischen Sprachwissenschaft. Berlin: de Gruyter.
Nöth, W. (2000). Handbuch der Semiotik. Stuttgart : Metzler.
Parke, R. D. & Ladd, G. W. (Eds.) (1992). Family-peer relationships: Models of linkage. Hillsdale. NJ: Erlbaum.
Parks, M. R. (1994). Communicative competence and interpersonal control. In M.L. Knapp & G. R. Miller(Eds.), Handbook of interpersonal communication (pp.589-618). Thousand Oaks, CA: Sage.
Peirce, C. S. (1931-58). Collected Papers, vols. 1-6, ed. Hartshorne, C. & P. Weiss, vols. 7-8, ed. Burks, A. W. Cambridge, Mass.: Harvard Univ. Press.
Piattelli Palmarini, M. (1989). Evolution, selection and cognition: from "learning" to parameter setting in biology and in the study of language. Cognition 31: 1-44.
Piotrowski, C. C. (1995). Children's interventions into family conflict : Links with the quality of sibling relationships. Early Education and

Development, 6, 377-403.
Posner, R. (1984). Die Zahlen und ihre Zeichen. In Oehler, K., ed., vol. 1, 235-248.
Posner, R. (1985a). Nonverbale Zeichen in öffentlicher Kommunikation. Zeitschrift für Semiotik 7: 235-271.
Posner, R. (1993). Believing, causing, intending: The basis for a hierarchy of sign concepts. In Jorna, R., et al., eds. 215-270.
Posner, R. (2001). Everyday Gestures as a Result of Ritualization. 한국기호학회 2001년도 국제학술대회 발표집 '소리 없는 언어, 움직이는 언어'. 한국기호학회.
Ruben. B. P. (1992). Commuication and Human Behavior. Prentice Hall. (정근원 역. 1994. 인간의 행동과 커뮤니케이션. 민문사.)
Saussure, F. de. (1974). Cours de linguistique générale. Wiesbaden: Harrassowitz.
Schiffirn, D. (1994). *Approaches to discourse.* Cambridge, MA : Blackwell.
Schulz, W. (1995). Ellenbogengesellschaft oder Solidargemeinschaft:Das Bild der Bundesrepublik bei ostdeurschen Schulern :ein jahr danach". Mediepsychologie, 7, 107-121.
Shannon, C. E. & Weaver, W. (1949). The mathematical theory of communication. Urbana, IL: University of Illinois Press.
Strohner, H. (2001). Kommunikation: Kognitive Grundlagen und praktische Anwendungen: Wiesbaden.: Westdt. Ver. (진정근 역. 2003. 커뮤니케이션: 인지적 기초와 실제적 응용. 유로서적.)
Strohner, H. & Brose, R. (1994). Eher propagandistisch als informativ Sicherheitspolitische Texte im Verstehenstest. Medienpsychologie, 6, 54-75.
Tomasello, M. (1999). The cultural origins of human cognition. Cambridge, MA : Harvard University Press.
Victoria, J. (1971). A Language for Affective Education. Theory into Practice, 10, 4, October, 300-304.

Weaver, W. (1966). *Communication and Culture*, New York: Holt, Reinehart & Winston.

Wescott, R. (1971). Linguistic iconism. Language 47: 416-428.

Willig,C. (1999). Applied discourse analysis : Social and psychological interventions. Buckingham:Open University Press.

Wray, A. & Perkins, M. R. (2000). The functions of formulaic language: An integrated model. Language & communication, 20, 1-28.

Zihlman, A. (1990). Knuckling under: controversy over hominid origin. In G. H. Sperber (ed.), From apes to angels: essays in honor of Phillip V. Tobias. New York: Wiley-Lisss.

■ 찾아보기

가부키 ········ 148
간결화 과정 ········ 109
감정표현 동작 ········ 140
강조시 손동작 ········ 222
계통발생학적 입장 ········ 122
공공 커뮤니케이션 ········ 72
과장의 과정 ········ 109
관습적 행위 유형 ········ 111
관찰 기능 ········ 132
광고 문화 접촉 ········ 264
교사-학생간 의사소통 ········ 54
교수-학습 상황 ········ 257
교수-학습 전개 ········ 255
교수도구 ········ 21
교육적 의사소통 과정 ········ 46
구두 메시지 ········ 85
기의 ········ 109
기호 ········ 90
기호 기능 ········ 87
기호 언어 ········ 84, 85
기호 언어적 몸짓 ········ 86
기호발신자 ········ 40
기호화용론 ········ 57, 62
기호화용론적 ········ 29, 201
기호화용론적 입장 ········ 35

눈 맞춤 ········ 271
눈 접촉 ········ 53

다의성 ········ 76
단마리 ········ 151
단순화 ········ 115
단일화 ········ 115
대상체 ········ 59
대체기능 ········ 124
대치성 ········ 19
대화회로 모형 ········ 38
도상적 ········ 102
도상적 몸짓 ········ 94, 106, 198
도상적 시각 동작 ········ 103
동물 행동학 ········ 107
동일화 과정 ········ 109
듣기 · 말하기 교육 ········ 26
디지털 방식의 코드화 ········ 78

마이크로 티칭 ········ 54
모방 제스처 ········ 223
모순성 ········ 19
모호성 ········ 76
몸짓 ········ 128, 138
몸짓 기호 ········ 80, 116

몸짓 언어 25, 57, 252, 266
몸짓의 체계 36
무드라 147
문답 158
문답식 교수법 46

바디 랭귀지 12
반복 과정 109
변형생성이론 79
비언어 의사소통 15
비언어적 의사소통 행위 249
비언어적 행위 전략 23
비언어적 행위교육 26

사회적 상호작용 73
사회적 인지 73
삼차성 58
상징 87, 129
상징적인 몸짓 111
상징체계 41
상징화 행위 90
상호작용 59, 71
생태학적 언어관 94, 107
생태학적 조건 95
샤논과 위버 37
선정인(禪定印) 156
설명시 손짓 언어 169
세 개의 상관체 62
속임(lying) 141
손동작 연구 결과 262
손의 상징 130
손짓 언어 기술 199
수업 63
수인(手印) 156
수준별 교육과정 258
스트레스 반응 70
시각 몸짓 85, 86, 90
시각이미지(VI: visual image) 131
시각적 몸짓 99
시간학 77
시무외인 157
시선 132
신체 언어 12
신체 언어 기호 124
신체언어 23
신체적 조건 변화 98
신체적 행위 11

아날로그 방식의 코드화 78
아미타정인 158
언어 기호 90
언어 능력 79
언어 수행 79
언어·문화권 11
얼굴 표정 266
엠블렘 139
여원인 157
영역 확장 단계 115
온라인 채팅 79
운동학 77

위장된 비언어적 행동 ········ 54
은유 ········ 119
의미의 존재 ········ 44
의사소통 구조 ········ 61
의사소통 모형 ········ 42
의사소통 참여자 ········ 37
의사소통의 채널 ········ 49
이동 ········ 69
이모티콘 ········ 79
이분법적 대립항 ········ 39
이전통사 ········ 82
이차성 ········ 58
이후 기호학 ········ 40
인사 ········ 153
인식론적 학습 ········ 270
인지적 과정 ········ 75
인지적 접근법 ········ 24
일상적 몸짓 ········ 111, 122
일차성 ········ 58

자기 지향적 행위 단계 ········ 112
자기과시 ········ 77
자세 바꾸기 과정 ········ 109
자연적 선택 ········ 100
적응 ········ 64
전법륜인 ········ 157
전형화 ········ 115
전형화 과정 ········ 109
접촉학 ········ 77
정리 손동작 ········ 223
정보매체 ········ 264
제2의 논리학 ········ 58
제스처 ········ 128
조절동작 ········ 140
조정 기능 ········ 132
조직 커뮤니케이션 ········ 72
종의 생존 ········ 64, 121
준언어 ········ 14, 253
지권인 ········ 158
지시의 과정 ········ 114
지표 ········ 87
지표적 정보 ········ 15
질문시 손동작 ········ 200

채널 ········ 48
청각 데이터 ········ 67
청각 신호 ········ 67
청취시 손동작 ········ 200
촉각 커뮤니케이션 ········ 77
촉각학 ········ 77
촉진적 정보 ········ 15
7차 교육과정 ········ 258
침묵의 언어 ········ 15

카타칼리 ········ 144

타인 지향적 행위 과정 ········ 113
태도 변화 ········ 74
텍스트 ········ 42
토큰 ········ 80

통사론 ································· 90
통사체계 ································· 105

표기 체계 ································· 85
표상체 ································· 59
표준 이론 ································· 79
표현 기능 ································· 132
표현의 다의적 해석 ································· 199

하스타 ································· 146
합장인 ································· 158
항마촉지인(降魔觸地印) ································· 156
해석체 ································· 58, 59, 61, 87
행동 유형 ································· 121
행위 유형 ································· 111
화용론 ································· 62
환유 ································· 119
효율적인 의사소통 ································· 199

■ 저자 소개

김영순(金永洵)

중앙대를 졸업하고 독일 베를린공대에서 석사를, 베를린자유대에서 문화학 박사학위를 취득했다. 조선대 연구교수, 교육부 학술교수를 역임하고 현재 인하대 사범대학 사회교육과 및 대학원 문화경영학과 교수로 재직 중이다. 지은 책으로는 〈신체언어 커뮤니케이션의 기호학〉과 〈미디어와 문화교육〉이 있으며, 공동저서로는 〈몸과 몸짓문화의 리얼리티〉, 〈광고 텍스트 읽기의 즐거움〉, 〈대중문화 낯설게 읽기〉, 〈미디어교육과 사귐〉, 〈패러디와 문화〉, 〈축제와 문화콘텐츠〉 등이 있다. 번역한 책으로는 〈몸짓과 언어 본성〉과 〈화용론 이해〉가 있다.

김연화(金連和)

한국방송대를 졸업하고 청주교대 국어교육과에서 교사들의 비언어 의사소통에 관한 연구로 교육학 석사학위를 취득하였다. 2000년부터 2003년까지 김영순교수의 비언어 의사소통 연구팀의 현장 조사연구원으로 활동하였다. 1969년 12월 10일 충북 옥천의 묘금 초등학교를 시작으로 교직에 입문하였다. 그 후 죽향, 삼양초등학교와 청주 수곡, 남성 초등학교에서 근무하였으며, 현재는 강서초등학교에 재직하고 있다. 1991년에 모범여교사상을, 1996년과 1998년에 교수-학습지도우수상을 받았으며, 2003년에는 청주교대총장 표창을 수여받았다.